extravirgindade

Tom Mueller

extravirgindade

o sublime e escandaloso mundo do azeite de oliva

Tradução de Renata Lucia Bottini

TAPIOCA

Título original: *Extra Virginity: The Sublime and Scandalous World of Olive Oil*

PROSPECÇÃO EDITORIAL Isabel Maria Macedo Alexandre
PREPARAÇÃO DE TEXTO Leandro Rodrigues
REVISÃO Diogo Kaupatez
CAPA E PROJETO GRÁFICO Pedro Barros / Tikinet Edição Ltda.
IMAGEM DE CAPA Buena Vista Images
IMPRESSÃO E ACABAMENTO Vida & Consciência

Dados Internacionais de Catalogação na Publicação (CIP)
(Câmara Brasileira do Livro, SP, Brasil)

Mueller, Tom
Extravirgindade : o sublime e escandaloso mundo do azeite de oliva / Tom Mueller ; tradução de Renata Lucia Bottini. – São Paulo : Edições Tapioca, 2012.

1. Alimentos - Adulteração e inspeção 2. Azeite - Folclore 3. Azeite - História 4. Azeite - Indústria - Aspectos morais e éticos I. Título.

12-13116 CDD-664.362

Índice para catálogo sistemático:
1. Azeite : História 664.362

TAPIOCA

Edições Tapioca
Av. Paulista, 1337, cj. 161
01311-200 São Paulo SP Brasil
Tel. 55 11 3255-7744
contato@edicoestapioca.com.br
www.edicoestapioca.com.br

Sumário

Para Gino e Rosetta Olivieri

Prólogo

Essências

Quando o azeite de oliva atingiu 28 °C – temperatura em que suas substâncias aromáticas se tornam voláteis –, os oito degustadores removeram as tampas dos copos que continham a primeira amostra de azeite, inseriram ali seus narizes e começaram a fungar alto, alguns fechando os olhos. Eram membros do júri de degustação da Corporazione Mastri Oleari (Corporação de Mestres Oleários), em Milão, uma das mais respeitadas associações particulares de azeite de oliva. Estavam sentados em cubículos individuais de fórmica branca, cada um equipado com uma pia, uma caneta, uma pilha de formulários de degustação e uma iogurteira com termostato, sobre a qual havia seis copos do tipo tulipa contendo amostras de óleo.[1] Constituíam um grupo diversificado, que incluía um fazendeiro do lago de Garda (33 anos), uma marquesa toscana (47 anos) que trabalhava como técnica de motivação pessoal e um empresário milanês (66 anos). Eles chegaram aos poucos, por volta das 9 da manhã, resmungando por terem sido privados de seu café matinal e de cigarros, artigos proibidos antes de uma degustação por embotarem os sentidos. Agora sentavam-se silenciosamente em seus cubículos,

[1] Embora alguns puristas queiram que, em língua portuguesa, a palavra "azeite" só se refira a azeite de oliva, enquanto a palavra "óleo" pode se referir à gordura extraída de quaisquer outras fontes vegetais, animais ou minerais, neste livro as palavras "azeite" e "óleo" são usadas como sinônimos. (N.T.)

com uma postura atenta e reflexiva, como químicos num laboratório ou acadêmicos numa biblioteca. Nas prateleiras das paredes, estavam várias centenas de garrafas de azeite de oliva, além de dezesseis garrafas marrons de laboratório, com etiquetas brancas onde estavam impressas as classificações "mofento", "bolorento", "rançoso", "avinhado/avinagrado", "pepino", "encardido" e outros odores desagradáveis – os defeitos oficiais do gosto do azeite de oliva, cuja presença aquelas oito pessoas haviam treinado os sentidos para detectar com precisão.

O júri degustou as seis amostras de azeite seguindo um severo protocolo, que, assim como todas as características da própria sala de teste, era determinado pelas legislações italiana e europeia. Segurando os copos nas mãos como taças de conhaque, a fim de manter quente o azeite, eles o cheiraram cuidadosamente, anotando as fragrâncias percebidas. Puseram o óleo na boca. Então, como se atingidos por uma crise induzida pelo azeite, todos começaram a aspirar ar violentamente pelos cantos da boca, técnica chamada de *strippaggio*, que cobre as papilas gustativas com uma emulsão de azeite e saliva e leva os aromas do óleo para as cavidades nasais. Após os primeiros sorvos mais impetuosos, o *strippaggio* ficou mais suave e meditativo e assumiu um tom mais pessoal: a respiração da marquesa ficou ruidosa e quase melancólica; a do empresário, profunda e úmida, como se estivesse gargarejando com sais de Epsom.[2] Depois de provar algumas vezes cada azeite por dez a quinze minutos, purificando periodicamente o paladar com água mineral, eles registraram numa folha de pontuação o sabor, o aroma, a intensidade, a textura e outras características.

Os degustadores se entretiveram em seus cubículos por noventa minutos, fungando, sorvendo e ponderando sobre os azeites. Por fim, depois de avaliar a última das amostras, puseram-se em pé, espreguiçaram-se, como se acabassem de acordar, e se dirigiram à mesa de conferências no centro da sala. Ali, desfrutaram dos tão aguardados cigarros e cafés, enquanto o líder do júri, Alfredo Mancianti, examinava as folhas de pontuação. "Não são os degustadores que dão notas aos azeites", disse-me Flavio Zaramella, empresário milanês e presidente do Mastri Oleari.

2 Nome comum do sulfato de magnésio. (N.T.)

"Eles apenas identificam e quantificam as sensações que percebem no óleo. É o líder do júri que, de fato, atribui a pontuação, fazendo uma composição das oito avaliações e utilizando sólidos métodos estatísticos."

Olhando por cima do ombro do líder do júri enquanto ele trabalhava, vi que os oito degustadores haviam sido extraordinariamente consistentes em seus julgamentos, descrevendo a textura e a personalidade de cada azeite de maneira semelhante, identificando os mesmos sabores e fragrâncias sutis em cada um – alcachofra, grama recém-cortada, tomate verde, kiwi.

"O *tonda iblea*, do sul da Sicília, era memorável, com aquele gosto residual de alcachofra e tomates verdes", disse Zaramella aos outros degustadores. "Mas, no geral, acho que o melhor azeite encorpado foi o Marcinase DOP Terra di Bari, da Apúlia." Os outros assentiram, embora uma degustadora tenha dito que preferia o Villa Magra Gran Cru, da Toscana, porque era mais equilibrado e harmônico.

A essa altura, comecei a achar difícil ficar parado. Alcachofra? Grama recém-cortada? Eles não tinham provado um Bordeaux Premier cru, pelo amor de Deus!; só gordura líquida. Sem dúvida, aqueles azeites foram feitos com grande habilidade, "prensados a frio" e tudo o mais... mas alcachofra? Tomates verdes? Kiwi?

Algo em meu rosto deve ter alertado Zaramella para meu ceticismo. Ele apagou o cigarro, levantou-se de súbito, segurou-me pelo braço e me conduziu para um dos cubículos de degustação. "Discutir azeites soa como um disparate, até você realmente colocar um bom azeite na boca", disse. Encheu tulipas com amostras de azeite e as colocou no aquecedor ao meu lado, cobrindo cada uma com uma tampa de vidro para manter os aromas. Quando a luz do termostato se apagou, indicando que o azeite tinha atingido os 28 °C, Zaramella me ensinou a técnica recomendada para degustação de azeite: como cheirar a amostra profundamente, muitas vezes, tentando limpar a mente entre uma inspiração e outra; como sorver um pequeno gole e escorrer o azeite em torno da língua para cobrir o interior da boca; e como realizar a ruidosa sucção do *strippaggio*. De vez em quando ele me lembrava de limpar o paladar com água mineral ou dando uma mordida numa maçã Granny Smith.

Durante a hora seguinte, sob a direção de Zaramella, como alguém que começasse a estudar balé, ioga ou violino com um mestre, fiz minha primeira breve incursão no vasto – e em grande parte inexplorado – continente do azeite extravirgem. Aprendi que azeites feitos a partir de diferentes variedades de oliveiras, ou das mesmas variedades cultivadas em lugares diferentes, podem ser tão diversos como vinhos de castas diferentes: o azeite *taggiasca* cor de palha, do lago de Garda, era quase doce, com notas de pinhões e amêndoas; o *moraiolo* verde-esmeralda, do centro da Toscana, era tão picante que me deixou lágrimas nos olhos e uma adorável ardência na parte posterior da garganta. E, com certeza, no *tonda iblea*, das colinas do sudeste da Sicília, é fácil distinguir notas de tomate verde e alcachofra, como Zaramella e seus colegas haviam dito. Provar aqueles azeites era como passear por um jardim botânico, visitar uma fábrica de perfumes e dirigir longamente com as janelas abertas através de prados primaveris, tudo ao mesmo tempo – análise científica, mas ao mesmo tempo hedonismo prolongado e cuidadoso.

Peguei a última amostra que Zaramella me servira, cheirei-a superficialmente, tomei um gole. Então, depois de um torvelinho de perplexidade e súbita repugnância, cuspi na pia. Alguma coisa estava errada com aquele azeite: depois das essências ácidas e com sabor intensamente fresco que eu experimentara até então, aquele parecia lânguido e áspero em minha boca, e tinha gosto de fruta estragada.

Zaramella soltou sua risada rouca. "Trouxe o azeite de supermercado por último", disse, "porque ele teria arruinado seu paladar para os azeites bons. Seria como se você tivesse feito gargarejo com xixi de gato."

Ele tirou as garrafas marrons da prateleira e as alinhou sobre a mesa. "Agora vem a parte divertida", disse. "Você tem de descobrir exatamente o que há de errado com esse último azeite. É como ser um detetive. Ou um médico legista."

Abriu as garrafas, uma por uma, e as entregou a mim, recomendando que eu tentasse memorizar cada aroma. As garrafas continham uma estarrecedora gama de bons e maus cheiros, aos quais seus rótulos "rançoso", "bolorento", "avinhado/avinagrado", "sedimentos de lama", "metálico", "esparto", "encardido" dificilmente faziam justiça. Aí, depois de muitas mordidas na maçã e várias inspirações profundas para limpar o paladar, provei o azeite novamente, cheirando, degustando e tentando dar nome a seus defeitos. Acho que reconheci vários, e os anotei em sua folha de perfil.

Quando terminei, Zaramella tirou-me do cubículo e me acomodou à mesa de conferência. Sentou-se diante de mim, acendeu outro cigarro e tragou voluptuosamente. Examinou a folha. "Muito bom", grunhiu, exalando uma nuvem de fumaça que escureceu a sala por um breve momento. "Rançoso e bolorento, os dois estão lá. Mas você não percebeu alguns. O avinhado/avinagrado é forte, e também se percebe sedimento de lama." Pegou a garrafa de azeite de supermercado que eu havia provado. "Sabe, de acordo com a lei, basta o azeite ter apenas um desses defeitos – um sinal de bolor, um traço de salmoura – para não ter direito de ser extravirgem. *Basta*, e fim de papo. Na verdade, com tais defeitos, este azeite é classificado como *lampante*: 'óleo para lamparina'. Ele só pode ser legalmente vendido como combustível; é bom para queimar, mas não para comer. O problema é que a lei nunca é aplicada."

De repente, ele bateu a garrafa sobre a mesa, fazendo as xícaras e os cinzeiros saltarem. "*Esta coisa* é o que quase todo mundo pensa ser um azeite de oliva extravirgem! Este óleo pode matar alguém, e leva os fabricantes de azeite honestos à bancarrota. No vinho, pode-se confiar na etiqueta: quando ela diz 'Dom Perignon 1965', é isso que está na garrafa, e não o Beaujolais Nouveau do mês passado. Na verdade, champanhe e Beaujolais apoiam um ao outro, espalhando o prestígio e o reconhecimento do vinho francês em todos os pontos da escala de qualidade. Mas todos os rótulos de azeite dizem a mesma coisa, não importa se o frasco contém um óleo magnífico ou esta *schifezza*...[3]" Ele apontou para mim o gargalo da garrafa como se fosse uma arma, e levantou os óculos para ler a etiqueta. "Diz aqui o que todo rótulo de azeite diz: '100% italiano, prensado a frio, moído na mó, extravirgem'..."

---

3 Nojeira, em italiano. (N.T.)

Balançou a cabeça, incapaz de acreditar no que via. "*Extravirgem*? Não tem nada de virgindade neste óleo. Isto é uma prostituta."

Depois, com a mesma precisão que mostrara na degustação, Zaramella catalogou os crimes amplamente praticados no negócio do azeite. Descreveu o equipamento de desodorização presente em moinhos espanhóis, particularmente na Andaluzia, onde esse artifício é ilegalmente usado para remover os maus sabores e aromas de óleos de qualidade inferior, a fim de vendê-los como extravirgem. Condenou a prática generalizada de rotular como "puros" azeites fortemente refinados, apesar de o processo de refino tê-los privado de quase todas as propriedades benéficas à saúde e de suas qualidades sensoriais; como "light", mesmo que contenham o mesmo número de calorias por grama que outros azeites; e como "orgânico" – feito de azeitonas cultivadas sem pesticidas ou outros produtos químicos – quando, na realidade, são produzidos com azeitonas comuns. Vigaristas de segunda categoria tingiam óleo de soja ou canola barato com clorofila industrial, misturavam-no com betacaroteno usado como aromatizante e vendiam a mistura como azeite de oliva extravirgem, em garrafas adornadas com a bandeira da Itália e os nomes de produtores imaginários vindos de regiões famosas pela olivicultura, como a Apúlia ou a Toscana. Fraudes mais sofisticadas, em grande escala, explicou ele, exigem químicos habilidosos e laboratórios multimilionários, e envolvem a conivência de redes de agentes aduaneiros, empresários e funcionários do governo. Zaramella citou fraudadores por todo o Mediterrâneo, refinarias e fábricas que produziam falsos extravirgens em Lugano (Suíça), em Málaga (Espanha), em Sfax (Tunísia) e vários outros lugares. Nomeou diversos países onde eram vendidos falsos extravirgens, e explicou por que os Estados Unidos são o melhor lugar do mundo para se vender azeite adulterado.

No ano seguinte, passei um tempo considerável com Zaramella, no escritório do Mastri Oleari em Milão, em degustações de azeite e em conferências por toda a Itália. Tomei conhecimento de sua propensão para grandes projetos e para coisas improváveis: em outros momentos de sua carreira, fundara uma próspera empresa de alta moda em Milão e negociara no mercado futuro de petróleo por meio de uma empresa *offshore* registrada em Wyoming. Numa parede de seu escritório, havia um mapa da Somália, onde, em 1987, como líder de um projeto de ajuda humanitária, supervisionara a construção de um hospital de alta tecnologia em Baraawe, uma cidade à beira do Oceano Índico. "Consegui que todos trabalhassem em conjunto: os comunistas, os sacerdotes católicos, os muçulmanos, os professores, os analfabetos, qualquer pessoa com vontade de fazer as coisas", contou. Dois meses após o hospital ser concluído, foi destruído pela guerra civil. "Generosidade é a forma mais pura de egolatria", disse, dando de ombros. Zaramella falou de seu câncer abdominal, razão pela qual sofrera quatro cirurgias, e das extraordinárias propriedades terapêuticas do azeite extravirgem contra inúmeras doenças, incluindo o próprio câncer. Sua doença, disse, tinha lhe dado uma sensibilidade especial para as propriedades de cura do azeite. E contou que começou a se interessar por fraudes de azeite vinte anos antes, depois que passara a fabricar azeite a partir das azeitonas de uma pequena fazenda que comprara na Úmbria e descobrira que o agricultor que cuidava da plantação o ludibriara acrescentando óleo de girassol ao azeite de oliva. Declarou que gostaria de devotar os anos que lhe restavam ao maior e mais difícil de todos os projetos: proteger o mercado de azeite contra fraudes.

Embora tivesse emagrecido devido às cirurgias, Zaramella ainda tinha voz suave de barítono e o rosto rechonchudo e animado do epicurista de 120 kg que fora antes da doença. Certa vez, disse-me: "Minha luta é uma responsabilidade cívica: para com os milhares de fabricantes de azeite honestos que dificilmente conseguem ganhar a vida neste mercado distorcido e para com milhões de consumidores que estão sendo privados das propriedades terapêuticas do azeite de boa qualidade. O azeite extravirgem real contém poderosos antioxidantes e anti-inflamatórios que ajudam a prevenir doenças degenerativas – como meu câncer. O azeite extravirgem falsificado não contém quase nenhum. O azeite de boa qualidade é a essência da dieta mediterrânea. O azeite ruim não é apenas uma fraude; é um crime contra a saúde pública." A dedicação de Zaramella ao azeite de oliva foi além de um senso de justiça ou do desejo de curar-se. Uma vez, na primavera, estávamos em seu olival, perto de

Assis... lírios amarelos floresciam entre as árvores, e ele olhou para uma daquelas colinas onde São Francisco havia cantado odes para os pássaros, o sol e o céu. "Desde os tempos antigos, azeite é sinônimo de pureza, saúde, santidade", disse Zaramella, baixinho, quase para si mesmo, com a voz ressoando emoção. "Não sou religioso, mas, para mim, o azeite é sagrado."

Ali estava Flavio Zaramella, um ateu jovial, falando da sacralidade do azeite de oliva, um *bon vivant* com uma doença terminal dedicando suas últimas energias à salubridade do azeite. Em pé a seu lado, entre as azeitonas e os lírios-de-são-francisco, dei-me conta de que o azeite faz algo especial pelas pessoas. Da mesma forma que, por ser um poderoso solvente, extrai dos alimentos sabores essenciais, algumas vezes inesperados, o azeite também revela a essência de certas pessoas: suas contradições ocultas, suas paixões e sonhos secretos. Ele as irrita, penetra em suas mentes e colore seus pensamentos, como nenhum outro ingrediente que eu conheça. À medida que fui mais fundo no azeite, comecei a ver essa característica em muitos lugares. Reconheci os sintomas em olivicultores octogenários e moleiros nonagenários, bem como em ávidos jovens executivos do óleo em multinacionais do ramo alimentício. Vi-os também no chefe de uma cooperativa de alimentos que fabricava azeite com azeitonas de olivais confiscados da Máfia – correndo enorme risco –, e em monges que faziam azeite com os frutos de árvores de mil anos de idade cultivadas no terreno de seu mosteiro. Encontrei políticos, líderes sindicais, reguladores da União Europeia, historiadores, arqueólogos, químicos, agrônomos e botânicos, todos com rostos que se iluminavam quando a conversa se voltava para o azeite, e que sempre tinham uma história para contar, fosse ela engraçada, chocante ou triste. Mesmo personagens obscuros que haviam enriquecido produzindo azeite falsificado às toneladas falavam saudosamente de suas infâncias passadas no moinho, e das lições de vida que lá haviam aprendido. Em todos os olhos, havia o mesmo brilho oleoso de autêntica fascinação, indicando que fariam coisas pelo azeite que não fariam por nada mais no mundo. Todas essas pessoas sofriam da mesma doença: eram obcecadas por azeite de oliva.

Passei a prestar mais atenção a essa substância rica, escorregadia e sutilmente misteriosa, um óleo vegetal feito a partir de uma fruta, um suco de fruta fresco com a mistura ideal de gorduras para o corpo humano, uma gordura que afina o sangue e nutre a mente, um alimento milenar, com qualidades que a medicina está apenas começando a compreender. Passei a visitar diferentes produtores, primeiro na Ligúria, onde moro, e, em seguida, nas vizinhas Lombardia, Piemonte e Toscana. Comprei uma garrafa de azeite de cada produtor e, em casa, comparei dois ou três de cada vez, no início tomando goles em colheres de sopa e em pequenos copos, depois comprando tulipas de degustação para obter maior precisão. Meus filhos Jeremy e Nicholas, de 8 e 10 anos de idade, começaram a degustar comigo. À medida que sorvíamos, contava-lhes sobre as pessoas que tinham feito cada azeite, onde viviam, o que conversavam e como levavam a vida. Mostrei-lhes fotografias, e os meninos estudaram os rostos daquelas mulheres e homens produtores de azeite: viram rugas produzidas pelo clima e mãos grandes, de aparência forte. Notaram que certas características de um azeite pareciam com as de seu criador – o corpanzil áspero do Viridis Flos, de Flavio Zaramella; a ensolarada *joie de vivre* de um extravirgem ouro pálido, feito no lago de Garda por uma mulher com felizes olhos azuis e tranças loiras. Logo, estavam discursando sobre o realce do tomate e da alcachofra em certos azeites, e até pareciam gostar da ardência picante dos melhores cultivares toscanos e apulianos, como se seus jovens corpos sentissem que a aspereza lhes fazia bem. De vez em quando, eu levava para casa azeites ruins, comprados em um supermercado ou feitos por um bem-intencionado mas desastrado olivicultor, e observava os meninos cheirarem, retraírem-se e sibilarem "*lampante*!" com a mesma – e justificada – raiva de Flavio Zaramella.

A primeira vez que Francesca, minha esposa, viu-nos provando azeite de oliva, sua expressão passou lentamente da descrença à repugnância. "Acho melhor comer cubos de manteiga", disse ela. Minha esposa é de Milão, onde a culinária tradicional é baseada em manteiga e banha, não em azeite. Mas persisti. Mostrei a ela artigos do *Lancet*, do *New England Journal of Medicine* e de outras publicações proeminentes sobre os recém-descobertos benefícios do azeite de oliva para a saúde, contra patologias tão diversas como cardiopatias, câncer de mama e doença de Alzheimer. Eu temperava nossas saladas com azeites esplêndidos e exóticos – uma noite, um *biancolilla* que salientou o sabor amargo da rúcula; na seguinte, um *nocellara del Belice* que, inexplicavelmente, emudeceu-lhe o amargor. Gradualmente, minha mulher cedeu. Embora ela não bebesse azeite de oliva puro, começou a experimentar azeites diferentes em vegetais crus, saladas e molhos. Ela substituiu a manteiga por azeite em *croissants*, *muffins* e bolos que, às vezes, tinham um leve tom verde, como se tivessem vindo do jardim e não do forno, mas eram crocantes e saborosos. Hoje ela mantém diversos azeites de oliva na cozinha, usando-os como diferentes temperos, dependendo dos alimentos que cozinha, e certifica-se de que nós todos comamos, diariamente, duas colheres de sopa de azeite de primeiríssima qualidade, seguindo o conselho de grandes pesquisadores da área médica. Ela também está se tornando uma dessas obcecadas por azeite.

A obsessão por azeite é uma doença antiga. Relendo poemas e textos sagrados que eu pensava conhecer bem, colhi brilhos e aromas que nunca tinha notado antes, de um tempo em que o azeite de oliva era não só um alimento essencial, mas um catalisador da vida civilizada e uma ligação vital entre o humano e o divino. Ulisses, abatido e coberto de sal depois de um naufrágio, cobre o corpo com azeite e de repente aparece bonito como um deus. Maria Madalena, a prostituta arrependida, unge os pés de Cristo com azeite aromático, que enche a casa com sua fragrância, depois os seca e limpa com o próprio cabelo. O profeta Maomé, que a paz esteja com ele, usa tanto azeite de oliva na pele que, frequentemente, seu xale está encharcado. Li que os faraós egípcios faziam oferendas de agradecimento com o melhor azeite de oliva ao deus sol Rá; li também sobre a magra ração de óleo para iluminação na sagrada Menorá, suficiente apenas para um dia, mas que iluminou o Templo de Jerusalém por oito dias inteiros durante um festival, até que se pudesse obter mais óleo, milagre que os judeus ainda celebram no Hanucá. A pomba que voltou à arca de Noé com um galho de oliveira no bico significava não só o perdão de Deus depois da inundação – o galho de oliveira foi carregado por suplicantes desde a Grécia antiga; significava também que Noé tinha chegado a uma terra de paz: oliveiras são árvores que crescem lentamente, exigem cuidados regulares, e isso só pode acontecer em tempos de paz.

Aqui e ali ainda havia traços do lado sombrio do azeite. Os feiticeiros medievais e as feiticeiras do Renascimento usavam o azeite de oliva em seus encantos e unguentos, e dizia-se que perfumistas espalhavam pragas com azeite estragado. O crime fez parte do comércio de azeite por pelo menos 5 mil anos: os documentos mais antigos a mencionar o azeite de oliva, tabuletas cuneiformes escritas em Ebla no século XXIV a.C., mencionam equipes de inspetores que fiscalizavam olivicultores e moleiros para evitar práticas fraudulentas. O brilho caloroso do Hanucá esconde uma guerra civil sangrenta ocorrida em 168 a.C., o ano do famoso milagre da Menorá, quando duas facções judaicas lutaram pelo controle sobre o templo e sobre a prática religiosa judaica. As próprias oliveiras podem ser ameaçadoras. Sófocles descreveu o poder sobrenatural, quase aterrador de uma árvore "não plantada pelas mãos dos homens, mas autocriada". Uma antiga lenda cristã relata que uma oliveira brotou do túmulo de Adão, enraizada em seu crânio. Alguns poetas ainda sentem a sombra fria da árvore. Pouco antes de Federico García Lorca ser baleado por um pelotão nacionalista durante a Guerra Civil Espanhola, escreveu que a Guarda Civil marchou implacavelmente através dos olivais na Andaluzia, em direção à cena de um assassinato, enquanto anjos negros "com corações de azeite de oliva" observavam do céu ocidental – como se pressagiasse sua própria morte. Nas antigas oliveiras retorcidas da Provença, Richard Wilbur viu a privação logo abaixo da fartura da paisagem mediterrânea:

> Mesmo quando vista de perto, a oliveira mostra
> Uma tonalidade de distância. Talvez por isso
> A pomba trouxe a oliveira de volta, uma árvore que cresce
> Pálida de um modo sobrenatural, que sempre escurece e seca,
> E cuja grande sede, excedendo todo o excesso,
> Ensina que o Sul não é o paraíso.

A fruta e a fragrância do bom azeite de oliva são temperadas com amargor, como ocorre com a própria beleza da vida.

Por que, eu me perguntava, ramos e árvores de oliveiras são símbolos tão duradouros, mesmo em lugares em que elas não são nativas? Que característica do azeite o tornou um líquido universal por milênios, infiltrando-se em todos os aspectos da vida humana? E com que se parecia a vida neste mundo encharcado de azeite, como cheirava e como sentia – os templos e dormitórios, e os banheiros na luz amarelo-clara das lamparinas, e as pessoas se servindo de vastas quantidades de azeite? Para mim, entre todas as coisas, a unção é a mais difícil de imaginar. Como o leitor se sentiria com seu corpo inteiro brilhando e escorregando com azeite aromatizado? Ou, como ocorreu com o alto sacerdote Aarão, com o óleo para ungir escorrendo do cabelo para a barba, ensopando suas vestes até a barra? Ou se uma prostituta alisasse seus pés com óleo brilhante, e depois os enxugasse com os próprios cabelos? Como digo, é difícil de imaginar, mas, ainda assim, é tentador.

Comecei uma série de experimentos. Comprei várias lamparinas, réplicas de modelos medievais e romanos, e as acendi por toda a casa, as chamas flutuando sobre escuras poças de azeite e emanando uma leve doçura, banhando as cenas familiares com a trêmula luz âmbar do passado. Experimentei azeite de oliva como loção para a pele: ela amoleceu lábios rachados, acalmou queimaduras solares e curou uma pústula causada pela fralda de minha filha com uma só aplicação. Preparei, no fogão, um lote de sabonetes, misturando azeite de oliva com sebo e soda cáustica e despejando a pasta resultante em moldes, os quais montei a partir de tábuas de madeira de oliveira. O sabonete produzia uma espuma rosada levemente viscosa, que deixava a pele maravilhosamente suave, mas era escorregadio demais para lavar pratos (como decidimos depois de vários pratos quebrados). Testei as qualidades do azeite de oliva como solvente e lubrificante, polindo superfícies espelhadas de torradeiras antigas e acabamentos cromados, revelando novos aspectos do grão de uma surrada mesa de nogueira, silenciando janelas e portas que rangiam por toda a casa. Coloquei azeite de oliva em pequenos frascos e adicionei a cada um deles dentes de alho, galhos de alecrim, casca de laranja e ovos cozidos. Depois de alguns dias, descobri que suas essências olfativas haviam passado para o azeite e lá permaneciam, magicamente aprisionadas, como gênios numa garrafa. Improvisei uma destilaria usando uma panela de pressão e uma espiral de tubo de cobre, que usei para extrair óleos essenciais de lavanda, glicínia, jasmim e bergamota; em seguida, acrescentei essas essências a uma base de azeite de oliva, criando óleos vividamente perfumados que esfregava no rosto e, furtivamente, no cabelo, tentando imaginar como seria a sensação de despejar o frasco inteiro sobre minha cabeça e senti-lo escorrer na barba, encharcando minhas vestes claras até a bainha.

As origens da atração universal exercida pelo azeite de oliva só estão sendo descobertas atualmente, por cientistas das diversas áreas que consultei, cada um deles abrindo outra porta nesse amplo e novo mundo. Com nutricionistas e químicos especializados, investiguei a estrutura molecular do azeite de oliva, vislumbrando os antioxidantes naturais e ácidos graxos que antigamente induziam as pessoas a ungir suas cabeças e rostos com ele, seguindo algum insuspeitado instinto para a saúde. Eles o usavam para limpar e embelezar a pele porque o lipídio primário que compõe o azeite, o ácido oleico, é um solvente poderoso – que também permite que o azeite extraia sabores na culinária e mantenha as fragrâncias em perfumes. A popularidade prática e mítica do azeite deriva, pelo menos em parte, das quase miraculosas características agronômicas da oliveira, que viceja mesmo em condições desérticas e, quando destruída por fogo ou geada, cria brotos a partir da raiz, por meio dos quais a árvore renasce. A colheita das azeitonas é, em si, um pequeno milagre. Como um agrônomo me disse, "o rendimento de uma oliveira é uma curva em direção ao alto, tendendo ao infinito". Havia um tom de assombro na voz dele.

Continuando minha procura por respostas sobre o azeite de oliva, comecei a viajar para lugares onde se fazem grandes azeites, e onde esse óleo permanece, de alguma maneira, no centro da vida diária. Finalmente, movi-me em torno do Mediterrâneo, do sul da Espanha e do norte da África para a Cisjordânia e a costa leste de Creta, vendo paisagens moldadas por plantações antigas, conhecendo modos de vida, folclores e ritos religiosos influenciados pelo azeite. Mais tarde, viajei até mais longe, conhecendo fabricantes de azeite na Califórnia e no Chile, nas encostas da montanha da Mesa na África do Sul e no Cinturão do Trigo do extremo oeste da Austrália – lugares onde as oliveiras e os modos do Mediterrâneo foram estranhamente transmutados pela distância e, ainda assim, eram fundamentalmente familiares.

Mas a primeira etapa da minha jornada do azeite de oliva e, de muitas maneiras, a mais importante, foi a Apúlia, o calcanhar da bota italiana. A região produz grande parte do azeite da Itália, como vem fazendo há milhares de anos, desde quando famosas áreas produtoras de azeite como a Toscana e a Ligúria, a Espanha e o norte da África não tinham qualquer oliveira em suas encostas e a olivicultura nos Estados Unidos e na Austrália estava a milênios de distância. Azeitonas selvagens, ou *termiti*, floresceram no clima quente e seco da Apúlia desde a idade do gelo, e forneciam cavaletes resistentes, nos quais os agricultores enxertavam as oliveiras domésticas levadas para lá por comerciantes fenícios e colonos gregos. Muitos apulianos ainda derramam uma cruz de azeite de oliva na sopa, e fazem uma pausa ao meio-dia junto à lareira para beber uma pequena xícara de azeite aquecido, rituais diários de saúde e de purificação. Nesse lugar, o azeite de oliva é desde sempre um produto básico, e sua beleza e sua feiura sobrevivem com clareza singular.

1

Azeitonas e vidas

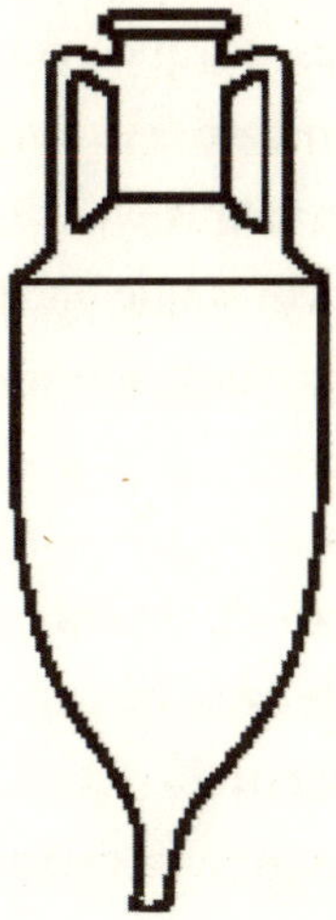

Com isso, as criadas pararam e começaram a chamar de volta umas às outras. Elas fizeram Ulisses se sentar no abrigo, como Nausícaa lhes dissera, e lhe trouxeram uma camisa e um casaco. Também lhe trouxeram um pequeno frasco dourado de azeite de oliva, e lhe disseram para ir lavar-se no córrego. Mas Ulisses disse: "Jovens, por favor, fiquem bem longe, para que eu possa lavar a água salgada dos meus ombros e me ungir com o azeite, pois faz muito tempo que minha pele recebeu uma gota de óleo. Não posso me lavar enquanto vocês todas estão aí. Tenho vergonha de ficar nu diante de mulheres jovens e bonitas".

Então elas se afastaram e foram contar à patroa, enquanto Ulisses se lavava no córrego e tirava a água salgada das costas e dos ombros largos. Quando ele já se havia lavado completamente e tirado a água salgada do cabelo, ungido o corpo com azeite e vestido as roupas que a moça lhe dera, Minerva o fez parecer mais alto e mais forte que antes, e também fez seu cabelo ficar mais espesso no alto da cabeça, fluindo como cachos de jacintos; ela o glorificou sobre a cabeça e os ombros, como um artífice que estudara todos os tipos de arte com Vulcano e Minerva enriquece uma placa de prata, dourando-a – e seu trabalho é cheio de beleza. Ele desceu à praia e sentou-se um pouco distante, brilhando em sua glória, impressionantemente bonito, e a moça olhou para ele com admiração. Então ela disse às suas criadas:

"Silêncio, minhas queridas, porque quero dizer uma coisa. Acredito que os deuses do Olimpo enviaram este homem para os feácios. Quando o vi pela primeira vez, pensei que ele não tinha atrativos, mas agora sua aparência é como a dos deuses que habitam o céu. Eu gostaria que meu futuro marido fosse exatamente um homem como ele."

(Homero, *Odisseia*, Livro VI)

A 30 mil pés, a paisagem da Apúlia que se desenrola lá embaixo é uma vasta colcha de retalhos de campos de formas irregulares, cada um deles decorado com bolinhas verdes de diferentes tamanhos: algumas tão pequenas quanto alfinetadas e organizadas em grades ordenadas; outras, maiores e irregularmente espalhadas pelos campos. À medida que o avião desce 5 mil pés para aterrissar no aeroporto de Bari e aparece a faixa do Mediterrâneo cor de água-marinha, percebe-se que aquelas bolinhas são oliveiras: as pequenas são oliveiras jovens, plantadas em filas ordenadas, de acordo com as práticas agronômicas modernas, enquanto os pontos maiores são árvores antigas com enormes copas, semelhantes a nuvens, crescendo mais ou menos aleatoriamente através dos campos, onde já cresciam quando os cruzados cavalgaram pela Apúlia a caminho da Terra Santa.

As oliveiras crescem perto da pista de aterrissagem, alinhando-se dos dois lados da estrada até a cidade. Muitas são antigas, gigantes com troncos retorcidos saídos de florestas de contos de fada, com membros longos que se esticam horizontalmente e terminam pendentes como dedos de bruxa – esse método de poda é chamado de "candelabro". Os olivais aumentam conforme se dirige para o sul e, tanto quanto é possível ver, estendem-se em direção à costa baixa arenosa e ao planalto calcário interior. Os 60 milhões de oliveiras da Apúlia são propriedade de 250 mil apulianos – uma média de 240 árvores por pessoa –, em pomares que foram ficando gradualmente menores e mais irregulares à medida que eram transmitidos através das gerações. Aqui e ali há um banco à sombra de uma árvore grande, ou uma pequena casa de pedra caiada que serve como abrigo de jardim e casa de veraneio, com um forno ao ar livre para pizza ou pão. O solo vermelho é cheio de pedras amarelo-claras, que foram recolhidas e empilhadas para formar cercas rebocadas entre os campos: as oliveiras, com seus sistemas radiculares baixos mas amplos, prosperam em solos rochosos, bem drenados, calcários. Em trechos ensolarados, crescem ao longo das paredes massas de trepadeiras de jasmim e figos-da-índia altos, florescentes, uma espécie de pera espinhosa, cujas folhas oblongas achatadas conferem à cena um ar de deserto arenoso.

Seis grandes áreas da colcha de retalhos da Apúlia pertencem à família De Carlo, que, desde o ano 1600, produz azeite a partir de suas plantações nas planícies lisas de pedra calcária de Bitritto, a sudeste de Bari. Hoje, o negócio da família é liderado por Grazia e Saverio, a matriarca e o patriarca do clã De Carlo. Eles são um casal improvável, a Dama e o Fazendeiro. Ela é morena, gorda e bonita, impecável com suas saias plissadas, seus casacos de caxemira, suas pulseiras de ouro e um colar de pérolas grandes. Saverio é ossudo com ombros inclinados, a face queimada pelo vento, roupas de flanela em camadas e casaco de pele de carneiro de um homem que passa a maior parte de seu tempo ao ar livre, não importando em que condições climáticas. Grazia nos olha com olhos castanhos escuros, calorosos mas penetrantes como os de um falcão, e fala ansiosa e eloquentemente, as mãos bronzeadas se abrindo e fechando. Saverio fala suavemente, baixando os olhos, como se fosse tímido ou estivesse cansado. Muitas vezes, esboça um pensamento com algumas palavras, sucinto e pesado como um poema, depois se cala e deixa Grazia preencher o silêncio. "Um bom fabricante de azeite necessita de tecnologia e de enxada", diz ele, e depois faz um pequeno movimento de súplica à esposa, que amplia: "Para fazer os melhores azeites, combinamos as mais recentes máquinas de moagem com o domínio dos métodos agrícolas tradicionais".

Entretanto, passe um dia com eles e o leitor verá que, apesar de suas diferenças, ou talvez por causa delas, Grazia e Saverio constituem o par perfeito. Sente-se isso pela maneira como seus filhos, Marina e Francesco, ambos com cerca de 25 anos, ficam em silêncio e ouvem quando um deles fala, com breves olhares de afeto e cumplicidade. Percebe-se isso pela maneira como, bem-humorados, zombam um do outro num momento e, no momento seguinte, sem querer, elogiam o parceiro. "Veja como ele é saudável", diz Grazia, espetando o dedo no antebraço espesso do marido, nodoso como um toco de lenha. "Ele passou a vida descarregando sacos de cem quilos de azeitonas da carroceria de caminhões e comendo quantidades absurdas de azeite de oliva. Agora, ele é indestrutível." Sobre Grazia, Saverio diz: "No início, ela odiava o negócio de azeite de oliva, mas sua coragem e novas ideias nos fizeram ter sucesso – e, no momento, essas ideias é que nos estão mantendo à tona".

Grazia vem de uma família de comerciantes ricos, e não tinha experiência no negócio de azeite até se casar com Saverio. Ainda assim, como muitos apulianos, sua memória mais antiga da infância envolve azeitonas. Ela se lembra de uma nebulosa manhã de dezembro, quando tinha três ou quatro anos, andando com a mãe pelos olivais que circundavam Bitritto no início da colheita. Os apanhadores, todos de famílias locais, celebravam aquele dia importantíssimo com um rito anual, tostando fatias de pão em uma fogueira de madeira de oliveira, despejando azeite sobre elas e oferecendo-as às pessoas presentes com a seriedade comedida de um sacramento. Ao contrário, a primeira memória de Saverio está no moinho de seu pai: ele é um garoto, sentado com os trabalhadores ao lado da mó depois de um dia de trabalho, enquanto a mula que estivera girando a pedra masca em seu embornal ali perto, e os homens preparam em uma panela de barro um ensopado de vegetais que chamam *la bomba* ("a bomba"), cantando canções folclóricas de cujas palavras e músicas Saverio ainda se lembra, embora não as tenha ouvido por meio século.

A primeira vez que visitei a fábrica dos De Carlo foi no auge de uma colheita, sessenta e poucos anos depois dessas primeiras memórias de Saverio. Foi no final de novembro, época do ano em que suas máquinas funcionam dia e noite. Caixotes de azeitonas *coratina* e *ogliarola*, colhidas à mão assim que sua cor começou a mudar de verde para roxo claro, estavam chegando em tratores e API de três rodas, e eram empilhadas fora da usina em colunas de pouco mais de 9 metros de altura. Grazia me acompanhou, explicando o processo de extração. Um operário despejava caixas de azeitonas em uma caixa de aço inoxidável, onde pontas rotativas e um jato de ar quente removiam folhas e talos, e depois elas deslizavam para outro compartimento de aço, onde eram lavadas. Finalmente, lustrosas e brilhantes como *pellets* de vidro recém-soprado, elas escorregavam para uma calha no próprio moinho, onde três mós de granito do tamanho de rodas de caminhão giravam em movimentos circulares, uma após a outra, sobre uma placa de granito, esmagava as azeitonas, os caroços, o fruto, tudo, até obterem uma pasta cor de ameixa. Saverio, que estava supervisionando o processo de moagem, esperou até que a polpa estivesse com a consistência correta – ele diz que seu julgamento se baseia principalmente no som que as mós fazem – e então a canalizou para um malaxador, que é uma cuba com um ventilador em parafuso girando no fundo, que mistura a polpa de forma contínua, retirando microgotículas de óleo para fora das membranas celulares das azeitonas e ajudando essas gotículas a se aglutinar em gotas maiores, que são mais fáceis de extrair. O habilidoso fabricante de azeite misturou a pasta apenas o suficiente para concentrar o produto, sem expô-la ao ar por muito tempo, o que teria degradado seus aromas e acelerado sua deterioração. Após vinte minutos, Saverio enviou a pasta para uma centrífuga, recipiente de aço semelhante a um pequeno motor a jato, com um tambor que gira a 3 mil rotações por minuto, separando o azeite da casca das azeitonas, os caroços e a polpa. Finalmente, o azeite foi para uma centrífuga vertical menor, que removeu o restante da água.

O azeite é o único óleo vegetal comercialmente significativo extraído de uma fruta, e não de sementes como as de girassol, canola e soja. Como a fruta contém considerável quantidade de água, a extração pode ser feita apenas por métodos mecânicos, com uma centrífuga ou prensa, enquanto a extração de óleos de sementes em geral requer o uso de solventes industriais, em geral o hexano. Para remover esse solvente dos óleos de sementes, assim como para eliminar os sabores e odores desagradáveis que normalmente têm, eles devem ser processados em uma refinaria, onde passam por um processo de dessolventização, neutralização, desodorização, branqueamento e degomagem, sendo submetidos a altas temperaturas. O resultado final é uma gordura líquida sem gosto, sem cheiro e sem cor. O azeite de oliva, por sua vez, pode ser simplesmente prensado ou extraído da polpa da azeitona, obtendo-se assim um suco de frutas fresco espremido com todos os seus gostos, aromas e ingredientes naturais saudáveis intactos. Pela mesma razão, o azeite é o único óleo para o qual a qualidade da matéria-prima – a azeitona – é fundamental para a qualidade do óleo. É preciso ter azeitonas de primeira qualidade para se fazer azeite extravirgem, mas é possível extrair óleo de sementes que estejam dentro dos padrões da indústria a partir de sementes de baixa qualidade.

Um tubo estreito em uma extremidade da centrífuga emitia um delgado arco de azeite verde esmeralda. Grazia colheu um pouco em um copo de plástico transparente, entregou-o para mim, depois encheu outro copo para si mesma. Ela bebeu o azeite, franzindo um pouco a testa, completamente absorta, como se já não ouvisse o barulho das pedras e o rugido dos motores ao redor. Gradualmente, seu rosto relaxou em uma satisfação contida. Ergueu o copo para examinar o azeite à luz do sol, movendo-o até uma janela alta e depois baixando-o rapidamente, como se propusesse um brinde. O azeite era de um verde profundo, cor de sopa de lentilhas, nublado, com micropartículas suspensas de polpa de azeitona, revigorantemente amargo. Estava quente, e tinha sabor – *sentimento* – de pura nutrição, como saúde líquida. “Isso faz todos os sacrifícios valerem a pena”, disse Grazia. Então seu devaneio se dissipou, e ela assumiu uma expressão irônica. “Bem, *alguns* dos sacrifícios.”

Embora a família De Carlo tenha produzido azeite durante quatro séculos, os maiores desses sacrifícios ocorreram nas últimas três décadas. Em 1972, eles gastaram uma pequena fortuna para perfurar um poço artesiano de 3 mil metros no solo rochoso, e construíram o primeiro sistema de irrigação para oliveiras na Apúlia, melhorando substancialmente a produção e a qualidade das azeitonas (outros produtores locais rapidamente seguiram esse exemplo). Sete anos depois, estavam entre os primeiros produtores de azeite da Itália a usar uma centrífuga para extrair o produto de suas azeitonas, enquanto os outros ainda usavam prensas hidráulicas, não muito diferentes daquelas empregadas pelos romanos na Antiguidade. Novamente, a maioria dos produtores de azeite da Itália que levam a qualidade a sério adotou o sistema de centrifugação, não só mais eficiente, mas que produz um azeite melhor. Na época, porém, as pessoas diziam a Saverio que ele era louco para arriscar o nome da família em tecnologia ultramoderna – principalmente quando os primeiros lotes de azeite que ele fez com a centrífuga se revelaram horríveis.

"O primeiro ano foi um desastre", lembra. "Não conseguíamos ajustar a centrífuga direito. O azeite era perfeito em termos químicos, exceto pelo excesso de clorofila, e por ser terrivelmente amargo. Intragável." Os agricultores que tinham trazido sua colheita ao moinho de De Carlo todos os anos, por gerações, consideraram Saverio um excêntrico incorrigível, e começaram a moer suas azeitonas em outros lugares. O técnico da Alfa Laval, que desenhara a centrífuga, mortificado pelo aparente fracasso de sua máquina, suicidou-se. Mas Saverio persistiu. Trabalhou dia e noite com outros engenheiros da Alfa Laval, moendo caixotes e caixotes de azeitonas, enquanto procuravam os ajustes corretos para o equipamento. Enquanto isso, atraiu de volta alguns de seus clientes, reinstalando as prensas. "Foi duro engolir o orgulho e trazer o velho equipamento de volta. Mas não tínhamos escolha, estávamos falindo."

Na época da colheita no ano seguinte, Saverio finalmente conseguira ajustar a centrífuga, e começou a fabricar o melhor azeite que sua família já produzira. "Nossos clientes começaram o ano usando as prensas, mas paravam e provavam o meu azeite da centrífuga", contou Saverio. "Não diziam nada. As faces não mudavam de expressão: só provavam o azeite e iam embora. Mas, na próxima vez que vinham com um lote de azeitonas, queriam usar a centrífuga. Eram as mesmas pessoas que no ano anterior haviam me acusado de tentar arruinar minha família e o bom nome de meu pai com minhas engenhocas ultramodernas e ideias malucas!"

Na época, os De Carlo eram uma família entre uns poucos apulianos a fazer azeite extravirgem. A grande maioria dos produtores da região produzia óleo *lampante*, a partir de azeitonas maduras demais, ou que o vento derrubara e eram recolhidas do chão. O óleo lampante era vendido para as refinarias, onde seus sabores e odores desagradáveis eram retirados com tratamentos térmicos, com carvão ativado e outros processos, produzindo "azeite refinado", uma gordura líquida clara, insípida e inodora que, com a adição de uma pequena quantidade de azeite extravirgem, era vendida em lojas como "azeite". O uso da centrífuga por Saverio De Carlo ajudou a alavancar uma explosão de tecnologia na produção de azeite, durante a qual firmas de engenharia italianas como a Pieralisi e a Alfa Laval inventaram novos sistemas de esmagamento, malaxação e extração de azeite, tornando progressivamente mais fácil a produção de azeite de qualidade. A família De Carlo experimentou todos eles. Alguns, como a centrífuga, foram adotados. Outros sistemas, como o martelo de aço inoxidável e os moinhos de disco, agora utilizados por muitos produtores modernos no lugar das mós, provaram ser menos adequados: os De Carlo descobriram que as mós fora de moda fazem azeites mais delicados com suas azeitonas *coratina* locais, que têm sabor bastante forte.

Os De Carlo foram pioneiros no que se tornou um autêntico "renascimento" do azeite extravirgem na Itália. Nos últimos trinta anos, novas tecnologias na fabricação de azeite, juntamente com os progressos botânicos e agronômicos das azeitonas, permitiram que habilidosos produtores italianos fizessem alguns dos melhores e mais saudáveis azeites da história. A Itália é uma península longa, estreita e montanhosa que se estende dos Alpes quase até a África e contém uma extraordinária variedade de microclimas e tipos de solo, bem como mais cultivares de azeitonas do que qualquer outro país – estima-se que ali estão quinhentos dos setecentos cultivares reconhecidos em todo o mundo. Os produtores de azeite agora usam esse rico patrimônio botânico, de modo semelhante ao que os enólogos usam castas, para criar azeites com uma nova sutileza de sabor, aroma, textura e personalidade local. Os italianos estão apreciando esses admiráveis novos azeites como nunca fizeram antes: degustações públicas de azeite e cursos de formação de *sommeliers* do azeite estão se tornando populares, "bares" de azeite criados sobre o modelo de tavernas de vinho estão proliferando, e um número crescente de restaurantes oferece uma lista de azeites – bem como uma lista de vinhos – que propõem óleos de características diferentes para combinar com os diversos pratos. Em outro lugar, a explosão do azeite de oliva é ainda maior: durante os últimos quinze anos, o consumo mais que dobrou na América do Norte, triplicou no norte da Europa, e sextuplicou em partes da Ásia.

A despeito desse mercado florescente, no entanto, os De Carlo e quase todos os outros produtores de azeite de qualidade, grandes e pequenos, estão lutando. Na última década, no atacado o preço do azeite extravirgem italiano – ou daquele que é classificado como tal – despencou. No mercado de *commodities* de Bari, é comercializado atualmente a € 2,00 por quilo, um recorde mínimo histórico. Os catadores de azeitonas empregados pelos De Carlo, membros de famílias locais cujos ancestrais colheram as frutas da família durante gerações, estão ficando velhos demais para trabalhar nas árvores, e o trabalho é árduo demais para atrair seus filhos. A arte rara do podador de oliveiras, a quem Grazia chama de "o alfaiate do campo, o artista que determina se haverá colheita este ano ou se o produtor apenas ficará perto da janela observando", está sendo esquecida. Centenas de produtores de azeite faliram, e, a menos que os preços para azeites de oliva de qualidade melhorem, muitos outros os seguirão. Francesco e Marina De Carlo são os únicos jovens nessa parte da Apúlia a seguir os pais no negócio do azeite de oliva. "Dá-se com a cabeça na parede uma vez, duas, infinitas vezes – injustiças, distorções e sujeira que não existem em outras áreas", diz Marina, cujo rosto redondo rechonchudo e cuja brecha entre os incisivos lhe conferem um ar de ingenuidade infantil, até que a ouvimos num telefonema com um cliente. "Converso com meus colegas da escola de administração que estão trabalhando em outras profissões, e eles não conseguem entender por que permaneço. Às vezes, nem eu entendo." O momento é propício para produzir os melhores azeites da história italiana, mas poucos produtores italianos podem dar-se ao luxo de fazê-los.

Grazia e Saverio, como Flavio Zaramella, culpam essa contraditória situação à virgindade duvidosa da maioria dos azeites, na Itália e no exterior. Para atender às rígidas exigências legais das propriedades gustativas e químicas da classificação extravirgem, o azeite deve ser feito a partir de azeitonas sadias, habilmente escolhidas, moídas no máximo vinte e quatro horas depois da colheita para preservar seu sabor e evitar a deterioração. Assim, é muito mais difícil, caro e trabalhoso produzir o azeite extravirgem que o azeite *lampante*, feito a partir de azeitonas derrubadas pelo vento. No entanto, se a aplicação da lei é frouxa, o azeite extravirgem pode ser facilmente misturado com óleos mais baratos, feitos com azeitonas inferiores ou com outras substâncias, criando uma concorrência desleal para os produtores honestos. "Alguns clientes veem que cobro € 8,00 por um litro de azeite, um preço que mal cobre meus custos, e me chamam de ladra", afirma Grazia, com um sorriso amargo. "Eles me dizem que acabaram de comprar um azeite extravirgem 100% italiano, no supermercado, por € 1,90. Mas, por trás da etiqueta extravagante, quero ver o que realmente está na garrafa, quando até mesmo um azeite extravirgem falso e ruim é vendido no atacado a € 2,00 por litro!"

Depois de nossa visita à fábrica, Grazia e Saverio me guiaram pelos olivais em um surrado Fiat Panda com tração nas quatro rodas, para mostrar-me o que leva – e quanto custa – produzir azeite de primeira qualidade. Uma estrada de cascalho serpenteia entre campos cercados por muros baixos de pedra calcária amarela. As terras dos De Carlo, que se espalham por uma área de 25,90 km^2, são divididas em *tenute* (quintas), que, por sua vez, são formadas por *contrade* (sítios) menores, cada um com sua própria aparência e história distinta, e produzindo um azeite único. Alguns olivais consistem em delgadas árvores de 20 anos em grades de 7 x 7 metros, enquanto em outros, como a Tenuta Arcamone, árvores ancestrais estão mais distantes umas das outras e são intercaladas por outras espécies: amêndoas, figueiras com galhos baixos de fácil alcance, videiras de castas das uvas locais *primitivo* e *aleatico*, arbustos de amoras brancas e pretas e alfarrobeiras em forma de guarda-chuva, com suas longas vagens marrons, que produzem uma pasta doce achocolatada utilizada em produtos de confeitaria. Saverio identificou vários cultivares de azeitona, que para mim eram difíceis de distinguir olhando para as árvores – tornando-se mais fácil distingui-los quando chegava perto o suficiente para ver os frutos –, que variavam consideravelmente em forma e cor. Aqui se incluíam os cultivares *coratina*, uma variedade popular na Apúlia, que faz um óleo amargo, picante; a mais suave *ogliarola* e *termite di Bitetto*; e a *peranzana*, originalmente da Provença, cujas azeitonas podem ser usadas tanto para fazer azeite como para servir à mesa.

Algumas árvores eram híbridas, com um tronco de 1 metro de altura de *cima di Mola*, que é altamente resistente a pragas e doenças, no qual galhos de *coratina*, um dos cultivares mais prolíficos em frutas e azeite, foram enxertados um século antes e, desde então, cresceram formando um florescente dossel.

Esse generoso estilo misto de cultivo, que os agrônomos chamam de "promíscuo", tem sido praticado aqui desde os tempos clássicos. Segundo Saverio, cultivar azeitonas de árvores antigas nessas condições não é apenas pitoresco, mas confere singularidade ao azeite. Ele disse que alguns dos sabores e aromas sutis de seus azeites derivam do pólen que amendoeiras, arbustos de amora e outros vegetais soltam no ar, e das substâncias que essas árvores liberam no solo. Ainda assim, é muito mais caro produzir o azeite ali do que em pomares de árvores jovens, plantadas em fileiras ordenadas. Estacionamos à sombra de uma gigantesca alfarrobeira e observamos uma equipe de cinco trabalhadores colhendo as últimas oliveiras na extremidade de um campo. Dois operavam um trator com um braço vibratório fixado a um membro superior de uma árvore, que sacudia as azeitonas e as soltava sobre uma tela aberta no solo. Saverio explicou que o tronco e os ramos maiores eram muito duros e frágeis para usar esse método sem danificar as azeitonas, de modo que o resto da árvore seria colhido usando métodos manuais e mais lentos; como os custos da mão de obra são responsáveis pela maior parte da despesa total da colheita, os pomares mais velhos demandam um trabalho mais demorado e são mais custosos. Os outros três trabalhadores estavam em pé em escadas altas apoiadas contra o outro lado da árvore, recolhendo as azeitonas com ganchos plásticos rígidos amarrados em seus pulsos, e com batedeiras hidráulicas em forma de mãos grandes com dedos de borracha vibratórios. Para complicar as coisas, diferentes cultivares amadurecem em épocas diferentes; os De Carlo muitas vezes os colhem separadamente, e armazenam o azeite em silos individuais. Cada um desses pormenores aumenta o custo da fabricação de um azeite fino, e reduz o lucro dos De Carlo.

Enquanto observávamos, Saverio analisava a cena em salários, pesos e rendimento, mostrando um senso numérico que desde então já vi em muitos produtores de azeite. Um colhedor de azeitonas hábil, que ganha € 100,00 por dia, pode colher cerca de seis grandes árvores, disse ele. Cada árvore produz entre 40 e 50 kg de azeitonas por colheita, que, por sua vez, rende cerca de 15% em peso, em azeite – 6 a 7,5 kg por árvore, ou 6,6 a 8,2 litros de azeite (1 litro de azeite pesa 0,91 kg). Então, só para a colheita dessa *tenuta* de árvores antigas, cada garrafa de 1 litro de azeite custa até € 2,50. Depois, há o custo de moagem das azeitonas e de engarrafamento, de *marketing* e transporte do azeite, e há ainda o custo dos cuidados com as árvores durante todo o ano – poda, adubação, irrigação, controle de pragas. Adicione a isso os impostos, licenças e exames químicos exigidos por várias repartições governamentais que testam a qualidade do azeite, e a produção de cada garrafa acaba custando à família De Carlo cerca de € 6,00.

É verdade, disse ele, os custos são mais baixos nas plantações mais jovens, onde as árvores são baixas e perfeitamente espaçadas, sem vegetação estranha pelo caminho, e cada trabalhador pode colher quatro vezes mais azeitonas. Elas seriam ainda menores se fossem plantadas em grades mais justas, de 1,20 m por 3,65 m, e podadas em ponta como árvores de Natal: é assim que se faz nos olivais de densidade superalta da Espanha, de Portugal e da Califórnia, onde as azeitonas de alguns cultivares especializados são colhidas com ceifadeiras de primeira linha como aquelas usadas na indústria do vinho, e as árvores são fortemente fertilizadas e irrigadas. Ainda assim, dado o alto preço da terra, da mão de obra e dos materiais na Itália, mesmo com o mais alto nível de automação, é caro produzir azeite extravirgem em solo italiano. De acordo com muitos especialistas, incluindo os De Carlo, mecanizar o processo além de certo ponto reduz a qualidade do azeite. "O que aconteceria com os aromas e sabores complexos de nossos azeites", Saverio pergunta, "se os fizéssemos com árvores descartáveis, em um olival administrado como uma fábrica?" Árvores antigas não são simplesmente idealismo agrícola. Para os De Carlo, a produção de um grande azeite requer trabalho duro, determinação e um senso numérico afiado, mas também uma dose de poesia.

A luz se filtrava através do dossel da alfarrobeira sobre nossas cabeças. Mais além, no olival, sob o sol surreal e brilhante do profundo sul italiano, estavam homens em escadas encostadas nas gigantescas oliveiras, contorcidas pelas estações e entortadas na dança lenta de crescimento e gravidade. Essa cena de beleza e fecundidade fora revivida ali todos os anos através dos séculos, enquanto a pesada tração dessas árvores moldava as vidas de geração após geração. Eu sabia que ver tudo isso iria melhorar o óleo De Carlo quando o provei, acrescentando a riqueza desse lugar e de seu passado aos sabores do azeite.

Flavio Zaramella me contara sobre as frotas de dezoito rodas cheias de azeitonas da Apúlia sendo descarregadas no meio da noite em fábricas de todo o norte. Perguntei se os De Carlo conheciam alguns produtores locais que vendiam suas azeitonas desse modo. Grazia assentiu. "Claro. Todos os anos, no início da colheita, os caminhões estacionam em frente às usinas, carregam-se com azeitonas *coratina* e seguem para o norte, para Toscana, Úmbria, Ligúria." Ela sorriu, os dentes brancos e simétricos no rosto bronzeado. "Sabe, aquelas famosas regiões produtoras de azeite, onde se cultivam tão poucas azeitonas."

Cinco anos atrás, em um olival antigo no sudoeste de Chipre, os arqueólogos descobriram o cenário de uma catástrofe. Uma grande oficina fora destruída por um forte terremoto, por volta de 1850 a.C., e, como em Pompeia, o tempo parara. Os escavadores encontraram todos os objetos exatamente como os trabalhadores aterrorizados os haviam deixado: equipamento de destilação e pratos de maceração contendo essências de lavanda, coentro, louro e alecrim; fornos de fundição que ainda tinham vestígios de minério de cobre e bronze do tipo usado para fazer estatuetas, e teares para fazer tecidos de linho e lã. No centro do complexo, desenterraram mós e uma prensa gigantesca para produção de azeite, juntamente com 12 *pithoi* enormes com capacidade para 3 mil litros de azeite.

O significado do moinho no centro dessa aparente aglomeração casual de indústrias gradualmente iluminou os escavadores. Eles viram que o azeite de oliva era o denominador comum para todo o complexo: era o solvente e base para a produção de perfumes, o combustível escaldante para os fornos de fundição, o amaciante de tecidos e o lubrificante para os teares. Os trabalhadores da fábrica também decantavam azeite em urnas de terracota e o vendiam para a população local, que o usaria como alimento, loção para a pele, medicamento e combustível para candeeiros. Em um altar de pedra alto localizado em um templo triangular, os devotos ofertavam até mesmo oferendas de azeite a um misterioso deus, personificado na figura de um crânio de touro com chifres de pedra curvos. "O azeite era a maior fonte de energia renovável na Antiguidade; ficava tão quente quanto o benzeno e tinha duas vezes o potencial calórico do carbono", diz Maria Rosaria Belgiorno, arqueóloga-chefe desse projeto. "No Pirgos, nós o descobrimos desempenhando um papel central em inúmeras indústrias, inclusive em três – perfumes, têxteis e metalurgia – que eram os pilares da economia cipriota, e as principais mercadorias para o comércio de longa distância feito por meio de vias marítimas e de caravanas. Não é de se admirar que o azeite fosse considerado sagrado desde os tempos mais antigos, juntamente com a árvore que o produzia." Quatro mil anos atrás, o azeite já era uma força motriz no mundo mediterrâneo: para máquinas, para as pessoas e para a imaginação.

A oliveira, *Olea europea sativa L.*, é a prima domesticada do oleastro selvagem, *Olea europea L. sylvestris,* um arbusto perene e resistente com espinhos e folhas estreitas, lanceoladas, nativo da bacia mediterrânea e de grande parte do Oriente Médio. As oliveiras fazem parte da família Oleaceae, que contém cerca de novecentas espécies de árvores, arbustos e trepadeiras lenhosas distribuídas por todo o mundo, principalmente em regiões florestais. Alguns membros da família, como jasmins e lilases, são famosos por suas flores, enquanto outros, tais como os freixos, são conhecidos por sua madeira de grão fino. *Osmanthus fragrans*, a azeitona de chá, tem pétalas de cheiro doce que são muito apreciadas no Japão e na China como aromatizantes para chá, mas só a oliveira produz frutos economicamente importantes.

O zambujeiro é extremamente resistente, e prospera mesmo em condições quentes, próximas da condição de seca, produzindo generosa madeira vegetativa todos os anos, bem como numerosos rebentos, ou brotos verdes, que brotam da esfera da raiz e, se não forem podados, rapidamente obtêm um crescimento denso ao pé da árvore. Suas azeitonas são drupas, ou frutos de caroço, como cerejas, pêssegos e ameixas, e a polpa da azeitona contém células do mesocarpo que produzem pequenas gotículas de óleo. Produto final da fotossíntese, o azeite é um meio altamente eficiente de armazenar energia para climas áridos. O óleo alimenta as mudas de oliveira quando estas germinam a partir do caroço, e ajuda a regular o crescimento e o desenvolvimento da muda. De fato, assim que uma azeitona é separada da árvore-mãe, são liberadas enzimas dentro dela, que rapidamente se rompem, formando uma espécie de composto aguado, rico em micro-organismos, em torno da semente – é o microambiente ideal para a germinação de uma semente no deserto.

Ainda assim, a fartura do azeite continua a ser um mistério. Uma oliveira produz muito mais azeite do que suas sementes parecem exigir, e a grande maioria do óleo contido em uma azeitona é perdida muito antes de sua semente germinar. Alguns biólogos sugerem que o óleo pode ajudar na reprodução de plantas, tornando o fruto mais apetitoso com uma pitada de um azeite doce e fino. Algumas espécies de animais e aves consomem sementes de oliveira juntamente com o fruto e os depositam com suas fezes, distribuindo as sementes de oliveira por toda parte em ricos montículos de estrume. A pomba, de fama bíblica, é uma dessas espécies. O homem é outra.

Dicas sobre os primeiros usos humanos do zambujeiro estão espalhadas por todos os estratos arqueológicos do paleolítico e do neolítico em todo o Mediterrâneo. Da Espanha e da Riviera Francesa ao norte da África, passando pelas ilhas gregas e por Israel, os arqueólogos descobriram montes de caroços de zambujeiro que, ao que parece, estavam sendo coletados. Misteriosos petróglifos de 7 mil anos nas áridas montanhas de Ahaggar, no Saara profundo, mostram homens dançando com coroas de folhas de oliveira, sugerindo a importância das azeitonas numa época em que um clima mais suave permitia que elas crescessem lá. Em algum momento, as pessoas que colhiam azeitonas silvestres para a alimentação começaram a pressioná-las para obter azeite. Ou talvez seja o contrário: alguns estudiosos, observando o extremo amargor das azeitonas não curadas, sugerem que as pessoas primeiro fizeram azeite para usá-lo como loção para a pele, e só mais tarde começaram a usá-lo na alimentação. O aparelho mais antigo conhecido para extrair óleo de azeitonas selvagens era um moedor de pedra, semelhante ao pilão com almofariz; a polpa obtida era colocada em uma bacia de pedra e pressionada sob uma rocha plana para que o óleo fosse extraído. Outros fabricantes de azeite da Antiguidade podem tê-lo obtido colocando polpa de azeitonas em um saco de pano e torcendo-o.

O zambujeiro provavelmente foi domesticado pela primeira vez na Palestina, no quarto milênio a.C. Ao selecionar e enxertar zambujeiros com o melhor fruto, com características de crescimento e resistência, e podando-se o excesso de madeira verde para concentrar suas energias vegetativas na produção de frutos, os antigos agricultores gradualmente transformaram o arbusto em uma árvore que carregava azeitonas maiores, mais carnudas, que continham mais óleo. Mas, dentro de cada árvore domesticada, esconde-se uma oliveira selvagem, que desponta novamente se a árvore for abandonada: os rebentos brotam formando uma vegetação densa, o tronco central murcha, e a árvore volta a ser o arbusto da azeitona primordial.

No final da Idade do Bronze, as oliveiras estavam sendo cultivadas sistematicamente no Mediterrâneo oriental, e o azeite estava sendo extraído de seus frutos com grandes prensas, às vezes operadas por várias pessoas ao mesmo tempo. Em Ecrom, na Palestina, foi encontrada uma fábrica de azeite de oliva de 6 mil anos, equipada com cem enormes prensas que usavam troncos para alavancar os braços e eram capazes de produzir cerca de 500 mil litros por ano. No terceiro milênio a.C., os lucros da venda de azeite de oliva eram a alma de várias economias do Mediterrâneo. O azeite era uma parte importante do tesouro do rei em Ebla, Mari, Ugarit e na Creta Minoana, onde foi armazenado em grandes quantidades em vasos de barro nas adegas reais. Placas cuneiformes em Ebla e a escrita grega Linear B em Creta descrevem grandes plantações de oliveiras, moinhos de produção em larga escala e um grande volume de comércio de azeite com os povos de todo o Mediterrâneo. O azeite de oliva ajudou não apenas a financiar o aumento dessas culturas, mas também a preservar suas histórias: durante invasões ou desastres naturais que causaram um fim abrupto a cada cultura, os estoques de azeite altamente inflamáveis sob os palácios reais se incendiaram e cozeram as placas de argila existentes nos arquivos próximos, como se estivessem num forno enorme, preservando-os para que, milhares de anos mais tarde, pudessem ser descobertos.

Como sugerem a dimensão e a sofisticação da fábrica de Pirgos, em 1850 a.C., os perfumes à base de azeite de oliva já eram uma indústria importante em Chipre, e a ilha os exportava a todos os países mediterrâneos. Talvez por causa da maneira miraculosa como os perfumes capturam aromas das flores primaveris e das ervas aromáticas, ou por causa da suave euforia que podem produzir, as primeiras menções dos perfumes à base de azeite ocorrem em contextos religiosos, como sacrifícios e enterros. Já em 3.500 a.C., em Abidos, no Alto Egito, jarros de óleos e unguentos aromatizados aparecem em uma tumba pré-dinástica. Na *Epopeia de Gilgamesh*, composta há cerca de 3 mil anos, os perfumes e os óleos aparecem como metáforas para a civilização. No terceiro milênio a.C., os perfumes eram tão amplamente utilizados no Oriente Próximo que estilos específicos de frascos de perfume, feitos em alabastro e mais tarde chamados de *aribaloi*, em grego, eram produzidos em massa e são frequentemente encontrados por arqueólogos. Os perfumes também tinham outro uso, menos "santificado". Como sua base era um óleo comestível, os perfumes eram adicionados aos alimentos e bebidos com o vinho, seja para melhorar seus sabores, seja para mascarar seu mau cheiro. Eram usados em massagem e embelezamento, e alguns foram considerados afrodisíacos. Afinal, pensava-se que Afrodite, deusa do amor e do desejo, era a inventora dos perfumes, e os mitos diziam que ela emergira do mar perto de Chipre, uma ilha conhecida durante milênios como o centro da produção de perfumes.

Os cretenses também exportavam grandes quantidades de azeite para o Egito, onde era usado para fazer unguentos e cosméticos, bem como para embalsamar múmias. No Médio Império, os egípcios já produziam seu próprio azeite de oliva, as oliveiras haviam se tornado um tema importante na arte egípcia, e as ânforas de azeite eram objetos bem comuns nos túmulos (a tumba de Tutancâmon estava cheia delas). Para os egípcios, a luz clara e forte do óleo queimando tinha ressonância sagrada. Em um papiro de cerca de 1000 a.C., o faraó Ramsés II expressa sua devoção ao deus sol Rá: "Fiz olivais em sua cidade de Heliópolis, com numerosos jardineiros e trabalhadores encarregados de extrair azeite egípcio puro de primeira qualidade, para manter vivas as lamparinas em seu suntuoso palácio sagrado". Nesta vida e na próxima, o azeite de oliva era uma substância sagrada.

Para a família de Carlo, azeitonas significam lar, não só porque sua árvore genealógica se entrelaçou com seus olivais e com a produção de azeite durante os últimos quatro séculos, mas também literalmente: a casa deles está empoleirada sobre a fábrica como a torre central de um castelo. O aspecto defensivo da casa De Carlo é acentuado pelo imponente muro de segurança que circunda a propriedade, bem como pelas câmaras de vigilância que filmam todos que se aproximam do portão principal e projetam suas imagens em monitores dentro da casa. Os produtores locais são periodicamente assaltados por bandidos armados, ladrões de azeite que dirigem caminhões-tanque com bombas de alta pressão para sugar o azeite dos silos de armazenagem. "Depois de certa hora, não abrimos as portas", disse Saverio ao voltarmos para a casa para almoçar, depois de visitar os olivais De Carlo. Francesco e Marina nos esperavam ao lado de uma grande fogueira de madeira de oliveira, Francesco descansando a cabeça no colo da irmã enquanto beliscavam azeitonas curadas *cima di Mola* de uma pequena tigela de porcelana e jogavam os caroços no carvão (os caroços de azeitona são um excelente combustível, e os fabricantes de azeite muitas vezes vendem o bagaço de azeitona – o resíduo sólido da extração do óleo, que consiste principalmente em caroços esmagados – para empresas de energia elétrica e outras indústrias, onde ele é queimado em fornalhas).

Grazia ajoelhou-se na lareira ao lado deles e colocou vários quilos de cordeiro para cozinhar em uma grelha sobre o carvão. Enquanto a carne chiava e estalava e nós assistíamos às pequenas erupções de chamas a cada gotejamento de gordura, ela contou uma história verdadeira de envenenamento, cegueira e morte, e disse que queria um pouco que aquilo voltasse a acontecer.

Em março de 1986, disse ela, os hospitais do noroeste da Itália começaram a admitir dezenas de pessoas que sofriam de náusea aguda, falta de coordenação, desmaios e visão turva. Vinte e seis morreram, e outros vinte ficaram cegos. Os investigadores finalmente descobriram que havia pouco tempo todas as vítimas tinham bebido um vinho branco local; descobriram que vários produtores locais tinham aumentado os níveis de álcool de seus vinhos, mesclando-os com metanol, uma substância altamente tóxica também chamada de álcool metílico. O escândalo e a consequente repressão do governo devastaram a indústria italiana de vinho. O consumo caiu e centenas de produtores, a maioria deles honesta, foram à falência. No entanto, no final da crise, a fabricação de vinhos italiana melhorou radicalmente e forçou uma transferência generalizada de ênfase na quantidade para a ênfase na qualidade.

"Antes do escândalo do metanol, as pessoas por aqui não faziam vinho como este", disse Grazia, despejando Riserva Il Falcone 2004, um vinho tinto vermelho escuro feito com uma casta de uvas local, *nero di Troia*, por um produtor em Castel del Monte, um castelo medieval próximo. "E mesmo se eles o tivessem feito, ninguém o teria comprado. A maioria das pessoas apenas comprava seu vinho em jarras grandes, sem rótulo. Eram vistas nas mesas de restaurantes, onde elas tinham permanecido abertas por dias. A maior parte das pessoas nem sonharia com a compra de uma garrafa de vinho com rótulo."

Depois da crise de metanol, os consumidores ficaram mais exigentes, e os produtores que sobreviveram à consolidação do mercado aprenderam a usar técnicas e tecnologias das quais os enólogos franceses foram pioneiros. "Depois do escândalo, os produtores começaram a criar marcas de que se orgulhavam e queriam defendê-las. Somente depois do metanol as pessoas começaram a pensar no que estavam comprando e bebendo, e ficaram dispostas a pagar por coisas boas. E só depois do metanol o governo levou realmente a sério o controle de qualidade, certificando-se de que a garrafa contivesse apenas o que a etiqueta declarava." Durante os anos 1990, dúzias de vinhos *premier* italianos emergiram e o vinho se tornou um importante produto de exportação (o vinho recentemente chegou a US$ 1 bilhão em vendas anuais na Itália).

Grazia levou a taça aos lábios, depois parou e a pousou sem saborear o vinho. "No azeite, estamos onde os viticultores estavam antes do metanol", disse. "Estamos presos na idade das trevas." Ela balançou a cabeça desconsoladamente. "Seria terrível ver o meio de vida dos meus filhos danificado, ou até mesmo destruído. E certamente nunca vou querer ver ninguém ferido. Mas, às vezes, eu gostaria que houvesse um 'escândalo metanol' no azeite, que obliterasse completamente esta indústria corrupta, e a reconstruísse de uma maneira saudável. Isto aqui tem sido a Babilônia por tempo demais."

Nosso almoço começou com uma sucessão de legumes da época, principalmente da horta dos próprios De Carlo: *lampascioni*, uma pequena cebola selvagem marinada em azeite e vinagre; tomates-cereja carnudos, com sabor denso; *puntarelle*, as tenras pontas da chicória; e alcachofras pequenas achatadas, do tamanho de uma moeda de 25 centavos de dólar nos Estados Unidos ou da moeda de uma libra na Inglaterra, ligeiramente fritas.

"Os apulianos comem uma incrível quantidade de vegetais – somos como as cabras", disse Francesco, alto e magro, 24 anos, com cabelo à escovinha e grandes olhos escuros e sérios que nos observam sem pestanejar, embora sua intensidade seja suavizada por um sorriso leve, sem sarcasmo, que nunca deixa seus lábios. É formado em qualidade dos alimentos e tem diploma em degustação de azeites pela Universidade de Nápoles. Recentemente, lançou a linha De Carlo de legumes em azeite de oliva extravirgem: cogumelos, alcachofras, pimentões e outros produtos cultivados em suas terras, bem como azeitonas verdes de mesa dos cultivares *picholine* e *cima di Mola*. "Sugeri que expandíssemos nossa oferta de produtos, para que nossas instalações permanecessem ativas durante o ano inteiro", explicou. "Mas, dado o estado lastimável dos preços do azeite hoje em dia, eles são um negócio que proporciona uma margem bem maior e nos ajudam a permanecer lucrativos." Seu moderno jargão financeiro era tão diferente da maneira simples de seu pai ao falar sobre o negócio do azeite, que, instintivamente, perguntei se ele e Saverio trabalhavam bem juntos.

Francesco nem piscou. “Não. Discutimos todos os dias”, respondeu. “Todo santo dia!” E quando a risada, um pouco nervosa, se acalmou, ele acrescentou, com um olhar rápido para Saverio: “Discordando, compartilhando opiniões diferentes, decidindo juntos qual é a melhor maneira de ir adiante – essa é a melhor maneira de colaborar, não?”

Devido a toda sua formação universitária, Francesco claramente compartilha com o pai o visceral entusiasmo pelo azeite. Suas lembranças mais antigas também dizem respeito ao moinho da família – como o tempo em que, aos três anos, ele adormeceu em um pequeno ninho entre sacos de azeitonas e permaneceu adormecido durante os gritos da família, cada vez mais desesperados, que o procuravam entre as ruidosas lâminas e mós.

“Se você viesse umas duas semanas antes, ou depois, comeria uma refeição totalmente diferente”, disse Francesco, distribuindo uma tira verde de azeite Arcamone sobre uma grande tigela de meia dúzia de vegetais diferentes de aparência selvagem, a maioria dos quais eu nunca tinha visto, e cujos nomes ele só sabia no dialeto local, e não em italiano: *cuolacidd*, *spunzál*, *sevón*, *cicuredd*. “Nós, apulianos, somos exigentes com essas coisas”, continuou, enquanto agitava as folhas brilhantes. “Tentamos comer apenas vegetais e frutas da época. Muitos italianos fazem o mesmo. Eles preferem produtos frescos das hortas locais aos produtos marrons, de aparência murcha dos supermercados, mesmo quando as culturas locais são mais caras. Então, por que não compram seu azeite da mesma maneira? As azeitonas são um fruto sazonal, e o azeite de oliva é um suco de fruta pressionado recentemente – é melhor logo depois de feito, e a partir daí vai declinando. Por que diabos as pessoas compram legumes caros como esses, e os temperam com o mais barato dos azeites que podem encontrar?”

O azeite De Carlo fluiu pelo resto da refeição, jorrando sobre a *burrata*, um primo amanteigado da mozarela, e nas pequenas xícaras de macarrão *orecchiette* com *boragine*, uma espécie de acelga. No início, pensei que os De Carlo estavam se exibindo para mim, mas logo vi que eles usavam azeite de oliva dessa forma todos os dias, escolhendo, entre quatro diferentes tipos de azeite na mesa, aquele que melhor se adequava a cada prato que estavam temperando. Sobre o cordeiro grelhado, Saverio espalhou tanto Tenuta Torre di Mossa, o azeite mais apimentado da família, que os outros riram e apontaram. Ele balançou a cabeça e sorriu, feliz, o primeiro sorriso que vi nele. "Passei minha vida inteira fazendo azeite, mas nunca consigo comer dele o suficiente. Que outro trabalho lhe proporciona isso?"

Ele me entregou o azeite, e despejei um pouco sobre o meu cordeiro. Como se tivesse catalisado reações químicas sutis na carne, experimentei novos sabores densos que não tinha notado nas garfadas anteriores, sem o azeite: o alecrim e *santoreggia*,[4] Grazia usara para temperá-lo, a gordura dourada, o tostado leve da grelha de madeira de oliveira – cada um tinha uma nova profundidade e intensidade. Eu sentia a carne diferente, mais flexível e suculenta. Esse azeite não era apenas um condimento, tinha entrado no prato.

Quando observei isso, Francesco bufou. "Tente dizer isso a um *chef*!" Explicou que recentemente havia dado um curso de degustação de azeite em Nápoles para vinte *chefs* de restaurantes importantes, a maioria dos quais tinha mostrado a ignorância mais abjeta sobre azeite de oliva. "Cada um desses caras dirigiam restaurantes de primeira qualidade, certo? Alguns tinham estrelas Michelin. Tinham paladares altamente desenvolvidos para o vinho e alimentos de todos os tipos. Mas todos eles estavam usando um azeite de oliva refinado ou um extravirgem misturado a outro em suas cozinhas, e até mesmo em suas mesas. Tinham usado azeites ruins por tanto tempo que nem sequer sabiam que gosto tinha um de boa qualidade."

Grazia, que ficara em silêncio por algum tempo, de repente falou com vigor. "Então nós temos que ensiná-los. O caminho que temos de seguir é *la cultura*: educar as pessoas sobre o azeite bom é a única maneira de sair desta crise. Porque depois que alguém experimenta um extravirgem de verdade – adulto ou criança, qualquer um com papilas linguais –, ele nunca vai voltar ao tipo falso. É distinto, complexo, a coisa mais fresca que já comeu. Faz perceber como os outros são porcaria, literalmente podres.

[4] Em italiano, no original. Em português, segurelha. (N.T.)

Mas tem de haver uma primeira vez. De alguma forma, temos de colocar essas primeiras gotas de verdadeiro azeite extravirgem na boca deles, para que se livrem do hábito do óleo ruim, e da lavagem cerebral da propaganda. Tem de se deixar algum bom azeite no mundo para as pessoas provarem."

Ela se levantou e foi até a cozinha buscar a sobremesa, deixando um silêncio na sala. Todo mundo parecia estar pensando no que ela dissera, e no que omitira: que se a economia da fabricação de azeite não mudasse logo, não ficará ninguém para fazer o verdadeiro azeite extravirgem. Nem mesmo os De Carlo.

Escrevendo cerca de mil anos depois que a fábrica de perfumes em Pirgos foi destruída, Homero conta a história do naufrágio noturno de Ulisses ao largo da ilha de Esquéria, que foi de arrepiar os cabelos. O herói consegue nadar e chegar à terra e se arrasta pelo cascalho no escuro, refugiando-se em um matagal de oliveiras, onde está a salvo de bandidos e animais selvagens. Na manhã seguinte, ele acorda ao ouvir Nausícaa e suas damas jogando bola na praia, e pede-lhes ajuda. Elas lhe dão um jarro de azeite de oliva, que ele espalha sobre seu o corpo nu, incrustado de sal, enquanto elas ficam a certa distância, tentando não olhar. Então Atena, a deusa de azeite de oliva, faz o homem que lhes parecera simples e um pouco desmazelado parecer alto e bonito como um deus, com ombros esculpidos e elegantes e cabelo encaracolado brilhante. Nausícaa começa a conspirar para se casar com ele.

O azeite de oliva embarcou em sua era de ouro com os gregos, que consideravam a azeitona uma árvore sagrada e usaram o milagre de seu óleo em uma variedade quase inacreditável de formas: como alimento, combustível, loção para a pele, anticoncepcional, detergente, preservativo, pesticida, perfume e adorno, bem como cura para doenças cardíacas, dores de estômago, perda de cabelo, tratamento de flatulência e transpiração excessiva. Um dos usos mais conspícuos do azeite na Antiguidade era para tornar a pele mais macia e mais sensual. Nos jantares, os anfitriões gregos davam a seus convidados um pouco de azeite perfumado com flores prensadas e raízes aromáticas, que os escravos friccionavam em seus pés, corpo e cabelo; rostos e cabelos brilhantes eram imagens de jovialidade e alto astral. Os próprios deuses exigiam mimos semelhantes. As estátuas de culto, como a enorme efígie de bronze marfim de Zeus, em Olímpia, eram regularmente ungidas com óleo, não só por reverência, mas, como diz Plínio, o Velho, para "proteger suas partes metálicas da corrosão".

O óleo era a força vital de muitas cidades-estado gregas. "Naquela época, as pessoas estavam preparadas para gastar em azeite a quantidade de dinheiro que gastam com petróleo nos dias de hoje", diz Nigel Kennell, especialista em história antiga na Escola Americana de Estudos Clássicos em Atenas. "E os governos se esforçaram para garantir um fornecimento estável." As histórias de Atenas e Esparta, os inimigos e famosos polos opostos, estão entrelaçadas com a oliveira. Os atenienses se colocavam sob a proteção de Atena, a deusa da oliveira, e zelosamente guardavam a oliveira antiga que, segundo afirmavam, ela tinha plantado na Acrópole, e que eles viam como um totem de sua cidade: em 480 a.C., ela foi queimada pelos invasores persas, mas ainda assim logo surgiram brotos verdes no tronco carbonizado, reassegurando aos atenienses que sua cidade estava destinada a florescer novamente. Mudas dessa árvore, plantada nas proximidades, cresciam na *moriai*, um olival sagrado cuidado por uma casta especial de sacerdotes, cuja colheita era feita por meninos virgens. Platão realizou sua famosa Academia à sua sombra, e Sófocles, dramaturgo ateniense, elogiou a qualidade misteriosa e quase sobrenatural da oliveira como "não plantada por mãos humanas, mas autocriada"; ninguém poderia destruí-la sem a punição divina, escreveu Sófocles, "pois quem toma conta dela é o olho que tudo vê de Zeus Morios, e Atena dos cintilantes olhos azul-acinzentados".

Essas imagens místicas refletem realidades mais pragmáticas na sociedade ateniense. O comércio do azeite de oliva ajudou a construir a sociedade em que as peças de Sófocles, a filosofia de Platão e os outros triunfos artísticos e intelectuais da Atenas de Péricles tomaram forma:

Sólon editou leis que estimulavam o cultivo de azeitonas, bem como a produção e a exportação de azeite, e proibiu o corte de mais de duas árvores por ano. Aristóteles, na *Constituição dos atenienses*, foi mais longe, declarando que quem cortasse uma oliveira deveria ser condenado à morte. Os vencedores dos Jogos Panatenaicos, o festival atlético realizado a cada quatro anos em Atenas em honra de Palas Atena, recebiam como prêmio não só enormes quantidades de óleo (até cinco toneladas), mas também uma isenção de impostos sobre a exportação de azeite. Os principais prêmios panatenaicos representavam fortunas consideráveis, porque o comércio de azeite era lucrativo. O próprio Platão financiou uma viagem ao Egito vendendo uma remessa de azeite, provavelmente feito com suas oliveiras.

O azeite também era um recurso econômico vital na Lacônia, terra dos espartanos, cuja temível máquina de guerra foi financiada em grande parte pelas receitas geradas pelo azeite. O azeite trouxe à tona os lados menos espartanos e lacônicos de seu caráter. No século VII a.C., os espartanos introduziram a primeira cultura desportiva organizada na sociedade grega, treinando os jovens sistematicamente para competições, para atividades físicas, e separando os de mesmo sexo a fim de torná-los guerreiros melhores. Os espartanos também foram os primeiros a praticar esportes nus e a ungir seus corpos nus com azeite de oliva, costumes que logo foram adotados em outras partes da Grécia. Alguns estudiosos, como Nigel Kennell, vinculam-nos à ascensão de estatuária de bronze no século VI a.C. "Um atleta bronzeado, brilhando no sol de verão, coberto de óleo, realmente se pareceria com uma estátua dos deuses", diz Kennell. Outros pesquisadores acreditam que essa unção ritualizada, com a celebração ostensiva do corpo masculino em brilhante nudez, contribuiu para a propagação do amor homossexual no mundo grego. "O azeite em um corpo brilhante, bronzeado e saudável era um adorno literalmente 'chamativo'", diz Tom Scanlon, professor de clássicos na Universidade da Califórnia, em Riverside. "O azeite elevou a carga erótica do corpo, e estimulou o desejo e a pederastia masculina, primeiro em Esparta, e depois em todo o mundo grego."

Por todas as suas diferenças, no século v a.C. os atenienses e os espartanos concordaram em uma coisa: o uso generoso do azeite de oliva em dois pilares da sociedade clássica, os banhos e o ginásio. "Os gregos não poderiam conceber o banho ou a atividade atlética sem azeite de oliva", diz Nigel Kennell. "Não era um luxo, era uma necessidade." Tanto que, de fato, quando os suprimentos de azeite foram cortados pelos bárbaros, no fim do império, os banhos e ginásios foram fechados. Os gregos usaram o óleo como combustível para aquecer água e iluminar os ginásios e balneários, e como ingrediente essencial para certos esportes, como a luta livre e o combate de gladiadores (o clássico verbo grego, *aleiphein*, "ungir com óleo", também significava "exercitar-se no ginásio"). Acima de tudo, banhistas e atletas, muitas vezes auxiliados por escravos chamados *unctores* ("azeitadores"), espalhavam grandes quantidades de óleo sobre seus corpos; após os exercícios, eles usavam finas lâminas de metal chamadas *strigiles* para raspar o óleo e o resíduo de sujeira e suor. Óleos perfumados eram considerados tão preciosos e curativos que os atendentes dos balneários e ginásios até mesmo recolhiam essas raspas, chamadas *gloios*, e as vendiam para clientes como remédio. Esse resíduo oleoso também era raspado das estátuas de mármore e bronze que adornavam os balneários, assim como das paredes e dos pisos, sugerindo tanto as quantidades de óleo espalhadas pelos banhistas como a densidade sensorial de um dia no mundo antigo. "Acho que qualquer cidade grega ou romana daquele tempo seria um desafio olfativo para nós", observa Kennell.

Desafio de que tamanho? Como era esse cheiro? O aroma que se elevava dos ombros e do cabelo de Ulisses, que Nausícaa achou tão irresistível enquanto ele caminhava em direção a ela pela praia, belo como um deus (ou como uma estátua de bronze dos balneários). Agora temos respostas bastante confiáveis a essas perguntas, graças a algumas investigações arqueológicas feitas por Maria Rosaria Belgiorno e seus colegas em Pirgos. Usando testes químicos e toxicológicos, inclusive o método de Halphen-Grimaldi, a reação de Liebermann e a mistura de Bloor, eles analisaram os resíduos densos e viscosos presos ao fundo dos recipientes de cerâmica na fábrica de perfume. O que veio à tona foi um rico buquê de substâncias aromáticas que haviam sido usadas nos perfumes, entre as quais estavam o alecrim, o anis, o coentro, as amêndoas amargas, a bergamota, a essência de terebinto, a resina de pinheiro, o louro, a murta, a manjerona, a sálvia, a lavanda, a camomila e a salsa.

Tendo identificado os ingredientes ativos dos perfumes da Antiguidade, Belgiorno decidiu recriá-los, usando as mesmas ferramentas e materiais, como em Chipre na Idade do Bronze. Trabalhando com Angelo Bartoli, do Centro de Arqueologia Experimental Antiquitates, um instituto de pesquisa perto de Roma, ela fez réplicas exatas de ânforas de terracota, alambiques e outros equipamentos encontrados durante as escavações. Auxiliada por um farmacêutico cipriota apaixonado por flores silvestres locais, Belgiorno obteve alguns dos aromas naturais que tinha detectado nas cerâmicas na escavação, incluindo alecrim, lavanda e rosa selvagem. Ela estudou as receitas de perfume em obras de autores clássicos como Dioscórides, Plínio e Teofrasto, coletou muitos litros de água da chuva e convenceu os Pandolfi, uma família nobre de Perugia que é proprietária de grandes olivais, a fazer algum *onfacium*, um azeite de oliva que os romanos extraíam de azeitonas verdes em agosto, cuja acidez extremamente baixa e cuja grande quantidade de antioxidantes naturais forneciam a base ideal para perfumes.

Então Belgiorno e Bartoli começaram a trabalhar. Encheram muitas ânforas bojudas com azeite e água de chuva em partes iguais, acrescentaram um dos compostos aromáticos que ela tinha identificado em cada recipiente, e colocaram-nas para decocção em fogo baixo. Gradualmente, os óleos essenciais evaporaram das plantas e entraram no azeite. Cinco dias depois, a água tinha se evaporado, deixando pequenas quantidades de óleo puro, perfumado.

Maria Rosaria Belgiorno, que muitas vezes usa seus próprios perfumes da Idade do Ferro, diz que a base de azeite de oliva derrete na pele e deixa um exuberante brilho saudável, ao contrário das sensações de secagem e endurecimento provocado pelos perfumes de hoje à base de álcool (os perfumes à base de álcool, com sua maior esterilidade e vida de prateleira mais longa, substituíram os aromas à base de óleo no final do século XIX, e aromas de perfumes naturais foram suplantados por aromas sintéticos, mais baratos, produzidos em laboratórios). Ela lamenta a perda de um mundo inteiro de fragrâncias naturais, e continua a caçar nas florestas e altos prados de Chipre à procura de plantas usadas pelos perfumistas de Pirgos da Antiguidade. Ela se lembra da estranha sensação de *déjà vu* na primeira vez que ela e seus colegas italianos e cipriotas aplicaram o novo óleo de lavanda selvagem nos pulsos e no pescoço. "Tinha uma fragrância limpa, fresca, ligeiramente masculina, muito diferente dos aromas frutados dos perfumes de hoje", diz ela. "Era um aroma que todos nós reconhecemos – um perfume ancestral que era parte de todos nós. Era como o cheiro do Mediterrâneo."

Ulisses tinha esse perfume.

2

Os chefões do azeite

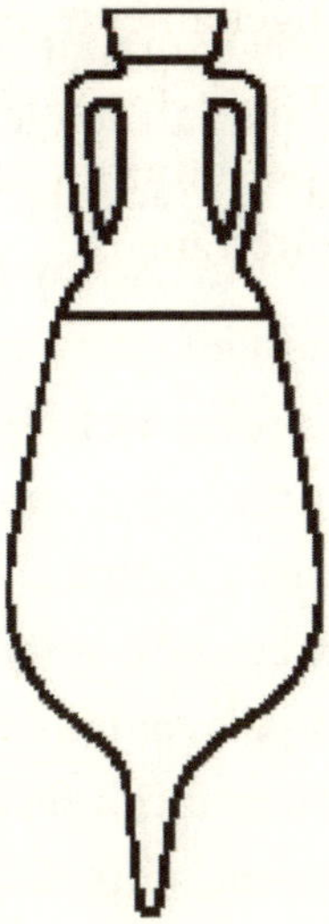

Olea prima omnium arborum est.[5]
(Columella, agrônomo romano, *De Re Rustica*, Livro v)

A oliveira, que fera! Não se consegue imaginar quantos problemas ela me causou. Uma árvore cheia de cor, não muito grande, com folhas pequenas, como me fez suar! Um sopro de vento e a árvore inteira muda de tonalidade, porque a cor não está nas folhas, mas no espaço entre elas. Um artista não pode ser grande a menos que entenda a paisagem.
(Pierre-Auguste Renoir, carta a Paul Durand-Ruel, 1889)

Na margem sul do rio Tibre, do lado oposto a onde estão as sete mais famosas colinas de Roma, há uma colina desajeitada, com cerca de 45 metros de altura e mais de 800 metros de perímetro

5 A oliveira é a primeira de todas as árvores. (N.T.)

em sua base, coberta com uma camada fina de grama e algumas árvores, uma dessas estranhas relíquias bucólicas que transmitem uma sensação de campo mesmo no coração da cidade. Durante a Idade Média, essa colina, chamada monte Testaccio, foi cenário de tumultuados banquetes e de um carnaval ritual em que uma carreta cheia de porcos tombou ao chão do alto da montanha, onde moradores locais famintos, armados com facas, atacaram os infelizes animais. Hoje, é animada apenas à noite, graças aos restaurantes da moda, bares de *sushi*, clubes noturnos, pontos de encontro gay e danceterias com equipamentos de alta tecnologia que se localizam à sua volta. Enquanto eu estava em Roma para entrevistar o ministro da Agricultura italiano sobre as importações de azeite de oliva, visitei monte Testaccio, que é uma prova das importações de azeite em grande escala. Conforme eu subia a íngreme encosta superior, algo estalava de vez em quando sob os meus pés, como conchas grossas na praia.

A palavra *testaccio* deriva da palavra latina *testa*, que significa "caco", e os estalos que ocorrem quando se escala a colina ocorrem porque ela é composta de 25 milhões de ânforas, despejadas pelos romanos entre os séculos I e III d.C.: o monte Testaccio é o maior sambaqui do mundo clássico. Cada ânfora continha cerca de setenta litros de azeite de oliva, importado do sul da Espanha ou da África do Norte – no total, o monte Testaccio representa algo como 1,75 bilhão de litros de azeite, que foram distribuídos gratuitamente aos cidadãos romanos como parte de um subsídio alimentar chamado *annona*. O monte Testaccio é o maior depósito conhecido de óleo de oliva, mas todas as outras vilas, cidades e acampamentos do exército do império tinham uma versão menor dele. Em pé, no cume dessa montanha de garrafas de azeite, com vista dos telhados de Roma, compreende-se que o azeite era tão vital para a economia da Antiguidade como o petróleo é hoje. "Petróleo": origina-se de *petra* e *oleum*, latim para "azeite de oliva de uma pedra."

Se os gregos celebravam os aspectos estéticos e espirituais do azeite de oliva, os romanos, como sugere o monte Testaccio, se concentravam em suas possibilidades comerciais. Em certas partes do império, o consumo *per capita* era algo como 50 litros por ano, e os romanos transformaram o azeite em uma colheita de dinheiro internacional. Agrônomos como Catão e Columella codificaram a prática da cultura da oliveira. Eles identificaram vinte diferentes cultivares de azeitona e distinguiram vários graus de qualidade de óleo; o melhor, concordavam, era o *oleum viride* ("óleo verde"), feito com azeitonas meio maduras, enquanto o *oleum maturum* (de frutos maduros) era menos desejável, ao passo que o *oleum cibarium* ("óleo de forragens", a versão romana do *lampante*), feito com azeitonas estragadas, era fornecido apenas para os escravos. Os romanos plantaram grandes olivais no norte da África, no sul da Itália e na Andaluzia, fonte da maior parte das ânforas do monte Testaccio, e construíram moinhos enormes, de alto rendimento, com baterias de uma dúzia ou mais de prensas, com alavancas enormes (as altas caixas de alvenaria dessas prensas, que ainda pontilham certas áreas do Magrebe como dólmens, são tão imponentes e altas que os primeiros exploradores britânicos da região as confundiram com monumentos religiosos). Os romanos organizaram mercados de *commodities* baseados nos preços do azeite nos principais portos, e formaram corporações especializadas no comércio de óleo, que iam desde os *olearii*, pequenos varejistas de azeite de oliva, aos *diffusores* e *mercatores*, que trabalhavam em maior escala, e aos *negotiatores*, que vendiam azeite a granel em todo o império. Os navios de carga romanos cruzavam o Mediterrâneo carregados de óleo.

Uma *commodity* dessa importância se tornou uma moeda de troca vital na política do império e foi, por vezes, preferida ao dinheiro vivo. Júlio César, querendo punir Leptis Magna por tomar parte na resistência à sua invasão da África, multou os governantes em três milhões de libras romanas, ou 1.067.800 litros de óleo. O azeite de oliva podia suavizar o caminho para o poder no império. Os imperadores Marco Aurélio e Adriano eram descendentes de clãs de azeite de oliva em Bética (hoje Andaluzia), e Setímio Severo nasceu em Leptis Magna, a capital da famosa região produtora de azeite da Tripolitana (hoje Líbia), onde sua família tinha ficado rica fabricando o azeite e as ânforas para embalá-lo. "Sempre pensei [em Setímio Severo] como em algo similar a um xeique do petróleo", diz David Mattingly, professor de arqueologia romana na Universidade de Leicester e autoridade no estudo do cultivo romano da azeitona. "O azeite era fonte de fabulosa riqueza e poder."

Tendo obtido sua autoridade a partir do azeite, Setímio Severo o usou também para mantê-la. Pouco depois de ascender ao poder, ele pediu aos cidadãos de Leptis uma doação "voluntária" de 1 milhão de libras de azeite por ano – uma oferta ao estilo da máfia, que eles não podiam recusar – e os distribuiu gratuitamente ao povo romano (as ânforas em que o azeite chegou, naturalmente, foram jogadas no Monte Testaccio). Sua estratégia (que poderia ser chamada de abordagem "pão, circo e azeite de oliva") para impulsionar seu índice de popularidade funcionou: Severo governou com sucesso por quase duas décadas, e transferiu o poder para seus dois degenerados filhos, Caracala e Geta, murmurando a eles, em seu leito de morte, "deem-se bem um com o outro, deem montes de dinheiro para os soldados, e esqueçam todos os outros" (seus filhos, sem o juízo do pai, não prestaram atenção e acabaram mal).

Uma vez que as legiões romanas frequentemente plantavam oliveiras para alimentação e combustível onde estacionavam, os nodosos troncos e folhas verde-acinzentadas da azeitona se tornaram símbolo da conquista e da ascendência cultural. Como observou Aldous Huxley, "a coroa de oliveira originalmente foi usada pelos conquistadores romanos em ovação; a paz que proclamava era a paz da vitória, a paz que muito frequentemente é apenas a tranquilidade advinda da exaustão ou da aniquilação completa". Um jarro de azeite sobre a mesa de jantar também marcou o triunfo da cozinha romana sobre a cerveja e a banha dos bárbaros. No século II d.C., um senador romano saudoso de sua terra, nomeado para um vilarejo no Danúbio, escreveu sobre a cerveja e a gordura de porco do norte bárbaro: "Os habitantes levam a mais miserável existência de toda a humanidade, porque eles não cultivam azeitonas, e não bebem vinho". O historiador gastronômico Massimo Montanari afirma que os romanos consideravam o azeite, bem como o vinho e o pão, "símbolos de sua própria identidade", que demonstravam a capacidade romana de moldar a própria natureza, uma vez que nenhum desses alimentos existe na natureza. "Eles se tornaram marcadores materiais e mentais, no sentido sociológico, da *romanidade*", diz Montanari.

Substância de tal monta e prestígio, a resposta leve e doce do mundo antigo ao que era mais bruto, naturalmente atraía criminosos. Na verdade, a fraude do azeite é muito mais velha do que os romanos. As placas cuneiformes de Ebla, de cinco milênios, descrevem investigadores encarregados de combater fraudes de azeite, nomeando a "equipe de vigilância de azeite em Nuzar", perto da atual Alepo, na Síria, e um certo Ingar, chefe das brigadas reais antifraude. A fraude do azeite parece ter sido difundida no Egito ptolomaico. Os romanos também experimentaram-na em certa medida. O médico Galeno menciona os comerciantes de óleo que misturavam azeite de alta qualidade com substâncias mais baratas, como banha liquefeita. Entre as muitas receitas regadas em azeite de Apício – o rico comerciante e *bon-vivant* cujo livro foi um *best-seller* na Antiguidade –, está um procedimento de adulteração barato, que transformava o azeite espanhol malcheiroso – aquele tipo cujas ânforas serviram para construir o monte Testaccio –, com ervas picadas e raízes, conferindo-lhe gosto e cheiro do precioso azeite da Ístria.

Entretanto, na prevenção da fraude do azeite, como em tantas outras áreas da vida, os romanos tinham um sistema. Muitos fragmentos de ânfora trazem *tituli picti*, inscrições estampadas ou notas manuscritas com tinta preta ou vermelha que gravam informações como a localidade onde o óleo foi produzido, o nome do produtor, o peso e a qualidade do produto quando a ânfora foi selada, e o nome do comerciante que o importou. Outras anotações registram o nome do funcionário imperial que confirmou essas informações quando a ânfora foi reaberta em seu destino, em Roma. O objetivo desse vasto aparato burocrático e da rotulagem detalhada e explícita em cada ânfora era garantir que nenhum dos intermediários na longa cadeia de abastecimento que ligava os olivais da Espanha e da África aos armazéns imperiais de azeite em Roma desviasse o produto ou o substituísse por um produto inferior. O monte Testaccio é um monumento à luta contra a fraude internacional de alimentos.

Essa luta continua na Itália até hoje, embora os métodos e resultados sejam menos impressionantes. A enorme popularidade da etiqueta "*Made in Italy*" em todo o mundo a transforma em um alvo apetecível para os fraudadores de alimentos, que ganham estimados € 60 bilhões por ano vendendo alimentos italianos falsificados ou adulterados. Alguns desses crimes são controlados pela Máfia e outras redes criminosas vendem produtos abaixo dos padrões, ou inseguros, auferindo lucros enormes. No chamado "escândalo Italburro", por exemplo, vários laticínios perto de Nápoles, controlados pela Camorra,[6] misturavam até manteiga falsa de óleos vegetais, banha, produtos petroquímicos e carcaças de animais (algumas possivelmente infectadas com BSE, a doença da vaca louca), e venderam 22 mil toneladas de seu produto em toda a União Europeia. Outros casos envolvem "fraudes legais" que, embora aparentemente não éticas, ainda assim são permitidas sob a legislação da União Europeia e da Itália e não são mencionadas nas etiquetas. Quatro entre dez produtos "italianos" são, na realidade, produtos estrangeiros importados e reetiquetados como italianos, muitas vezes com falsos certificados de autenticidade: mais de um terço do macarrão fabricado na Itália é feito de trigo importado, metade da mozarela é produzida com leite e coalho alemães, e dois terços do *prosciutto* é feito com porcos estrangeiros.

Existem ainda muitos outros casos ligando grandes empresas, aparentemente conceituadas, aos criminosos, seja diretamente ou por meio de uma série de empresas comerciais e intermediários. Como a competição de preços na indústria de alimentos é bastante acirrada, as empresas frequentemente estão dispostas a comprar matérias-primas de fontes duvidosas, a preços tão baixos que sugerem que os alimentos podem ser falsos. A manteiga fabricada pela Camorra no escândalo Italburro foi comprada por importantes empresas de alimentos na Bélgica, na França e na Alemanha, algumas das quais tinham nomes de família, e foi revendida a consumidores como manteiga ou como ingrediente de sorvetes e doces. Em relação a essas empresas de grande reputação, Paulo Casaca, antigo parlamentar da União Europeia e chefe da Comissão de Orçamento da Comissão Europeia, que acompanhou o caso em nome da União Europeia, observa: "Não tenho certeza sobre o que é pior – que essas empresas tenham conscientemente comprado manteiga contaminada e a revendido aos consumidores, ou, como dizem, que elas não sabiam o que estavam comprando, o que significa que não eram competentes para

[6] Organização criminosa napolitana constituída de maneira semelhante à da Máfia siciliana. (N.T.)

distinguir entre a manteiga real e a falsa" (os clientes da Italburro também coletaram generosos subsídios da União Europeia para a produção e venda de sua "manteiga").

Em outro caso, de 2005, os promotores alegaram que Francesco Casillo, diretor da maior produtora europeia de semolina para massa de macarrão, trouxe um navio de transporte para o porto de Bari carregado com trigo canadense infectado por um bolor carcinogênico, passou-o rapidamente pela alfândega – usando resultados analíticos falsos preparados por um cúmplice químico de alimentos – e em seguida o vendeu para vários grandes fabricantes de massas, que o usaram para fazer *fusilli* e *rigatoni* posteriormente comprados por consumidores de toda a Itália. O magistrado promotor, Antonio Savasta, explica que Casillo inicialmente ofereceu um acordo extrajudicial de confissão e redução da pena da acusação de vender substâncias não adulteradas, mas perigosas à saúde pública, mas o juiz, nas audiências iniciais, julgou que a pena por esse crime era insuficiente para esse incidente. Em julho de 2012, depois de um longo processo durante o qual mantiveram sua inocência, Casillo e o químico foram absolvidos por falta de evidências, entre outras razões, uma vez que os regulamentos da União Europeia sobre as amostras de grão haviam sido modificados para exigir um maior número de amostras por embarque. Antonio Savasta esperará o julgamento oficial antes de decidir se vai apelar, mas diz que está decepcionado que os regulamentos da União Europeia tenham se tornado tão permissivos, a ponto de se tornar quase impossível obter amostras adequadas de quantidades de grão tão grandes como um navio de transporte, permitindo que o consumidor sofra um risco ainda maior.

Mais recentemente, em novembro de 2010, uma empresa de biodiesel entregou a um fabricante alemão de gorduras alimentícias de origem vegetal três lotes de ácidos graxos destinados a usos industriais (por exemplo, na produção de papel). Esses ácidos graxos estavam contaminados com dioxina, um subproduto industrial que é um poderoso carcinogênico. No entanto, foram misturados com gordura alimentícia, rendendo nada menos que 2.256 toneladas de gordura alimentar contaminada, que foi vendida a 25 fabricantes de alimentos compostos. Por sua vez, esses fabricantes a usaram em suas rações para animais, fornecidas a milhares de fazendas de porcos, gado leiteiro, gado de corte, coelhos, gansos e granjas na Alemanha, na França e na Dinamarca. As autoridades de saúde europeias continuam a analisar os alimentos potencialmente afetados, mas ordenaram extensivos bloqueios agrícolas e *recalls* de produtos.

Entretanto, mais preocupante que esses casos individuais de contaminação de alimentos é a probabilidade de que, para cada caso que aparece, muitos mais ocorram sem nunca terem sido detectados pelas autoridades. Falando do incidente da semolina contaminada, Antonio Barile, presidente da Confederazione Italiana Agricoltori (CIA) da Apúlia, um importante sindicato dos agricultores, diz que o caso "abre uma janela apavorante sobre o que, por anos, definimos como 'a economia do engano' da comida italiana. Os eventos do caso Casillo datam de 2005, mas suspeitamos que a chegada de carregamentos contaminados seja uma característica normal das importações de grão em nosso país". Na Itália, uma série de departamentos de fiscalização trabalha para proteger a indústria de alimentos, incluindo as forças policiais militares, como os Carabinieri e a Guardia di Finanza, a Unidade de Repressão à Fraude do Ministério da Agricultura, a Alfândega, os escritórios de saúde pública e até mesmo o serviço florestal. Apesar desses esforços coletivos – em 2009, foram feitas cerca de 600 mil inspeções, mais de 66 mil irregularidades foram detectadas, e os bens apreendidos foram avaliados em cerca de € 160 milhões –, as fraudes de alimentos estão crescendo de modo acentuado. A tendência é a mesma em todo o mundo. A OLAF, a agência antifraude da União Europeia, relata a rápida expansão da adulteração e da falsificação de alimentos. Em 2009, uma nova Unidade de Assessoria para Fraudes Alimentares foi formada no Reino Unido para atender à crescente pressão de crimes alimentares. Nos Estados Unidos, onde as vendas de alimentos e bebidas no varejo chegaram aos US$ 560 bilhões em 2010, vários institutos acadêmicos importantes, incluindo a Universidade do Estado de Michigan, recentemente estabeleceram centros de fraudes alimentares, e o presidente Barack Obama criou uma força-tarefa presidencial que está discutindo medidas para melhorar radicalmente os testes e a fiscalização feitos por órgãos oficiais (atualmente, o FDA testa apenas 0,3% da oferta norte-americana total de alimentos).

Na verdade, o tamanho e a largamente disseminada internacionalização do setor agrícola e alimentar, cujo valor foi estimado em torno de 5 trilhões de dólares por ano em todo o mundo, torna o policiamento muito difícil. Mas as razões para a fraude alimentar estar em ascensão vão bem além do tamanho do negócio e da globalização. Algumas fraudes são cometidas por empresas cuja perícia e conhecimento químico ultrapassam, de longe, os dos investigadores. Os enormes lucros associados aos alimentos permitem que empresários sem escrúpulos frequentemente subornem agentes aduaneiros e agentes da lei mal pagos. Isso é ainda mais verdadeiro quando as empresas que colaboram com a fraude são multinacionais que, graças a seus enormes bolsos, podem influenciar legisladores, pagar poderosas campanhas publicitárias e empregar ações legais para silenciar indivíduos e mídia que questionem suas práticas. Em última análise, no entanto, a razão principal para que a fraude esteja em ascensão é que a maioria dos governos não tem a vontade política para enfrentá-la. Em uma era de economia *laissez-faire* e fé cega no livre mercado, as empresas muitas vezes recebem uma liberdade de agir irrestrita, mesmo à custa dos consumidores.

Os romanos, que criaram e administraram um dos maiores e mais duradouros impérios internacionais da história, em grande parte graças ao seu imenso pragmatismo – e até mesmo ao cinismo –, conheciam essa atitude, e tinham uma frase para isso: *caveat emptor*, "deixe o comprador se precaver". Mas o monte Testaccio prova que os romanos, por vezes, cuidaram mais do comprador do que revelavam. Quando alguém comprava uma ânfora de azeite no mundo romano, sabia exatamente o que estava adquirindo apenas lendo o rótulo.

Domenico Ribatti, ex-magnata do azeite de oliva, cumprimenta-me à porta de seu apartamento no centro de Andria, cidade a 40 km a noroeste de Bari, que é um dos centros de produção de azeite na Apúlia. Ele é um homem pequeno e magro de 70 anos, com olhos cor de âmbar e sobrancelhas grisalhas grandes e grossas, arqueadas, que lhe dão um olhar compreensivo. Sua voz é surpreendentemente profunda para alguém daquele tamanho, mas macia e um pouco aguda. Essa não era a voz que eu imaginara enquanto lia as sentenças judiciais contra ele, que continham numerosas interceptações de telefonemas, feitas pela polícia, em que ele falara como um homem acostumado ao sucesso, ao poder, a dar ordens e a vê-las obedecidas rapidamente. A textura áspera, avermelhada, levemente intumescida da pele, a forma cuidadosa como ele andava, liderando-nos através do apartamento pelo caminho até seu escritório, sugeriam que ele não tinha estado bem. "Esse negócio todo arruinou minha saúde", disse, cansado. "De um único julgamento, eles arrancaram treze outros, separados."

As persianas estão fechadas; o apartamento espaçoso é iluminado pelo azul esverdeado do crepúsculo, quase submarino. Passamos por um claro divã, baixo, largo, com uma mesinha lateral sobre a qual há uma fotografia emoldurada de duas meninas em roupas de balé – suas filhas, diz ele, agora na casa dos trinta. Há várias prateleiras de vidro contendo pequenas caixas e figuras de animais, incrustadas com marfim e madeiras raras, que brilham sob a luz baixa, como um museu na hora de fechar. Entretanto, seu escritório é brilhante e arrumado. Uma prateleira ao longo de uma parede contém feixes de documentos em pastas azuis. "Esses são todos os meus processos", diz Ribatti, descansando a mão em uma das pastas como um fazendeiro com um touro premiado, familiar, mas perigoso.

Nas paredes, há fotografias e documentos. Há uma foto de Lumière, a filha adotiva de Ribatti, congolesa, a quem envia € 40,00 todos os meses. Há também uma longa carta datilografada de uma de suas filhas, enviada enquanto ele esteve na prisão. "Treze meses e dois dias", diz, com um leve tremor na voz, olhando para a carta. "Sou profundamente cristão – e tive uma família que me apoiou o tempo todo. Isso me ajudou a sobreviver." E há Ribatti em 1990, pouco antes de os problemas começarem, recebendo o prêmio de Melhor Azeite de Oliva Extravirgem de um representante da Unilever: bronzeado, bonito, com um suave sorriso de sucesso. Hoje, ele é outro homem.

Ribatti era o terceiro de quatro filhos e quatro filhas de Giuseppe Ribatti, um exemplo clássico de homem que se fez por conta própria no princípio do século XX, quando tantos italianos meridionais estavam fugindo da severa pobreza de seu país natal e emigrando para os Estados Unidos, para a Austrália e para a América do Sul. Ribatti, que passara a maior parte da infância em um internato em Benevento, administrado por uma ordem religiosa local, fala do pai com orgulho e talvez com uma ponta de medo: um trabalhador intenso, parcimonioso e desinteressado, que aprendeu o negócio do azeite fazendo trabalhos avulsos em moinhos locais até 1920, quando já tinha juntado dinheiro e experiência suficientes para abrir seu próprio negócio. "Ele começou com nada e trabalhou para progredir", disse Ribatti. "Ele ganhou e investiu, recebeu e investiu, nunca assumindo riscos grandes – ele era um homem muito prudente... Todo mundo diz que me pareço com *papà*."

Ribatti pai continuou a expandir sua fábrica, e acabou comprando uma outra. Por volta de 1963, as duas fábricas juntas eram capazes de moer 30 mil kg de azeitonas por dia. Naquele ano, com Domenico prestes a completar sua licenciatura em Parma, o pai o convocou de volta para casa para se juntar ao negócio da família. "Só estavam faltando cinco exames e dois relatórios, e eu já tinha começado a minha tese – sobre azeite", diz Ribatti, com uma ponta de arrependimento. A vida dele tinha dado uma guinada fundamental. Quando o pai morreu, em 1971, Domenico e seus irmãos estavam administrando um florescente negócio de azeite que, segundo ele, vendia cerca de 75% de seu produto a granel para empresas de azeite importantes como a Bertolli, a Sasso, a Filippo Berio e a Carapelli: o restante ia diretamente aos consumidores, usando sua própria marca.

Três anos depois, em 1974, Domenico Ribatti entrou num negócio por sua própria conta, fundando uma nova empresa, a Riolio S.p.A. Em vez de usar a abordagem conservadora do pai, ele ganhou reputação por tomar decisões grandes e ousadas. No final dos anos 1950, foram abertas na Apúlia várias refinarias de óleo vegetal, onde o óleo *lampante* era purificado de seus gostos e odores desagradáveis. Ribatti comprou uma pequena refinaria perto de Andria, e rapidamente a expandiu para um centro de produção de 55 mil metros quadrados. "Estabeleci a meta, que mais tarde alcancei, de ser o líder no mercado internacional", diz. De fato, em 1985, ele foi o principal comerciante do mundo na venda de azeite a granel. "Antes de tudo, eu era um especulador: adivinhava para que lado o mercado ia e comprava com cinco ou seis meses de antecedência. Sempre acertei em cheio – sempre li o mercado corretamente. Comprava 10, 20, 30 mil toneladas de óleo, que eu sabia que viriam a calhar para a Bertolli, a Sasso, a Carapelli, a Unilever". A empresa permanecia em contato constante com seus maiores clientes e, às vezes, lhes enviava navios-tanques inteiros repletos de óleo. "Éramos peritos em degustação. Conhecíamos bem as empresas e o padrão de azeite que queriam. Preparávamos e enviávamos a eles lotes de 1, 2 mil toneladas." Ele conta que, juntamente com outras grandes empresas, ajudavam a definir o preço de mercado do azeite de oliva. "Conversávamos todas as manhãs por telefone, de acordo com os negócios que tínhamos de fazer. Não é que tínhamos criado um cartel: estávamos apenas fazendo bem aos produtores e aos moleiros, e fazendo bem a nós mesmos, também."

Ribatti empregava agentes de vendas na Tunísia, na Turquia e na Espanha para comprar óleo em seu nome, e viajava incessantemente por todo o Mediterrâneo para monitorar a safra anual de azeitonas e manter contatos com os negociantes de azeite: para a Suíça, para administrar a intrincada estrutura financeira que montara para lidar com suas transações de óleo; e para Roma, onde fazia parte do conselho de administração da Assitol, a poderosa associação italiana de produtores de azeite, e de várias outras associações nacionais de azeite. Ele viajava tanto que perdeu o nascimento de seus filhos. "As pessoas da Assitol costumavam dizer: 'Domenico Ribatti tem azeite nas veias, em lugar de sangue'", comenta.

Ribatti se volta para olhar a fotografia na parede, uma fotografia dele mesmo recebendo o Prêmio Extravirgem de um executivo da Unilever. Diz que recentemente visitou os escritórios da Assitol em Roma. "Eles se engasgaram quando me viram, tinham lágrimas nos olhos. 'Desde que você deixou o negócio, ele foi à merda. Não conseguimos entender mais nada.'." Balança a cabeça, ainda olhando para a fotografia, como se estivesse se esforçando para reconhecer a si mesmo, para lembrar-se de sua vida anterior, de como as coisas eram antes. "A partir de 17 de dezembro de 1991, quando um ex-amigo se voltou contra mim, batalhei por dezoito anos – por uma vida inteira." Sua voz se tornou um murmúrio. Ele afirma que o magistrado investigativo Domenico Seccia, um amigo com quem ele anteriormente costumava jantar, de repente o submeteu a uma espécie de perseguição judicial. "Paguei pelos outros", afirma. "Fui o bode expiatório."

Segundo Ribatti, as acusações feitas contra ele, de que vendeu azeite extravirgem falso, feito com óleo de avelã e outros óleos vegetais baratos, eram completamente falsas. Ele diz que as autoridades "apreenderam cerca de 5.500 amostras de 100 g cada, e eles nunca encontraram 1 grama desse maldito óleo de avelã!... Análises, laboratórios – as empresas às quais eu entregava o óleo, elas não eram estúpidas, não é? A Bertolli, a Unilever, eles [o] analisaram! Você acha que eles confundiam óleo de sementes com azeite?". Ele afirma que investigadores e líderes sindicais rurais ignorantes o atacaram porque acreditavam erroneamente que o colapso dos preços do azeite se devia à adulteração, e não às flutuações naturais no mercado de óleo. Descreve as incursões dos investigadores da polícia militar em suas instalações de óleo, a apreensão de documentos, sua prisão final. "Essa música, essa dança, se prolongaram por um ano e meio, mas eles nunca encontraram nada." Mesmo antes disso, diz, ele sabia que estava sob vigilância das autoridades, tanto em casa como quando viajava. "Mas estou acostumado a isso, tenho a cabeça fria. Sou muito humano e carinhoso, mas tenho aquele sexto sentido que Deus me deu, a sorte de ter um pulso firme."

Ele olha para mim, seus olhos afiados com o desafio. "Desde que Mimmo Ribatti deixou o negócio, o azeite tem afundado cada vez mais na merda, certo?", repete. "Por que foi à merda? Hoje, o preço do azeite está em € 2,00, € 2,20 – esses são preços de 25 ou 30 anos atrás, a partir de 1980! Era Ribatti com óleo de avelã?"

Agora ele grita, com o rosto vermelho. "Isso é coisa feita por caixeiros-viajantes, na feira do bairro! Aqui nós estamos falando sobre o comércio internacional de azeite de oliva!"

Sua voz fica mais profunda, rouca e poderosa, e ele respira com a boca aberta, enviando através da mesa uma brisa densa de café e fumaça de cigarro na minha direção.

"Eles deveriam ter vindo aqui para falar comigo! Mas eles têm medo de falar comigo."

Os investigadores italianos contam a história de Domenico Ribatti de modo diferente. Segundo eles, a queda de Ribatti começou em 10 de agosto de 1991, quando um navio enferrujado chamado Mazal II atracou no porto industrial de Ordu, na Turquia, e bombeou cerca de 2.200 toneladas de óleo de avelã para seus tanques. Então, iniciou uma viagem sinuosa pelo Mediterrâneo e pelo mar do Norte. Em 21 de setembro, quando o Mazal II chegou a Barletta, um porto a nordeste da Apúlia, sua carga havia se tornado, nos documentos oficiais do navio, azeite grego. A carga passou pela alfândega, possivelmente com a conivência de um funcionário, foi canalizada para caminhões-tanque e entregue à refinaria da Riolio, empresa de Ribatti. Lá, foi vendido – em alguns casos misturado com azeite de oliva verdadeiro – a clientes da Riolio.

Entre agosto e novembro de 1991, o Mazal II e outro navio-tanque, o Katerina T., entregaram cerca de 10 mil toneladas de óleo de avelã turco e óleo de girassol argentino para a Riolio, todos identificados como azeite de oliva grego. Domenico Ribatti enriqueceu, adquirindo substanciais propriedades imobiliárias, incluindo uma antiga loja de departamento em Bari. Segundo documentos judiciais italianos, ele subornou dois funcionários, um com dinheiro, outro com caixas de azeite, e fez viagens a Roma, onde se hospedou no Grand Hotel e se reuniu com outros produtores de azeite inescrupulosos da Itália e do exterior.

No entanto, no início de 1992, Ribatti e seus companheiros estavam sendo investigados pela Guardia di Finanza, a força policial militar do Ministério das Finanças. Um oficial, com uma câmera de vídeo em miniatura na gravata, disfarçou-se de garçom em um almoço oferecido por Ribatti no Grand Hotel. Outros grampearam telefonemas dos executivos da Riolio e ouviram o farfalhar do dinheiro do suborno sendo contado.

Durante os dois anos seguintes, a equipe da Guardia di Finanza, trabalhando em estreita colaboração com agentes da agência antifraude da União Europeia, reuniram os detalhes do crime de Ribatti. Identificaram contas bancárias em bancos suíços e empresas de fachada no Caribe, usadas por Ribatti para comprar o óleo de oliva falso, e decifraram nomes em código e apelidos nos registros da empresa: "O.T." para *óleo turco* (que os investigadores diziam significar óleo de avelã), e "Nicola di Bari" para seu cúmplice Nicola Scirone (um jogo de palavras com São Nicolau, o santo padroeiro de Bari: diz-se que seus ossos exalam um óleo santo). Os investigadores descobriram que o óleo de sementes e o de avelã haviam chegado à refinaria da Riolio em caminhões-tanque, em trens e navios, e encontraram estoques de óleo de avelã esperando para serem despachados à Riolio e a outras empresas de azeite de oliva em Roterdã, na Holanda.

Os investigadores também descobriram para onde fora o óleo adulterado por Ribatti: para alguns dos maiores produtores de azeite italiano, entre eles a Nestlé, a Unilever, a Bertolli e a Oleifici Fasanesi, que o venderam aos consumidores como azeite de oliva e receberam cerca de US$ 12 milhões em subsídios europeus destinados a apoiar a indústria de azeite de oliva (essas empresas alegaram que tinham sido fraudadas por Ribatti, e os promotores não tiveram condições de provar a cumplicidade delas). Ainda assim, esse incidente foi apenas uma gota no mar escuro do óleo falsificado. "Conseguimos descobrir esses dois navios, mas deve ter havido centenas de outros sobre os quais nada sabemos", disse-me Domenico Seccia, promotor no caso. "É um tráfico de proporções colossais."

Em março de 1993, Domenico Ribatti foi preso, junto com seu químico-chefe e três outros cúmplices, e acusado de contrabando, fraude contra a União Europeia, operar uma rede criminosa e outros crimes. Durante uma longa batalha legal, ele insistiu que tinha sido enganado por seus fornecedores – empresas de fachada caribenhas que haviam vendido à Riolio óleo de avelã em lugar de azeite de oliva. Mas, quando Pascal Brugger, financista suíço que lidava com as transações financeiras dessas empresas, testemunhou e revelou que o próprio Ribatti as controlava pessoalmente, sua defesa desabou. No final, Ribatti fez um acordo com a acusação e obteve um período de prisão de treze meses.

Leonardo Colavita, antigo presidente da Assitol, a associação do setor de azeite da qual Domenico Ribatti era um membro importante, e proprietário da empresa italiana de azeites Colavita, disse-me que a política do grupo é expulsar as empresas associadas acusadas de atividade ilegal, de modo que, como ele aponta, "ninguém possa nos atacar, ninguém possa dizer 'Você tem criminosos na sua organização!'". De acordo com Colavita, quando Ribatti renunciou a seu cargo na organização, disse: "Se eu sair, todo mundo tem de sair" (entretanto, nenhuma outra empresa deixou a Assitol na época). "Mimmo Ribatti era um cavalheiro, porque não citou nomes", disse Colavita. "Se ele o tivesse feito, um monte de gente teria ido para a cadeia." Ele afirma ainda que muitas empresas de azeite, inclusive importantes marcas italianas, sabiam que Ribatti lhes vendia azeite adulterado (Colavita disse que sua empresa não comprou azeite de Ribatti). "Eles dizem que não, mas sabiam. Se não soubessem, então eram incompetentes – assim como eu sabia, eles tinham de saber também. E como eles não são incompetentes, isso quer dizer que sabiam."

O azeite de oliva é um dos produtos alimentares mais frequentemente adulterados na União Europeia. Dentro da Europa, o problema é particularmente agudo na Itália, o principal importador, consumidor e exportador de azeite e o centro do comércio mundial de azeite (durante os últimos vinte anos, a Espanha produziu mais óleo que a Itália, mas grande parte dele é enviado para a Itália para ser embalado e é vendido, legalmente, como óleo italiano). "A grande maioria das fraudes descobertas no setor de alimentos e bebidas envolve esse produto", disse-me o coronel Leopoldo Maria De Filippi, comandante do NAS Carabinieri, grupo de antiadulteração administrado sob os auspícios do Ministério da Saúde, para a metade norte da Itália.

Muitas trapaças de azeite de oliva envolvem a simples mistura de óleos vegetais de baixa qualidade, aromatizados e coloridos com extratos de plantas e vendidos em latas e garrafas decoradas com bandeiras italianas e imagens do Vesúvio, juntamente com nomes despretensiosos de produtores imaginários. Golpes mais sofisticados, como o de Domenico Ribatti, ocorrem tipicamente em laboratórios de alta tecnologia, onde azeites mais baratos de vários tipos, feitos de azeitonas, mas também com sementes e frutos secos, são processados e misturados de maneiras extremamente difíceis de se detectar com testes químicos. Uma técnica popular é a "desodorização leve", na qual o óleo barato *lampante* é purificado de seu sabor dos odores desagradáveis por tratamento térmico entre 40 e 60 ºC (a Alfa Laval, fabricante líder de equipamentos de extração de azeite e outros óleos vegetais, produz o sistema de refinação SoftColumn, um desodorizante de baixa temperatura que a empresa comercializa como óleo de sementes, mas que é claramente usado para desodorizar grandes quantidades de azeite de oliva). O óleo desodorizado, embora artificialmente suave e sem o frutado exigido por lei no azeite extravirgem, é também, em grande parte, livre de defeitos, e não tem as assinaturas químicas reveladoras deixadas pela refinação convencional.

O azeite desodorizado desempenhou papel importante em outro caso recente, envolvendo a Azienda Olearia Valpesana, um dos maiores comerciantes de óleo na Itália. Entre maio e junho de 2012, quatro executivos da empresa, incluindo seu presidente, Francesco Fusi, e o chefe do laboratório de análises químicas, Davide Passerini, foram presos sob as acusações de fraude e formação de quadrilha. Os investigadores apreenderam cerca de 8 mil toneladas de óleo da empresa como evidência física. No laboratório químico da empresa, os agentes da Guardia di Finanza encontraram cadernos com notas manuscritas que explicavam como misturar óleos de várias qualidades e origens, incluindo o óleo *lampante* e óleos da Espanha e da Tunísia, para produzir azeites aparentemente extravirgens e totalmente italianos. Além disso, eles encontraram numerosos contratos de vendas de azeite extravirgem espanhol em que, juntamente com as características oficialmente declaradas, havia outras características químicas diferentes adicionadas à mão: ésteres alquila, peróxidos e ácidos graxos livres muito abaixo dos requisitos da União Europeia para o azeite de oliva extravirgem e que, dizem os investigadores, indicam as reais características químicas do azeite. Usando o telefone e torneiras de arame, análises detalhadas dos fluxos de azeite de oliva através da alfândega italiana, entre outras técnicas, os investigadores montaram um quadro do que eles chamam de "mecanismo sofisticado de fraude", por meio do qual azeites "extravirgens" foram montados usando óleos inferiores, incluindo *deodorato*. Um documento da Guardia di Finanza nota que algumas das principais empresas de azeite italianas são clientes da Azienda Olearia Valpesana, e observa que "o promotor da acusação não exclui a possibilidade de que a investigação se espalhe para envolver numerosas [outras] empresas no negócio [do azeite], tanto nacionais como estrangeiras".

A Azienda Olearia Valpesana sustenta que é inocente. Afirma que a análise química do azeite em questão, feita por químicos *top* no ramo de óleo que trabalham como consultores para a empresa, demonstraram que ela, de fato, atende às normas da União Europeia. Em última análise, seja qual for o resultado do teste, é pouco provável que ele explique o aparente duplo sistema de notação encontrado pelos investigadores. Ele também levanta uma questão mais fundamental: as normas da União Europeia, formuladas em parte por químicos que trabalham para grandes companhias de azeite, são suficientes para garantir a qualidade do azeite de oliva que ingerimos?

Outras grandes fraudes tiveram sucesso graças à impotência, à aquiescência ou até mesmo à cumplicidade de funcionários responsáveis pela descoberta de crimes na área de produção de óleo. Por exemplo, em abril de 2008, os investigadores confiscaram na Apúlia quase três milhões de litros de azeite de oliva da Olearia Azienda Basile. Dizem que o azeite foi falsamente classificado como orgânico ou como "100% italiano", quando, na verdade, a empresa o tinha importado da África do Norte. Entre os suspeitos do caso estava Tonino Zelinotti, chefe do laboratório de análise química e do júri de degustação do departamento aduaneiro italiano e figura central na criação de leis relativas ao azeite e de testes de autenticidade em Roma e Bruxelas. Os promotores acusaram Zelinotti de certificar óleo da Azienda Olearia Basile como extravirgem quando, de fato, era virgem (ou pior), e de falsificar análises químicas para livrar-se dos investigadores (Zelinotti morreu pouco tempo depois e já não é suspeito no caso: espera-se uma decisão em outubro de 2012). A cumplicidade existe nos mais altos níveis da administração italiana. Em 2007, um inquérito da União Europeia determinou que 95% dos desvios detectados dos subsídios agrícolas europeus, grande parte dos quais ocorreram no setor do azeite de oliva, aconteceram na Itália. Bruxelas acusou a Itália de negligência na recuperação desses fundos, e está processando o governo italiano por € 311 milhões em subsídios não recuperados. De fato, às vezes, as coisas parecem servir intencionalmente de obstáculo contra os investigadores dos crimes que envolvem o azeite de oliva, que são prejudicados por atrasos burocráticos, sofismas legais, baixas sanções e pelo fato de que os produtores demitidos por infrações podem adiar o pagamento por anos. O coronel De Filippi admitiu que algumas empresas são essencialmente imunes à investigação. "Infelizmente, há grandes produtores que têm fortes laços políticos", disse.

Certamente, a Assitol e suas empresas associadas têm considerável influência tanto em Roma como em Bruxelas. Os chefes de laboratórios de óleo de várias empresas associadas à Assitol fazem parte da Comissão Técnica de Óleos e Gorduras do governo italiano, o que ajuda a esboçar projetos de regulamentação do azeite (o químico-chefe de Domenico Ribatti, Gioacchino De Marco, foi da comissão até seu envolvimento no caso Riolio). Membros seniores da comissão e da comissão técnica análoga da União Europeia em Bruxelas também prestaram serviços de consultoria científica à Assitol, a qual tem laços estreitos com o Ministério da Agricultura italiano, como fica claro pelos projetos conjuntos – como o plano para formar um "eixo mediterrâneo de azeite de oliva", descrito em um documento governamental de 2004 como sendo "um cartel informal de dimensões internacionais entre produtores de azeite de oliva". Segundo Leonardo Colavita, antigo presidente da Assitol, o projeto foi iniciado por Giovanni Alemanno, ministro da Agricultura de 2001 a 2006, e seria financiado pelo governo italiano. O objetivo, disse ele, era expandir a produção de azeite de oliva na Síria, no Marrocos, na Turquia e em outros países do sul do Mediterrâneo, fora da União Europeia, e facilitar a venda do produto na Itália, usando instalações de armazenamento *duty free* em um porto do sul da Itália.

Paolo De Castro, que substituiu Alemanno como ministro da Agricultura, disse-me que não estava familiarizado com o projeto, e que não há evidência de que ele tenha sido implementado. Mas, quando o descrevi, ele me disse que apoiava seus objetivos. "Temos de evitar distorções, não colocar limites nos negócios", declarou. "O importante é que as pessoas não queiram ser espertalhonas, e que esse óleo tunisiano não se torne azeite extravirgem da Apúlia. Agora, esse é um problema bem pequeno, não?" Entretanto, qualquer plano para criar um cartel entre produtores de azeite de oliva viola o artigo 101 do Tratado da União Europeia, que proíbe especificamente cartéis tão prejudiciais ao livre comércio e ao poder de escolha do consumidor. Se realizado, tal esquema pareceria também facilitar a sonegação de impostos sobre o óleo importado de países de fora da União Europeia. Um plano como o Eixo Mediterrâneo do Azeite de Oliva selaria o destino de pequenos fabricantes de azeite italianos como os De Carlo, que, traídos pelo Ministério da Agricultura (que deveria estar defendendo seus interesses), seriam esmagados pelo óleo barato importado.

Enquanto investigava Domenico Ribatti, a equipe europeia antifraude descobriu que os dois navios-tanque que ele usara para importar óleo de avelã também haviam transportado mais óleo contrabandeado para Monopoli, outra porta para a Apúlia. A equipe seguiu a pista desse óleo até um conhecido de Ribatti, chamado Leonardo Marseglia, diretor-gerente da Oleifici Italiani, uma empresa de azeite e óleo vegetal em Monopoli. Essa empresa, agora chamada Casa Olearia Italiana, tornou-se um dos líderes de importação de azeite na Europa e possui uma das maiores refinarias de óleos comestíveis do mundo.

Mesmo seus inimigos falam de Leonardo Marseglia como sendo um homem de talentos únicos. Um oficial da Guardia di Finanza, que passou anos investigando Marseglia e seus companheiros por, segundo dizem, contrabando, apropriação indébita de fundos comunitários, formação de quadrilha, além de outros delitos – acusações rejeitadas mais tarde por decorrência do prazo legal –, descreveu-o como "pessoa de grande astúcia, com uma mente excepcional para negócios". Um idoso que reside próximo a Ostuni, cidade natal de Marseglia, o qual o conheceu desde a infância, disse que ele era muito admirado na área, onde era apelidado de "Onassis" por seu estilo de vida extravagante. "Ele é audacioso, trabalhador, corajoso como um leão, totalmente sem escrúpulos", disse-me o homem.

Pouco tempo atrás, viajei para Monopoli para visitar Marseglia na Casa Olearia. A estrada costeira corre ao longo de uma série de antigos olivais, árvores do cultivar local *ogliarola* com enormes troncos em forma de barril e ramos curtos, alguns dos quais tinham mil anos de idade. Através de ocasionais lacunas entre as árvores, o mar Adriático brilhava verde-claro, margeado por baixas dunas e amplas praias de areia amarela. As numerosas pequenas baías da plana e arenosa costa da Apúlia, somadas a sua proximidade com os Bálcãs e o norte da África, há muito tempo tornaram a região um paraíso para contrabandistas. Antes que uma repressão do governo, em 2000, interrompesse o comércio, contrabandistas de cigarros realizavam comboios noturnos de SUVs blindados por estradas secundárias da região, com para-choques dianteiros feitos de ferro ferroviário para funcionarem como aríetes e pneus cheios de silicone para evitar que fossem estourados por tiros disparados pela polícia. "As organizações criminosas, grandes e pequenas, tendem a dividir a costa de Apúlia em pequenos feudos, cada um deles especializado em seu próprio comércio ilegal", diz Pasquale Drago, magistrado investigativo de Bari, um dos líderes na luta contra o contrabando de cigarros, maconha, heroína e outros itens ilegais, que tem processado com sucesso proeminentes personagens da Máfia. A Apúlia continua sendo uma das principais portas de entrada para a União Europeia de imigrantes ilegais, drogas e, como no caso Riolio, de azeite de oliva e outros óleos vegetais ilícitos da Turquia e do Magrebe, a maior parte deles sendo revendida como azeite de oliva extravirgem italiano.

Desde 1994, Antonio Barile, presidente do sindicato dos agricultores na Apúlia, liderou dezenas de milhares de olivicultores em bloqueios dos portos de Monopoli, Bari e Barletta, aonde chegam muitos navios que transportam óleo estrangeiro. Alguns carregamentos de óleo são claramente contrabando, diz ele, mas outros entram no país com a aprovação do governo, embora violando a lei europeia, que permite que o óleo seja importado de países fora da União Europeia apenas quando o abastecimento local não tenha condições de atender a demanda. Denuncia "o vergonhoso silêncio das autoridades portuárias e aduaneiras", que não reportam quanto óleo estrangeiro chega à Apúlia, e já criticou repetidamente o Ministério da Agricultura italiano, particularmente sob a gestão do ex-ministro Giovanni Alemanno, por autorizar importações ilegítimas, que prejudicam os produtores locais e só beneficiam a indústria de azeite de oliva. "Ele deve revogar as autorizações, porque elas estão matando o azeite de oliva da Apúlia", disse Barile de Alemanno em uma entrevista em 2004, outro ano de crise para os agricultores de oliveiras locais. É tão grande a quantidade de óleo estrangeiro mais barato que entra no mercado local que, por exemplo, segundo investigadores da Guardia di Finanza, apenas 1% do óleo feito na Apúlia durante a colheita de 2003-2004, destinado à venda na Itália, foi vendido com lucro para os produtores locais. "Milhares de produtores de azeite de oliva são vítimas desse mercado 'drogado'", contou Barile.

Em Monopoli, a estrada contorna a fábrica da Casa Olearia, uma brilhante extensão de silos de aço inoxidável, edifícios de escritórios, chaminés e conjuntos de armazéns, situada em meio a uma plantação de enormes oliveiras, como uma nave espacial que acabou de aterrissar. Desde que Leonardo Marseglia o comprou, em 1981, o complexo cresceu quinze vezes. Em 2005, a empresa, que também opera nas áreas de energia, turismo, construção, no setor imobiliário e financeiro, processou cerca de um milhão de toneladas de azeite de oliva e de óleos vegetais. A imprensa italiana chamou Marseglia, que começou a carreira dirigindo um caminhão de entregas para a empresa de azeite de oliva de sua família, de "imperador do azeite italiano" e de "barão do extravirgem". Apesar disso, Marseglia diz que recentemente decidiu deixar o negócio do azeite de oliva por causa dos incessantes ataques das autoridades locais, que, por anos, acusaram-no de uma série de crimes envolvendo a produção de azeite de oliva. Agora, ele está usando óleos para fazer biocombustível e gerar eletricidade, porque, como declarou, nesses campos (que também são subsidiados pela União Europeia), as autoridades "não enchem tanto o saco".

Em uma parede na recepção da Casa Olearia havia uma chamativa pintura a óleo expressionista, de três camponesas colhendo azeitonas no chão sob uma retorcida oliveira – árvore que se assemelhava àquelas que são visíveis através da janela. Marseglia, de 65 anos, tem um corpo poderoso, pescoço grosso e as pálpebras pesadas de um boxeador profissional que está perdendo o viço, e o sorriso ordinário e imediato de um lutador ainda pronto para enfrentar mais alguns assaltos. A despeito do hábito de referir-se a si mesmo na primeira pessoa do plural, ele é informal, de um modo que nos deixa sem ação, e de vez em quando cutucava meu braço amistosamente para enfatizar algum ponto. Perguntei-lhe se tinha adulterado azeite de oliva, ou feito contrabando, ou se era culpado dos crimes de que havia sido acusado. "Nós nunca fomos condenados por qualquer coisa até agora", respondeu. "Portanto, não achamos que há alguma coisa a acrescentar. Nós fomos processados e fomos absolvidos porque os eventos não ocorreram." Ele disse que conhecia Domenico Ribatti, mas que nunca tinha feito negócios com ele. "Ele foi condenado, e acabou na prisão. Isso não aconteceu conosco."

Quanto à ideia de que importantes companhias de óleo sabiam que alguns dos óleos que compraram de Ribatti eram adulterados, ele não fez comentários, mas observou mais tarde que *caveat emptor*[7] era a regra de ouro no comércio do azeite de oliva, mesmo quando se tratava de ensaios químicos. "Você não paga nada adiantado. Primeiro testa, depois paga – senão, não paga. Se tudo der certo, isso significa que você..." – aqui Marseglia fez uma pausa e ergueu as sobrancelhas de forma expressiva, depois riu – "...que você estava envolvido na fraude! Pura lógica, não é?" Piscou o olho e disse: "Você vai ter a verdade 100% só de nós, porque estamos fora do negócio [do azeite]".

Marseglia é outro magnata do azeite que cresceu na cultura do azeite do sul da Apúlia, zumbindo como uma abelha ávida no pequeno moinho do pai em Ostuni, onde havia 108 usinas do mesmo tipo quando ele era criança. "Quando ninguém sabia onde eu estava, porque não estava em casa, com certeza sempre me encontravam na fábrica." Ele se lembra

7 Expressão latina que significa "cuidado, comprador". (N.T.)

do pai se abaixando para pegar uma azeitona que tinha caído no chão e que, de outra forma, teria sido perdida – bem parecido com as mulheres na pintura do foyer da Casa Olearia. "Isso me ensinou que, de poucas gotas, é possível até mesmo fazer o mar... Também absorvi o impulso de produzir azeite de boa qualidade, que era a obsessão de meu pai. De fato, fomos os primeiros a produzir azeites comestíveis, numa época em que todos os outros, na área, faziam óleo para lamparinas, *lampantes*."

Ele disse que, surpreendentemente, a maioria dos italianos ainda sabe muito pouco sobre a qualidade do azeite de oliva. "Há muita mistificação, de completa ignorância. Até mesmo muitos produtores não conseguem dizer se o óleo deles é bom ou mau: é bom porque vem de suas azeitonas, porque eles colheram no momento certo, blá, blá, blá. E dizem que a gente deve comer coisas que vêm do campo, que não há necessidade de provar o azeite ou de testá-lo – não, isso não é direito. Aqui, a tradição está turvando os fatos, escondendo como as coisas realmente são."

Marseglia me contou que entrou em conflito com a cultura local de óleo quando começou a importar azeite de oliva para melhorar a qualidade dos óleos locais, de baixa qualidade. Aí começou a escrever, em um bloco que estava diante dele, dados em letras grandes, inclinadas, mas legíveis. "A Itália produz 300 mil toneladas de óleo. São necessárias mais 300 mil toneladas [de óleo importado] para satisfazer a demanda interna, e mais cerca de 400 mil para exportação. Então, é preciso importar de 600 mil a 700 mil toneladas por ano. Na Apúlia, esse óleo tem um valor muito elevado. Se exportar para a Toscana ou para Molise, onde as pessoas estão vendendo o azeite extravirgem por € 10,00, € 15,00, ninguém presta atenção, mas, na Apúlia, o navio chega e as pessoas dizem, 'Porra!'. E como importamos bastante, para fazer misturas para salvar muitos óleos locais ruins, malcheirosos, geralmente as pessoas veem isso como uma ofensa. Como se estivéssemos roubando a renda de pessoas pobres."

Marseglia estimou que 98% do azeite de oliva vendido na Itália como extravirgem na verdade não é óleo de primeira qualidade. "A lei diz até 0,8% [de acidez] e sem defeitos no sabor, isso é tudo. Acho que é como deve ser. Como *deveria* ser, mas não como as coisas são." Desenhou um gráfico em forma de pizza mostrando o que considera a verdadeira qualidade do azeite de oliva no mundo: de 2%, excelente azeite; 8%, de segunda – bom, mas não excepcional; e os 90% restantes são o que ele chamou de "óleo mais ou menos". Como o óleo excelente era escasso demais para atender à demanda do consumidor, explicou, as empresas de azeite de oliva vendiam óleo de segunda e de terceira como extravirgem. "O óleo que temos aqui é qualquer coisa, menos extravirgem", disse ele, indicando o segundo e o terceiro níveis de óleos em seu diagrama. "É óleo decente, com certeza, mas, se queremos dizer 'excelente', isso ele não é."

Ele não parecia pensar que isso fosse um problema. "Antes de tudo, vamos dar às pessoas um óleo bom", disse. "Então, o excelente – todos os azeites extraordinários a € 40,00 ou € 50,00 o quilo, que alguns poucos idiotas no mundo podem pagar –, pensaremos nisso mais tarde, não?" Disse-me que sua família usa óleo comum: "Para nós, a categoria 'bom' é suficiente. Queremos ser pessoas comuns".

Durante o almoço na cantina da Casa Olearia, Marseglia me mostrou o que quis dizer com bom azeite. O *strippaggio* e outros métodos de degustação elaborados utilizados pelos *sommeliers* de azeite eram "tudo conversa mole", disse ele. "Degustar um prato de massa é fácil. Degustar um copo de vinho é fácil. Degustar um pedaço de fruta é fácil. Degustar azeite é a mesma coisa. Ele deve ter os mesmos sabores agradáveis. Se ele tiver um desagradável, não é bom – isso é bastante simples. Dizem que é preciso muito conhecimento para entendê-lo, porque querem fazer o assunto parecer mais intelectual."

Estendeu a mão sobre a mesa buscando uma garrafa de Giusto, a marca de sua empresa para supermercados, tirou-lhe a tampa e a apontou para mim. "Cheire isso. Cheira bem ou mal?" Cheirava bem: uma fragrância ácida, intensamente fresca, que eu viria a associar com azeitonas *coratina*.

Marseglia levou a garrafa aos lábios e despejou dois grandes goles. "Assim é que o levamos à boca, certo?", disse, com voz embargada pelo óleo. "Ou é um nojo, e você o cospe na cara de alguém, ou é bom. O sinal de um bom azeite", continuou, "está na *bocca bella* ('boca bela'), o sabor agradável e a sensação de limpeza que permanecem na boca depois que é ingerido."

Marseglia me passou a garrafa. "Agora você o degusta, sem fazer o que aqueles outros caras fazem", instruiu. "Finja que está comendo uma bala, alguma coisa boa. Depois vamos ver como ele deixa sua boca." Ele observou minha expressão atentamente enquanto eu engolia o azeite, depois inclinou a cabeça, satisfeito. "Degustar coisas é simples", afirmou.

Em 1994, oitenta agentes da Guardia di Finanza invadiram a Casa Olearia e apreenderam documentos que forneciam detalhes sobre quatro embarques ilegais de óleo, envolvendo o Mazal II e o Katerina T. Em julho de 1996, foi emitido um mandado de prisão contra Marseglia e dezesseis colegas de trabalho por acusações que incluíam fraude fiscal comunitária por contrabando e formação de quadrilha. Três semanas mais tarde, Marseglia, acompanhado por seu advogado, entregou-se às autoridades e foi preso. Os promotores o acusaram de importar azeite de oliva tunisiano falsamente identificado como produto europeu, fugindo, assim, às taxas que incidem sobre mercadorias não europeias, e de receber ilegalmente subsídios europeus de azeite de oliva quando, mais tarde, vendesse o óleo. Domenico Seccia, promotor do caso, que também processou Ribatti, acredita que Marseglia ensinou a Ribatti as técnicas criminosas pelas quais o segundo acabou sendo condenado. "Ribatti herdou de Marseglia todos os métodos e procedimentos de fraude", disse-me Seccia. "O caso Marseglia é idêntico ao de Ribatti."

Em uma decisão em 13 de janeiro de 1997, o Supremo Tribunal da Itália notou que o magistrado que autorizou as prisões de Marseglia e de seus associados tinha "demonstrado amplamente, com evidências documentais, que o produto descarregado em Monopoli fora azeite de oliva extracomunitário da Tunísia, livre de tarifas de importação, que, posteriormente, por meio de transações de falsas vendas, foi feito parecer ser italiano, o que resultou em sérias fraudes contra a Comunidade Europeia". O tribunal observou também que o magistrado ordenara a prisão dos homens por causa do que considerava "o risco concreto de que atividades similares se repetiriam", e por causa do "caráter criminoso dos réus". No entanto, após anos de disputas judiciais, os promotores não conseguiram condenações, e as acusações contra Marseglia e seus companheiros foram rejeitadas em 2004, quando o prazo legal prescreveu.

Entretanto, os problemas de Leonardo Marseglia com a lei continuaram. No final de 2010, ele e cinco companheiros foram julgados em uma audiência fechada, em Bari, devido a acusações relacionadas com outro crime com azeite de oliva, dessa vez envolvendo os Estados Unidos. Segundo documentos reunidos pelos investigadores da Guardia di Finanza, entre 1998 e 2004 a Casa Olearia evadiu mais de € 22 milhões (cerca de US$ 30 milhões) em taxas alfandegárias da União Europeia, importando ilegalmente 17 mil toneladas de azeite de oliva da Turquia e da Tunísia, aparentemente com a cooperação de funcionários aduaneiros italianos. A legislação da União Europeia permite que empresas não europeias enviem para a Itália óleo *duty free* para processamento por uma empresa italiana. No entanto, os investigadores dizem que a AgriAmerica, a empresa norte-americana que a Casa Olearia afirma ter importado o óleo, era uma empresa de fachada criada por Marseglia a fim de evitar aquelas taxas. O óleo foi processado nos laboratórios da Casa Olearia, onde os investigadores suspeitam que foi misturado com óleos vegetais, embora não tenha sido possível provar isso. Parte do óleo foi comprada por empresas italianas, mas a maior parte foi enviada a distribuidores nos Estados Unidos, que o venderam como azeite de oliva italiano. Segundo os investigadores da Guardia di Finanza, entre os clientes da AgriAmerica estavam alguns dos maiores distribuidores de azeite de oliva do país, incluindo a East Coast Olive Oil (agora parte da gigante de alimentos portuguesa Sovena), importadora líder de azeite de oliva dos Estados Unidos e engarrafadora de etiqueta privada; o supermercado do grupo Wakefern Food; e Sysco, o maior distribuidor de serviços na área de alimentos (não há evidência de que essas empresas sabiam a origem do óleo que compraram de Marseglia). O fato de que a maioria das pessoas não associam esses nomes com azeite de oliva mostra como o negócio está completamente nas mãos de intermediários, e quantos intermediários estão entre o consumidor e os olivais.

Marseglia e seus corréus foram acusados de formação de quadrilha, contrabando e outros crimes. Um investigador familiarizado com o caso me disse que era improvável que Marseglia fosse condenado. "Ele tem proteção nos níveis mais altos, da direita à esquerda, por todo o espectro político", declarou o investigador. Marseglia, citando a natureza do caso em andamento, recusou-se a comentar as acusações contra ele, mas disse que esperava ser julgado inocente, como ocorrera em investigações anteriores. De fato, em maio de 2012, ele e seus corréus foram inocentados de todas as acusações. O promotor do caso esperava a leitura do julgamento oficial, que deveria ocorrer em setembro de 2012, antes de decidir se iria apelar. A Casa Olearia continua a ser um membro em boa posição na Assitol, com influência considerável em Roma e Bruxelas. O chefe do laboratório de óleo da Casa Olearia, Mario Renna, bem como os chefes de laboratório de vários outros membros da Assitol, pertence à Comissão Técnica de Óleos e Gorduras, o grupo governamental que ajuda a esboçar projetos de regulamentação do azeite.

A despeito de sua política de expulsão de membros com dificuldades legais, a Assitol parece despreocupada com os problemas jurídicos passados da empresa Casa Olearia de Leonardo Marseglia. "É verdade. Quinze anos atrás, eles cometeram algumas grandes fraudes", disse-me Colavita em 2006. "Eles importavam azeite de oliva extravirgem chamando-o óleo de sementes, e vice-versa." Mas, de acordo com Colavita, aqueles dias acabaram. "Nos últimos dez anos, ele esteve 100% limpo", disse. "Ele não estava antes, mas um monte [de empresas] não estavam, a começar pelas grandes."

3

Azeitonas sagradas e profanas

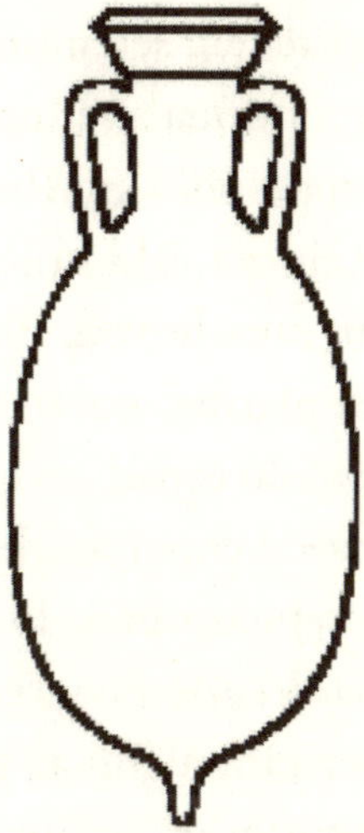

Silenciosamente, a azeitona está lendo dentro de si as Escrituras da pedra.

(Yannis Ritsos, *The lady of the vineyards*)

Enquanto os horizontes europeus escurecem sob a névoa da incerteza e da desordem, a Itália oferece ao mundo um espetáculo maravilhoso de serenidade e disciplina, de força cívica e romana. As nações que não nos conhecem, ou que nos conhecem apenas por intermédio da literatura, estão hoje surpresas com nossa presença econômica, política e militar... É, portanto, um grande ramo de oliveira que mantenho elevado, entre o final do 14º e do 15º ano da era fascista. Mas, cuidado, essa oliveira cresce em uma imensa floresta: uma floresta de oito milhões de baionetas bem afiadas, nas mãos de homens jovens, intrépidos e fortes.

(Benito Mussolini, discurso de 24 de outubro de 1936)

Por minha casa passa um caminho, dobrando a encosta íngreme entre plataformas formadas por pedras empilhadas confrontadas com granito e pedras calcárias cor-de-rosa, onde videiras escalam treliças de galhos de castanha selvagens cor de osso, branqueados pelo sol. Em um mapa da área desenhado por inspetores franceses no início do século XIX, depois que Napoleão arrematara a Ligúria durante a conquista da Itália, esse caminho aparece como uma "estrada antiga". É pelo menos tão antigo quanto a Idade Média, e um historiador local acredita que remonta à época romana, talvez até à Idade do Ferro. Atualmente, só alguns agricultores idosos passam por ele. A terra é macia sob os pés, entre as pedras irregulares, e grandes trechos de seu curso são cobertos, no verão, por trevo, tomilho e menta silvestre. Ainda assim, a paisagem ainda respeita essa rota antiga: as plataformas se submetem a seu vetor bem marcado, reto, e as casas de fazenda medievais, dos dois lados, voltam-se para ele como pessoas ao redor de uma fogueira, felizes por sua companhia, por seu movimento e pelo barulho do comércio, e pelas notícias que ele traz do mundo todo. O caminho estava aqui antes de qualquer outra coisa nessa paisagem, e tudo se orienta para ele.

Tudo, exceto um. Quando o caminho atravessa uma selada na encosta, cerca de cem metros acima de minha casa, um local encantador iluminado pelo sol todas as tardes e onde as violetas de primavera florescem semanas antes que no vale abaixo, ele faz uma pequena curva em ferradura, e centúrias de viajantes foram obrigados a dar cinco passos a mais para evitar algo. Esse obstáculo antigo é uma oliveira, com tronco atarracado e espesso como os agricultores locais, as raízes parcialmente expostas agarrando o solo como um par de mãos velhas. A casca é perfurada por buracos feitos por carunchos, pássaros, pregos, e que podem ter sido balas (durante a Segunda Guerra Mundial, os *partigiani*[8] às vezes se escondiam dos fascistas e nazistas dentro dos troncos ocos de gigantescas oliveiras). Dentro do tronco, há um pedaço de madeira queimada

---

[8] Movimento armado de oposição ao fascismo e à ocupação da Itália pela Alemanha nazista, bem como à República Social Italiana (fundada por Benito Mussolini), durante a Segunda Guerra Mundial. (N.T.)

proveniente de algum incêndio já esquecido, que deve ter devastado a árvore. Mas, à maneira ferozmente paciente das oliveiras, brotos verdes cresceram a partir dos restos carbonizados e a árvore renasceu. Como a mítica oliveira da Acrópole protegida pelos atenienses como o talismã da cidade, que se queimou durante o saque persa de 480 a.C., mas que brotou novamente no dia seguinte, a partir de seu toco fumacento – sinal de que a cidade iria sobreviver e prosperar, apesar do desastre. Ou como a oliveira à frente da baía, em Ítaca, que Ulisses vê quando finalmente retorna após sua épica viagem, ponto fixo em uma paisagem alterada pela longa ausência, aquilo que lhe diz que ele está em casa.

Até que eu me mudasse para cá, há dez anos, esse detalhe não fazia sentido para mim: por que Homero escolheria uma oliveira para fazer Ulisses perceber que está de volta a Ítaca, e não, digamos, a curva generosa da baía, ou a familiar silhueta das colinas que a cercam? Então comecei a notar a oliveira na colina atrás de minha casa, ao voltar todos os dias de minha própria e modesta odisseia. De alguma forma era aquela árvore, e não o velho caminho de pedra, ou a forma do horizonte, ou até mesmo o teto de minha casa, que eu procurava. Parecia natural pensar na árvore em termos míticos. Ela tinha assistido a procissões de camponeses, padres, soldados de Napoleão e mercenários do Renascimento, a salteadores de estrada e santos descalços descendo a estrada e desaparecendo na tempestade de areia do tempo. Parece uma parte permanente da paisagem, como a própria encosta, as falésias calcárias cor-de-rosa em todo o vale, ou a fita azul brilhante do mar para além deles, onde a Córsega flutua como um sonho em manhãs claras. Ainda assim, apesar da magnitude e da idosa tenacidade da árvore, sabe-se que ela é mortal: pode ser morta pela seca ou pelo veneno, ou cortada amanhã pela geada ou por uma serra. Os anéis em seu tronco significam mais do que um registro geológico, que camadas ordenadas em uma parede de desfiladeiro: seus anos magros e gordos capturam a história desta comunidade, as dificuldades de muitas pessoas que cuidaram dessa árvore por gerações e que foram, por sua vez, adotadas por ela. Até recentemente, seu óleo iluminava todas as casas da aldeia, fazia as máquinas correrem bem, curava as doenças dos aldeões. Seu óleo ainda os alimenta, e seus ramos ainda ficam pendurados em suas casas ao longo do ano, distribuídos na época da Páscoa pelo pároco como lembretes de paciência, coragem, força. Essa oliveira representa a nossa comunidade, e seu óleo é a essência deste lugar.

Que uma árvore possa viver tanto tempo, e girar seu suco maravilhoso criado pela fotossíntese da luz solar e um pouco de água de chuva sugada do solo rochoso é, por si só, milagroso. Não admira que os antigos considerassem sagrada essa árvore vivificante, maravilhosamente tenaz, e encarassem seu óleo como o presente de Atena, Aristeu e Hércules. E não admira que esse ativo ingrediente vital do mundo clássico penetrasse profundamente nas três grandes religiões monoteístas que surgiram, dando aos ritos de hebreus, cristãos e muçulmanos o brilho do óleo e enchendo seus textos sagrados com imagens de árvores retorcidas cinza-esverdeadas.

Livros de culinária, como histórias, são escritos pelos vencedores. Quando as tribos germânicas do norte e do leste europeu invadiram o Império Romano nos séculos IV e V, revolucionaram seus modos culinários e trouxeram a vingança da gordura animal sobre o azeite imperial. Esses caçadores e pastores da floresta, que se vestiam com peles de animais em lugar de togas de linho e túnicas de seda, introduziram uma *nouvelle cuisine* germânica baseada não na tríade greco-romana de vinho, pão e azeite de oliva, mas em carne, cerveja e gordura animal. Os gostos dos novos donos do império logo pegaram. O porco foi incluído, em conjunto com o óleo, na *annona*, a distribuição de comida gratuita feita para os cidadãos romanos que viviam na capital. As florestas passaram a ser medidas não em hectares, mas em *hogs* – o espaço que um porco pastava em um dia. Nos calendários ilustrados, as cenas de dezembro da colheita de azeitonas, familiares aos gregos e aos romanos, deram lugar aos porcos engordando com bolotas da floresta e ao abate de suínos. Autores clássicos, que anteriormente descreviam a predileção bárbara pela gordura animal com perplexidade ou repulsa, agora a celebravam: Antimus, erudito filósofo e médico na corte de Teodorico, o Grande, rei dos ostrogodos, descreveu as qualidades maravilhosas da banha que, segundo ele, os povos do norte usavam como molho para vegetais e em todos os outros tipos de alimento, e até mesmo a comiam crua, como uma espécie de cura para tudo: "Para eles, é um remédio tão bom, que eles não têm necessidade de outros medicamentos".

No mar bárbaro de cerveja, manteiga e banha que se abateu sobre o antigo império, os mosteiros e as catedrais cristãs permaneceram isolados, ilhas de antiquado conhecimento da fabricação de azeite de oliva. O azeite permaneceu como ingrediente vital nos ritos religiosos, na economia, na saúde e na dieta diária do clero cristão e, por intermédio dele, na vida dos fieis. Para produzir os óleos santos e iluminar as igrejas, os monges e os sacerdotes precisavam de um abastecimento regular de azeite. Para esse fim, os conselhos da igreja decretaram a proteção dos olivais, às vezes proibindo até o corte de uma única árvore. O azeite de oliva muitas vezes era usado como moeda alternativa, e apresentava preços altíssimos: nos contratos da alta Idade Média, três a cinco litros de óleo tinham o mesmo valor que um porco gordo. Os monges-agrônomos cuidavam dos olivais e produziam o azeite em suas terras comunais, de acordo com o conselho de Cato, Columella e outras autoridades clássicas, cujos escritos eram consultados nas bibliotecas monásticas. Como as tribos germânicas se converteram ao cristianismo, as dietas nacionais entraram em conflito com os ditames da Igreja, especialmente durante dias de jejum, quando os cristãos eram proibidos de comer carne e gordura animal. Por 100 a 150 dias de cada ano – às sextas-feiras, durante os quarenta dias da Quaresma e numa série de outras festas e vigílias determinadas pelos costumes locais –, os bons cristãos usavam azeite de oliva em vez de sebo ou banha de porco para cozinhar e temperar a comida.

Produzir azeite de oliva exigia algumas antigas habilidades dos tempos greco-romanos, que muitas vezes faltavam aos bárbaros. Em seus *Diálogos*, Gregório, o Grande, conta uma história da vida de Sanctulo de Nórcia, padre do século VI que viveu onde hoje se localiza a Úmbria, logo depois que a área foi conquistada por bandos de guerreiros lombardos. Sanctulo chegou um dia a um moinho de azeite e pediu a seus proprietários, pagãos lombardos, que enchessem seu odre. Aqueles homens rudes, que haviam lutado o dia todo na prensa sem obter sequer uma gota de azeite, pensaram que Sanctulo estava zombando deles e o amaldiçoaram em voz alta. O imperturbável santo simplesmente sorriu e disse alegremente: "É assim que vocês oram por mim? Vamos lá, encham o meu odre e os deixarei". Como os lombardos renovaram os insultos, Sanctulo olhou para a prensa e viu que dali não saía nenhum azeite. Pediu um balde de água, abençoou-o e, em seguida, com todos os olhos sobre ele, jogou-o sobre a prensa. "E então correu tal abundância de azeite", conclui o hagiógrafo, "que os lombardos, que antes tanto se haviam esforçado em vão, agora tinham óleo suficiente para encher não apenas suas próprias vasilhas, mas também seus odres. Seus corações estavam cheios de gratidão, porque o homem santo, que tinha vindo a eles implorando por azeite, agora estava, por meio de sua bênção, fornecendo com grande abundância aquilo que ele próprio tinha vindo procurar."

A ajuda de Sanctulo provavelmente era mais técnica do que celestial: moleiros experientes normalmente jogavam água quente em suas prensas para aumentar o rendimento, em especial durante a segunda prensagem, quando retiram algumas poucas gotas de óleo do bagaço quase seco. Houve um tempo em que as expressões "primeira prensagem" e "prensado a frio" distinguiam o azeite de alta qualidade, extraído de azeitonas frescas, do óleo feito com resíduos superaquecidos. Hoje, esses termos se tornaram obsoletos, porque todo o azeite extravirgem verdadeiro é feito com azeitonas frescas sob baixas temperaturas, e a maior parte não é nem pressionada, mas centrifugada.

O azeite de oliva também era um combustível essencial nas igrejas, onde era queimado em lamparinas nos altares e santuários. Algumas igrejas grandes consumiam grandes quantidades: na basílica de Latrão, durante o século v, 8.730 lamparinas de óleo queimavam dia e noite, durante o ano todo. O azeite de oliva era preferido aos outros combustíveis por ser de longa duração, por fornecer uma luz clara e brilhante, e por ser inodoro – a gordura de porco normalmente queimada nas lanternas no século IX na abadia de Fulda cheirava tão mal que seu estudioso abade, Rábano Mauro, que certamente queimou muita gordura, implorou ao rei carolíngio Luís, o Piedoso, por um olival na Itália, para iluminar sua igreja de uma forma mais decente e perfumada. Sem dúvida, concordando com Rábano, os devotos de toda a Europa deram presentes em dinheiro ou forneceram azeite às igrejas para alimentar lamparinas que queimariam eternamente para a salvação de suas almas. Seguindo uma antiga tradição, marinheiros e comerciantes que chegavam ao porto de Veneza deixavam dinheiro ou azeite para abastecer as lamparinas do altar da Basílica de São Marcos. Em outros lugares, o fiel legava oliveiras ou olivais inteiros a uma igreja para fornecer azeite a suas lamparinas. Em 1147, um grupo de cavaleiros que cavalgava pela Apúlia a caminho da Terra Santa durante a Segunda Cruzada parou na catedral de Bari para prestar homenagem a São Nicolau, padroeiro da cidade, a quem transferiram perpetuamente o azeite de quarenta oliveiras, com a condição de que uma lamparina com o seu azeite fosse mantida acesa continuamente até o seu retorno em segurança. Tais legados frequentemente estipulavam que o presente seria anulado se o azeite utilizado não fosse proveniente dos olivais legados – evidência de que havia um ativo comércio de óleo de lamparina de segunda categoria, talvez misturado com gordura de porco liquidificada.

Já na catedral de Bari, sem dúvida os cavaleiros também coletavam algum óleo para protegê-los durante o calvário que enfrentariam na Terra Santa. Os ossos de São Nicolau, que sessenta anos antes haviam sido transferidos da Turquia para lá, eram celebrados em toda a Europa pelo óleo milagroso que exalavam, que curava inúmeras doenças. O túmulo de Nicolau foi um dos muitos locais da Europa e do Oriente Médio onde as relíquias de um santo exalavam um óleo santo, de aroma doce como as flores do Paraíso, que poderia surgir como um jorro sagrado no aniversário da morte do santo. Mesmo o óleo que queimava nas lamparinas ao lado dos santuários frequentemente tinha poder sagrado. Talvez por causa da tendência bem conhecida do azeite de oliva de absorver gostos e fragrâncias, bem como por sua associação com divindades consagradas pelo tempo, acreditava-se que o óleo das lamparinas absorvesse a santidade dos santuários onde era queimado, tornando-se a essência da santidade. Os peregrinos medievais recolhiam avidamente essa substância, chamada de "óleo dos santos" ou "óleo da oração", em locais sagrados em todo o mundo cristão, e o traziam para casa em pequenas garrafas de prata, chumbo ou terracota, chamadas de *ampullae*, que ainda são encontradas nos tesouros de muitas igrejas europeias, algumas contendo vestígios de óleo santo. Esse óleo também era o conservante ideal para as relíquias santas. Na Roma do século XI, o prepúcio e o cordão umbilical de Cristo (que, evidentemente, Ele deixou para trás quando ascendeu corporalmente ao céu) foram reverentemente armazenados em óleo na capela privada do Papa. O óleo santo de lamparina era tido em tão alta conta, que alguns monofisistas hereges o bebiam durante a missa, em lugar do vinho da comunhão.

Até hoje se acredita que os ossos de São Nicolau exalam um óleo santo que cura, que os padres da catedral recolhem a cada ano em uma solene cerimônia em maio. Entretanto, depois que a cripta em Bari foi renovada, em 1990, a quantidade de líquido caiu bruscamente. Hoje, os sacerdotes só conseguem colher alguns copos, poucos e preciosos, que diluem com vários galões de água benta e distribuem aos fiéis. Misturar o óleo santo de São Nicolau não parece incomodar a Igreja Católica, que está menos preocupada com a pureza do óleo do que nos tempos antigos: o Papa Paulo VI decretou, em 1973, que se poderia usar óleo vegetal em lugar de azeite de oliva na unção sacramental dos doentes.

Mesmo na Idade Média, devido a toda a sua ressonância santa, o azeite de oliva permaneceu uma substância de caráter incerto, semântica e simbolicamente, e era possível que fosse considerado exageradamente bom. Como o azeite tinha sido amplamente utilizado em banhos, ginásios, anfiteatros e templos greco-romanos, onde era um ingrediente vital ativo no atletismo, no hedonismo, na sexualidade espalhafatosa e nos sacrifícios religiosos, o azeite de oliva retinha um sopro de paganismo que os cristãos às vezes achavam desconcertante, até mesmo ameaçador. A Igreja tentou cooptar algumas dessas valências simbólicas, aplicando o crisma e outros óleos santos aos corpos dos fiéis no batismo, na confirmação, no exorcismo e na extrema unção, os quais, como os teólogos rapidamente apontaram, tornou-os atletas de Cristo na guerra contra o pecado e o mal. No entanto, memórias inquietas permaneceram presas ao azeite de oliva, e a regulamentação severa de seu uso como loção para a pele nas primeiras comunidades monásticas sugere seu duradouro apelo pagão. Uma regra monástica do século v prescreve graves punições para os monges que se cobrissem de óleo depois de um banho e instrui: "Não permita que ninguém espalhe óleo em seu corpo, exceto em casos de doença grave". Ascetas como Santo Antonio, o formidável ermitão do deserto, demonstraram sua superioridade ao paganismo e às artimanhas da carne renunciando para sempre a um corpo bem azeitado: Antonio ostensivamente se absteve de aplicar qualquer óleo em seus membros, para grande espanto de seus contemporâneos.

Embora as pessoas possam renunciar ao óleo durante suas rotinas diárias, suas histórias de milagres, sonhos e fantasias sugerem que elas ainda ansiavam por uma boa lubrificação. Na *Vida de São Radegundo*, do século vi, o santo aparece em sonho a uma freira que está morrendo de hidropisia, e lhe ordena que se dispa e entre em um tanque vazio. Radegundo despeja óleo na cabeça da freira hidrópica, e a veste com roupas novas. Na manhã seguinte, a freira acorda, o cabelo ainda perfumado com o óleo maravilhoso de Radegundo, e descobre que foi curada da doença. O santo egípcio do século iv, Macário, famoso por seu ascetismo, curou uma virgem que fora transformada em égua por efeito da magia esfregando azeite sobre todo o seu corpo – até mesmo para um bom asceta, tarefa delicada de encarar sem ao menos um trejeito de concupiscência. Talvez o mais vívido milagre do óleo pagão apareça na *Paixão de Santa Perpétua*, a história estranha e intensa que, diz-se, foi escrita na prisão pela própria Perpétua – pouco antes de ela ser martirizada por animais selvagens na arena, em Cartago, em 203 d.C. Uma noite, relata a história, Perpétua sonhou que um diácono cristão chamado Pompônio veio à sua cela, pegou em sua mão e a levou ao anfiteatro, onde uma enorme multidão de pessoas estava assistindo das arquibancadas. "E lá veio contra mim um certo egípcio repulsivo com seus ajudantes, para lutar comigo. Também vieram a mim atraentes jovens, meus ajudantes e auxiliares. Eu estava despida, e me tornei um homem. E meus ajudantes começaram a me esfregar com azeite, como é costume para uma competição." Perpétua derrota o egípcio, pisoteia a cabeça dele, em sinal de triunfo, e reivindica o prêmio do vencedor: um cajado com maçãs douradas amarradas a ele.

Freud teria um dia cheio.

De qualquer forma, o papel sagrado do azeite de oliva na hagiografia acompanhou o uso popular generalizado do azeite para curar uma série de doenças. Os farmacêuticos e boticários medievais, seguindo os conselhos de Hipócrates, prescreviam azeite contra inúmeras doenças, de doenças da pele a distúrbios digestivos e queixas ginecológicas, e o usavam como base para numerosos filtros e unguentos. Formulários medievais mencionam extratos de escorpião, víbora, cegonha, morcego, raposa e outras criações medicinais, todos à base de óleo. Algumas autoridades prescreviam um banho quente seguido de uma massagem de corpo inteiro com azeite de oliva para curar pedras nos rins e convulsões, e recomendavam a submersão da metade inferior do corpo em azeite como antídoto contra certos venenos. O azeite de oliva, quando ingerido, era considerado uma cura eficaz para muitas doenças, incluindo vermes intestinais, picadas de cobra e mesmo para insanidade, embora um médico escritor tenha alertado que o óleo não devia ser ministrado a pessoas de disposição colérica. Os responsáveis pelas provisões nos mosteiros acreditavam que as azeitonas e o azeite eram eficazes no restabelecimento do equilíbrio adequado dos humores corporais, e algumas vezes o prescreviam para controlar impulsos violentos ou impulsos sexuais que, acreditava-se, eram resultado de um excesso de humores quentes e úmidos no sangue. Tanto médicos como homens santos o recomendavam contra a lepra, a cegueira e a possessão pelo demônio; as esposas o ministravam aos maridos para livrá-los das artimanhas e encantos das prostitutas. Ocasionalmente, o santo azeite e o azeite dos santos poderiam até mesmo ressuscitar os mortos.

No entanto, o azeite de oliva foi também empregado em feitiços e encantamentos malignos. A Igreja emitiu proibições frequentes contra o uso dos santos óleos consagrados por feiticeiros e mágicos. No ano 810, por exemplo, o capítulo da catedral de Tours ordenou aos sacerdotes que guardassem o santo crisma cuidadosamente, devido à crença generalizada de que qualquer criminoso que conseguisse ungir-se com ele nunca poderia ser levado a julgamento. E havia uma linha tênue entre o óleo santo e o óleo de cobra. Nos anos 430, um monge apareceu em Cartago carregando um osso de mártir ensopado em azeite. As pessoas doentes e os aleijados a quem ele medicava com o óleo pareciam recuperar-se, pelo menos enquanto o monge estava com eles, mas, depois que ele os deixava, invariavelmente sofriam recaídas. Os cidadãos de Cartago finalmente decidiram que as supostas curas dele eram o resultado de alucinações demoníacas, e não eram uma cura divina, e o fraudador monástico logo saiu da cidade.

Sentei-me com Ehud Netzer, arqueólogo da Universidade Hebraica em Jerusalém, no topo do Herodium, a colina cônica de cerca de 90 m de altura onde ele recentemente descobrira o túmulo de Herodes, o Grande. Estávamos comendo um almoço de azeitonas, pão sírio e cebolas amargas, e olhando para a roxa névoa de Jerusalém a distância. Aqui e ali, nas planícies, erguiam-se os minaretes das aldeias beduínas, rodeados por estruturas de areia, ferro e concreto bruto ondulado, enquanto os elementos ovais puros das telhas das casas nos assentamentos judeus – Tekoa, Nokdim e Eldar – ocupavam o cume das colinas próximas, como minúsculas fortificações. Para o leste e para o sul, as dobras nuas das Colinas da Judeia lançavam-se em direção ao horizonte, incandescentes sob o sol do deserto. Em diversos pontos, havia pequenos olivais, cumes pálidos de verde sobre o solo queimado pelo sol. Parecia impossível que as árvores pudessem sobreviver em condições tão intensas.

No entanto, elas tinham sobrevivido, e até mesmo prosperado, desde a Antiguidade. O azeite de oliva de Tekoa era famoso nos tempos do Antigo Testamento. Em uma cerimônia anual depois da colheita de azeitonas, o azeite era enviado para Jerusalém em vagões, onde era usado no templo para as oferendas rituais e para acender a grande Menorá.

Quando eu disse isso, Netzer resmungou e jogou um punhado de caroços ladeira abaixo. "As oliveiras são poder", disse ele com veemência surpreendente. "As pessoas aqui, tanto palestinos como israelitas, as cultivam para controlar a terra, para ocupá-la."

Ele disse que estivera observando os olivais crescerem em torno do Herodium por décadas, enquanto escavava o sítio, e seu progresso se tornara um lembrete constante da turbulência social e da violência latente dessa terra. Houve um tempo em que o exército israelense lhe negou acesso à área durante anos, temendo ataques muçulmanos, e Netzer preocupou-se com a possibilidade de perder o acesso de forma permanente, como acontecera em Jericó, uma de suas escavações arqueológicas mais importantes, quando a autoridade palestina assumiu o controle total da área depois da Segunda Intifada, em 2000. Os riscos de trabalhar ali eram reais. Em 3 de julho de 1982, David Rosenfeld, um colono israelense nascido nos Estados Unidos, foi assassinado no Herodium. Os assassinos, que apunhalaram Rosenfeld mais de cem vezes, eram dois beduínos locais, um dos quais trabalhava na equipe de escavação de Netzer. "Eu era muito próximo do velho pai do assassino", disse Netzer com tristeza. "Dois dias depois da morte de David, um grupo de israelitas e norte-americanos, árabes e judeus, lavaram o sangue endurecido. Acendemos uma lamparina a óleo e recitamos o Kaddish, a oração judaica para os mortos."

Ao mesmo tempo, Netzer também se sentia sob a pressão dos judeus. No dia seguinte ao do funeral de David Rosenfeld, os judeus ocuparam um novo posto avançado, El-David, no cume de uma colina vizinha, em represália pelo assassinato (mais tarde, a comunidade mudou seu nome para Nokdim). "Em vez de pânico e medo por parte dos judeus", afirmava o *site* da comunidade, "os árabes arranjaram um novo assentamento e novos colonos." Como se isso não bastasse, Netzer recebeu a visita de outro grupo ultraortodoxo, chamado Atra Kadisha, que defende túmulos judaicos – às vezes pela força – contra perturbações de qualquer espécie, tanto por arqueólogos como por construtores de estradas. No fundo de sua mente, disse ele, estava a persistente ameaça de que o Atra Kadisha poderia fechar suas escavações.

Ano após ano, em torno do Herodium e em outras partes da Cisjordânia, Netzer vira oliveiras serem plantadas pelas facções adversárias, até que, em sua mente, sua beleza tinha ficado manchada. "Agora, vejo o outro lado. Vejo lutas pelo poder, vejo lugares onde os atiradores de pedra e assassinos podem se esconder. Na minha mente, esse símbolo universal de paz, tanto para os judeus como para os árabes, tornou-se uma imagem de conflito, ódio, perigo."

Depois da Guerra dos Seis Dias de 1967, Israel ocupou a maior parte do território da Cisjordânia, que continha cerca de 10 milhões de pés de oliveira pertencentes a agricultores palestinos. Os palestinos continuaram a cuidar de suas oliveiras mais ou menos em paz até 2000, ano da Segunda Intifada, quando soldados israelenses e colonos judeus, alegando preocupações de segurança, começaram a queimar, cortar e arrancar oliveiras em muitas partes da região, particularmente perto de estradas e assentamentos judaicos, e ao longo das fronteiras com Jordânia e Síria. Desde então, centenas de milhares de oliveiras de propriedade de palestinos – algumas fontes afirmam que o número chegaria a meio milhão – foram destruídas, no que a imprensa liberal israelense chama de "Guerras da Oliveira".

A destruição se acelerou dramaticamente desde outubro de 2005, quando Israel começou a construir a barreira da Cisjordânia (a que muitos palestinos se referem como o "muro da segregação racial"), seguindo mais ou menos a Linha Verde, a fronteira entre Israel propriamente dito e os territórios da Cisjordânia. Essa rede de muros, valas, trincheiras e outros obstáculos, que em alguns lugares tem 60 metros de largura e 8 metros de altura e se assemelha ao muro de Berlim em toda a funesta Guerra Fria, intensificou a destruição, e colocou muitos outros olivais fora do alcance de seus proprietários palestinos. Os colonos israelenses foram acusados de roubar azeitonas palestinas, tanto aquelas já colhidas como azeitonas retiradas diretamente das árvores, algumas vezes com a aprovação tácita do exército israelense.

Os cristãos também foram envolvidos nas Guerras da Oliveira. Dois dias após falar com Ehud Netzer no Herodium, visitei Aboud, uma cidade a noroeste de Jerusalém, para encontrar Padre Firas Nasib Aridah, um católico nascido na Jordânia, que é o pároco de Nossa Senhora Mãe das Dores, a igreja da cidade.

"Então, você realmente veio!", disse ele quando me viu. Ao telefone, ele me instruíra a visitar Aboud com um motorista palestino, à luz do dia, "para evitar qualquer aborrecimento na estrada", dissera. Aridah tem cabelo castanho-avermelhado cortado curto, um vozeirão, e move-se como fala, isto é, rápida e decididamente. Apesar da batina, tem o ar energético e vertical de um atleta ou de um soldado.

Depois de me mostrar a pequena igreja, com seus ingênuos vitrais e um púlpito feito de uma antiga oliveira destruída por colonos judeus em 2000, ele caminhou rapidamente em direção à periferia da cidade para me mostrar o cenário de seu dramático confronto recente com o exército israelense. Ao longo do caminho, as pessoas da cidade, muitos usando *keffiyeh* quadriculados, chamavam-no, dirigindo-se a ele como *Abuneh* – que, no dialeto árabe local, significa "patriarca" e "homem de Deus". Ele parou para segurar bebês, dar palmadinhas em ombros e distribuir pilhérias bem-humoradas em árabe. Ria com frequência. "Se eu não estiver rindo, não sou um padre de verdade", disse-me. "Rir treina muitos músculos que não se treinam de nenhuma outra maneira."

Aridah explicou que sua cidade tem 1.300 muçulmanos e 900 cristãos, que, durante séculos, coexistiram na tolerância e no respeito mútuo. "Eles trabalham, fazem compras e viajam juntos, mandam os filhos para as mesmas escolas. Os muçulmanos celebram o Natal e a Páscoa conosco, na sala polivalente de nossa paróquia, e os cristãos celebram o Ramadã e o [Eid al-] Adha em uma sala perto da mesquita. E cristãos e muçulmanos colhem azeitonas lado a lado. Mesmo as pessoas mais pobres trazem uma garrafa de seu primeiro azeite de oliva para a nossa igreja, para ser usada nos sacramentos."

A barreira da Cisjordânia ameaça romper esse equilíbrio antigo. Nos limites da cidade, a estrada pela qual caminhávamos terminou em uma barreira de terra, jogada por escavadeiras israelenses para bloquear o tráfego na área. Subimos pela barreira e examinamos o olival no planalto e os pastos além dele. Uma faixa avermelhada, desmatada pelos tratores, corria por eles como uma cicatriz.

Aridah disse que 5.100 das árvores de Aboud já haviam sido destruídas pelos trabalhos e que, se a barreira fosse concluída, os habitantes de

Aboud seriam isolados de outros 1.100 acres de terras da aldeia, com mais 10 mil árvores.

"Algumas famílias perderam tudo devido à barreira. Gerações têm sustentado suas famílias com esses olivais. Muitas famílias consomem entre 40 e 60 litros de azeite por ano. Agora, algumas têm de comprar o azeite, ou usar óleo barato de sementes ou dendê porque não podem pagar pelo azeite de oliva. Além disso, há a renda perdida. Em um ano de boa colheita, uma oliveira pode produzir 200 dólares de lucro com a venda do azeite, das azeitonas de mesa e dos sabonetes de azeite de oliva. Para nossas famílias, a oliveira não é apenas um símbolo de vida, ela *é* vida."

Descemos pelo outro lado da barreira e entramos nos olivais entre a aldeia e a linha da parede. As árvores eram atarracadas, saudáveis, de tronco espesso, com longos galhos que pareciam escurecidos pelo sol implacável. Os espinhosos cactos em forma de pera e as pedras amarelas me fizeram pensar na Apúlia, até que os muezins da área começaram sua chamada à oração.

Desde que as fronteiras foram fechadas aos palestinos, disse Aridah, muita gente perdeu o emprego que tinha em Israel, tornando a renda dessas árvores ainda mais vital. "Sem ela, muitos jovens não podem ter educação. Muitos homens, entre os 20 e os 30 anos, não podem se casar, porque não têm dinheiro suficiente para pedir honradamente a mão da noiva. As pessoas não podem construir casas. E essa parece ser a estratégia israelense: destruir a sociedade por baixo, cortá-la pela raiz. Eles estão nos matando, indiretamente, a partir de nossas árvores."

Aridah fez uma pausa, como se pressentisse que tinha ido longe demais. "Veja, tenho boas relações com todos. Tenho amigos em Beit Aryeh e Ofarim, os assentamentos judaicos mais próximos, apesar de terem sido construídos nas terras de Aboud. Falo com os generais do exército israelense e com soldados comuns – respeito-os e eles me respeitam. Os soldados têm ordens, e tenho de cumpri-las. Nós só queremos um nível básico de justiça e dignidade."

Passamos pelas últimas árvores, na vala desmatada pelos tratores. Aridah parou na marga avermelhada, onde não havia qualquer sinal de que alguma coisa já pudesse haver crescido, e mostrou uma pilha de fotos, vincadas e desfocadas, tiradas no dia em que os israelenses vieram. Ele as folheou, mostrando-me como as escavadeiras tinham avançado, com o exército israelense na liderança. Como os soldados em equipamento antimotim, com fuzis prontos, haviam formado uma linha, ali onde estávamos em pé naquele momento, e pagaram uma bobina de arame laminado. E como ele e os moradores tinham se ajoelhado diante deles e plantado uma pequena muda de oliveira em frente às botas dos soldados, com suas pontas de aço.

"Nós os presenteamos com essa oferta de paz, e dissemos: 'Tudo o que pedimos é que vocês nos deem o que precisamos para viver.'"

Na última foto mostrada por Aridah estava a pequena árvore, esmagada pela bota de um soldado.

"Os soldados têm suas ordens", disse, olhando para a imagem. "Mas espero que elas não incluam isso."

Os gregos consomem mais azeite que qualquer outra nação, 21 litros *per capita* a cada ano, em comparação com 13 litros na Itália e na Espanha, 1 litro na Grã-Bretanha e pouco menos de 1 litro nos Estados Unidos. Entre os gregos, os habitantes da ilha de Creta consomem (e produzem) a maior parte do azeite. E, entre os cretenses, os habitantes de Kritsa, uma aldeia de 2.800 pessoas na parte sudeste da ilha, são os campeões, consumindo cerca de 50 litros por pessoa por ano. Kritsa pode alegar, com justiça, ser a capital mundial do azeite.

O rei de Kritsa é Nikos Zachariádes, um belicoso ex-policial que retornou à aldeia natal depois de trinta anos de serviço na divisão de fraude de alimentos em Atenas e se atirou de corpo e alma no azeite. Zachariádes é atarracado, está ficando careca, tem um nariz de pugilista e olhos ligeiramente bulbosos, que me fixaram intensamente, enquanto a testa se enrugava com a concentração, quando nos encontramos em Kritsa numa brilhante manhã de janeiro, em 2011. Por um momento, capturado naquele olhar, inadvertidamente senti pena dos fraudadores de alimentos que haviam tido problemas com ele no passado e, ao mesmo tempo, preocupei-me um pouco com sua pressão arterial. Ele me perguntou por que eu estava interessado em azeite de oliva. Enquanto ouvia minha resposta, as contas de seu *comboloi* (terço grego) batiam suavemente nos dedos, a testa ficou lisa e as feições se relaxaram em um sorriso. E então Nikos Zachariádes me deu um sonoro tapa nas costas, aceitando-me como um dos ungidos.

Nas 48 horas seguintes, desde manhã cedo até muito tarde da noite, ele me acompanhou com bondade implacável através dos olivais, moinhos, casas, escritórios e oficinas de Kritsa, e me mostrou as vidas que essas pessoas levam, notavelmente centradas em óleo. Conheci alguns notáveis da aldeia – o prefeito, o padre, o fabricante de facas e o sapateiro, que ainda faz botas tradicionais cretenses à mão, com pele de cabra e pregos de madeira –, mas, excetuando-se essas pessoas, a cidade estava vazia, porque os outros aldeões estavam fora, colhendo azeitonas. Todo mundo na cidade é proprietário de oliveiras e fabrica azeite. Segundo um provérbio local, uma pessoa é realmente pobre só quando "não tem uma única oliveira para se enforcar".

Uma de nossas primeiras paradas foi no moinho moderno da cooperativa de Kritsa, onde duas grandes centrífugas Alfa Laval zumbiam como motores a jato. Assisti a agricultores carregando com sacos cheios de azeitonas caminhões, utilitários e o lombo de mulas. Cada um deles descarregava o produto sobre uma grande balança, recolhia um pedaço de papel com seu peso e partia, muito antes que o óleo fosse feito – uma diferença radical dos outros moinhos comunais que eu visitara, onde os produtores acompanhavam atentamente cada estágio do processo de fabricação do óleo, e só saíam dali com o azeite na mão. Zachariádes explicou que, ao seu sinal, todos os mil produtores da cooperativa tinham concordado em fazer seu azeite coletivamente, tratando as terras da aldeia como um grande olival. "Todos nós compartilhamos as mesmas crenças sobre a produção de azeite excelente – cultivar azeitonas boas, processá-las rapidamente. Usando esse sistema, podemos terminar as entregas do dia à hora do jantar e minimizar o tempo que as azeitonas 'esperam' antes de serem amassadas." Os agricultores de cooperativas vizinhas, por outro lado, produzem o azeite individualmente, e em geral esperam em fila na usina até bem depois da meia-noite. O sistema de prensagem comum de Kritsa não só produz um azeite melhor, mas o faz em quantidades que são dez, vinte, até cinquenta vezes maiores que a maior parte das cooperativas gregas, permitindo-lhe vender para clientes maiores, como cadeias de supermercados.

Zachariádes instituiu esse sistema revolucionário e fez outras mudanças importantes no processo de fabricação de azeite depois que voltou de Atenas para Kritsa, em 2006, e se tornou presidente da cooperativa da aldeia. Seis meses depois, o azeite de Kritsa ganhou uma medalha de bronze no prestigiado Mario Solinas Awards, o concurso anual promovido pelo Conselho Oleícola Internacional. Em 2008, o azeite de Kritsa ganhou a medalha de ouro na mesma competição. Logo depois, Zachariádes deu mais um passo ousado, formando uma aliança com a Gaea, produtora privada de azeite de oliva de alta qualidade e outras especialidades gregas, liderada pelo proeminente homem de negócios grego Aris Kefalogiannis. "Nossa parceria foi um movimento inédito para as cooperativas agrícolas gregas, que são tipicamente entidades muito políticas e olham para as empresas privadas com desconfiança", explica Kefalogiannis. "Essa é outra maneira com que Nikos Zachariádes mostrou seu senso de negócios inovador, bem como sua coragem." Graças a essa parceria, Kritsa consegue vender seu azeite no Reino Unido, na Finlândia, na Lituânia e em outros lugares distantes, encontrando mercados mais amplos e mais rentáveis do que outras cooperativas gregas encontram no mercado interno, e repassando uma fatia maior dos lucros diretamente para os olivicultores. Em tempos de crise na economia grega, com os preços do azeite atingindo baixas históricas e muitos produtores abandonando suas árvores, os agricultores de Kritsa estão ganhando de 25 a 30% a mais por seu azeite que os agricultores de aldeias vizinhas.

Depois de visitar a usina, comemos uma refeição improvisada no chão do moinho, passando pratos de *stamnagathi* recém-colhido – uma hortaliça verde selvagem semelhante ao espinafre – e lascas de pão de trigo integral chamadas *latherà*, sobre as quais Zachariádes borrifou torrentes de azeite acre e picante, feito com azeitonas locais *koroneiki*, utilizando uma bomba de gás modificada ligada a uma das centrífugas. Nada pode prepará-lo para a quantidade de óleo que as pessoas de Kritsa consomem, ou para as inúmeras formas como o azeite e as azeitonas entram em suas vidas diárias. Durante a minha visita, pensei muitas vezes em Ancel Keys, um epidemiologista e bioquímico de Minnesota que, na década de 1950, lançou as bases do que agora se chama "dieta mediterrânica", ao estudar a ligação entre as dietas tradicionais e as doenças cardíacas na ilha de Creta, no sul da Itália e em outros lugares. Keys e seus colegas ficaram impressionados com a quantidade de azeite consumida nessa ilha: "Foi incrível ver um velho agricultor iniciar o dia bebendo um copinho de azeite", lembra seu braço direito Henry Blackburn. Experiências como essa forçaram Keys a considerar os potenciais benefícios para a saúde de um regime rico em azeite de oliva.

Cada visita que fiz durante o tempo em que fiquei em Kritsa seguia o mesmo roteiro: logo após as apresentações, meu novo anfitrião passava pequenos copos de *raki*, a potente aguardente local, e começava a trazer, prato após prato, as especialidades locais cozidas com azeite fresco do moinho da aldeia, ou mesmo imersas nele. Em um canto de todas as cozinhas havia uma *pithari* alta, uma urna de terracota para azeite com capacidade para 100 litros, e, perto do fogão, havia um *muzuraki*, lata de óleo de metal que contém cerca de 1 litro de azeite e em geral ficava vazia ao final da refeição. Comemos alcachofras cruas, rabanetes brancos, tremoços e uma dúzia de outras hortaliças cretenses das quais nunca aprendi os nomes, tudo brilhando com azeite. Havia pães de queijo em forma de pão sírio cozidos em muito óleo em uma frigideira pequena especial, coelho selvagem cozido em azeite e alecrim, pasteis recheados com queijo de cabra e fritos em óleo, e um peixinho chamado *barbugna*, frito em óleo e comido inteiro, com cabeça e tudo. Como sobremesa, tivemos biscoitos de coco e claras, e biscoitos de gergelim polvilhados com avelãs picadas e mel, cuja cor verde revelava a quantidade de azeite que continham.

A ortodoxia grega não é menos ensopada em óleo. Durante um batismo em Kritsa, assim como em outros lugares de Creta, o padrinho esfrega o corpo inteiro do bebê com azeite, que deve, segundo o costume religioso, ser deixado na pele da criança por três dias após a cerimônia, antes que os pais possam lavá-la. No casamento, os casais trocam coroas de oliveira, e o dote da noiva invariavelmente contém arrendamentos de oliveiras. Durante os funerais, após o falecido ser baixado para o túmulo, o sacerdote derrama uma cruz de azeite sobre o caixão, entoando: "Você vai me borrifar com hissopo e serei limpo, você vai me lavar e ficarei mais branco que a neve". E, na época da colheita, muitos dos fiéis trazem garrafas de seu novo azeite para a igreja, para que elas sejam abençoadas pelo sacerdote e usadas em uma série de curas e rituais. Tal como nos tempos clássicos, o azeite de oliva é queimado nas lamparinas da igreja, bem como naquelas que iluminam os ícones nas casas de família e as imagens dos santos em santuários de beira de estrada (durante uma tempestade no mar, alguns dos moradores mais velhos pingam algumas gotas de óleo de lamparina, que iluminam os ícones de São Nicolau, o santo padroeiro dos marinheiros, que, acreditam, vai acalmar as ondas). O azeite de oliva é considerado afrodisíaco. Um provérbio local, traduzido livremente, diz: "Coma o azeite de oliva para gozar à noite, coma manteiga para dormir profundamente". Seguindo rituais antigos, semissagrados, o azeite é usado para evitar o mau-olhado e até mesmo para prever o futuro: as pessoas observam ansiosamente as formas feitas pelo óleo flutuando sobre a superfície da água na pia batismal, que supostamente prediz o caráter – e o sucesso financeiro – da criança.

O azeite sempre foi fundamental para a vida nessas terras. Nikos Zachariádes me levou até as ruínas de Lato, uma fortaleza pré-minoica em um morro perto de Kritsa, com vista para o mar Egeu, onde vimos uma magnífica cantaria ciclópica e os restos mortais de grandes prensas de azeite e cisternas. Em Dreros, outro sítio próximo, que remonta ao início da Idade do Ferro, os arqueólogos desenterraram uma inscrição que descreve um rito de passagem realizado por todos os jovens rapazes da cidade, que exigia que eles plantassem uma oliveira e cuidassem dela, e que se certificassem de que crescia saudável e alta. Blocos de argila encontrados a uma hora de carro a oeste de Kritsa, em Knossos, capital do império minoico (que, por sua vez, foi construído em grande parte pela riqueza do azeite de oliva), descrevem libações de óleo que eram oferecidas a um grupo de divindades durante cerimônias regulares. Os afrescos, esculturas e joalharia desenterrados no palácio minoico estão cheios de oliveiras e foram guarnecidos com seus frutos. As sepulturas escavadas perto de Kritsa, abrangendo os 3 mil anos desde a era pré-minoica até o presente, rotineiramente contêm caroços de azeitona e recipientes de azeite entre os ossos, evidentemente considerados provisões vitais para a vida após a morte. Uma sepultura da era romana encontrada na vizinha cidade de Hágios Nikolaus, que, ao que parece, pertence a um atleta, continha um *ariballos* para colocar óleo perfumado e um estrígil para raspá-lo depois do esporte ou do banho; uma coroa de folhas de oliveira de ouro foi colocada na testa do morto, com certeza para honrar sua habilidade esportiva. Ao longo dos séculos, a terra úmida pressionara a coroa para dentro do crânio, formando um folheado permanente e brilhante sobre o osso.

Perto do final da minha estada em Kritsa, visitamos um olival nas terras altas a leste da cidade, onde cinco membros da família Zacharia – um homem e uma mulher jovens, com uns 20 e tantos anos, seus pais, na casa dos 50, e uma avó, que se aproximava dos 90 e usava um lenço preto na cabeça e botas de borracha verdes – estavam trazendo a safra de azeitonas *koroneiki*, que têm forma de lágrima. Os pais e o filho usavam varinhas hidráulicas com os dedos vibrando para recolher as azeitonas, as quais eram recolhidas em lonas e levadas para a mesa de desfolhar, uma plataforma de quatro pernas com uma tela de metal por cima, onde a jovem e a avó separavam o fruto das folhas e galhos.

Enquanto trabalhava sob o sol da tarde, Georgia Zacharia, a jovem, falou comigo com voz calma. Disse que todos os anos ela aguarda a colheita com prazer, porque o evento reúne a família. "E à noite não tenho tempo nem energia para pensar nos meus problemas e nas minhas preocupações. Estou cansada demais." Contou-me que a colheita da azeitona é um grande conforto para ela durante a crise econômica que a Grécia está atravessando atualmente. "Todo mundo tem oliveiras, um jardim. Ser autossuficiente não está tão distante de nós. As coisas vão ficar bem."

Ao amanhecer, em uma manhã em abril de 2010, os trabalhadores da cooperativa agrícola Terre di Puglia, caminhando em um olival que deviam podar aquele dia em Mesagne, perto de

Brindisi, descobriram uma bomba caseira ao pé de uma árvore. Esse não era o primeiro aviso. Vários meses antes, alguém havia arrombado um de seus carros e rabiscara uma ameaça de morte no júri. De tempos em tempos, apareciam pedaços de papel em suas caixas de correio, contendo ameaças mal disfarçadas: "Quem for trabalhar hoje vai pagar por todos", "Silêncio!", "Pare de encher o saco!". Incendiários haviam entrado furtivamente em suas terras à noite e queimado olivais, vinhas e equipamentos agrícolas.

A bomba era um novo nível de intimidação. "Claro, não era para matar ninguém", disse-me Alessandro Leo, presidente da Terre di Puglia. "Como todas as outras mensagens que recebemos desde que começamos a cultivar essas terras, ela foi colocada ali para intimidar, para desestabilizar nossa cooperativa."

Leo olhou diretamente nos meus olhos por um momento, como se estivesse tentando ver se eu acreditava nele – ou para decidir quanto ele próprio acreditava no incidente. Então riu alto e alegremente, e balançou a cabeça. "Pelo menos, é isso que digo a mim mesmo. Afinal, sabemos quem são essas pessoas, o que fizeram no passado. Sabemos que eles são capazes de qualquer coisa."

Leo e seus companheiros na Terre di Puglia estão cultivando terras que, até recentemente, pertenciam à Sacra Corona Unita, a máfia apuliana. O proprietário anterior, Cosimo Antonio Screti, conhecido como Dom Tonino, era um poderoso membro da organização e era muito temido na área. Depois que Screti foi condenado por crimes que incluíam tráfico de drogas e participação em organização criminosa, o governo italiano confiscou boa parte de suas propriedades imobiliárias, incluindo esse olival, que os investigadores acreditam que Screti tenha comprado com os rendimentos da atividade ilegal, particularmente advindos do tráfico de drogas. Em janeiro de 2008, o olival e vários vinhedos e terras foram dados em usufruto à Terre di Puglia, membro da organização sem fins lucrativos Libera Terra ("Terra Livre"), que luta contra a infiltração da máfia em toda a Itália e cultiva as terras tomadas daquela organização. Os trabalhadores da cooperativa são socialmente desfavorecidos, e incluem muitos toxicodependentes em recuperação. Essas antigas vítimas do tráfico de drogas trabalham para recuperar a dignidade e a autonomia por meio do trabalho duro nessa terra, que foi comprada com o dinheiro da droga por um notório mafioso.

O problema é que o mafioso não foi embora. Depois de ser liberado da prisão por razões de saúde, Dom Tonino voltou para sua *villa* no meio dos campos que estavam sendo cultivadas pela cooperativa. Nem ele nem seus antigos companheiros na Sacra Corona Unita ficaram satisfeitos ao ver alguém colhendo azeitonas e fazendo óleo na propriedade que ainda consideravam deles. "Ele andava por aí como se ainda fosse o chefe", lembra Leo, "com a atitude paternalista e a arrogância típicas desse tipo de personagem."

No ano em que a Terre di Puglia assumiu a gestão das terras, nem os agricultores nem os trabalhadores se atreveram a trabalhar para eles, a despeito do desemprego crônico na área. "As pessoas nos evitavam", lembra Leo. Como não possuíam trator, ele e seus colegas tinham de chamar o serviço florestal italiano para arar as terras antes que pudessem semear a primeira safra de trigo.

Contudo, a colheita inaugural foi um sucesso modesto. Usando uma rara espécie local de trigo que tinham rastreado entre agricultores idosos da região, eles cozeram torradas apulianas tradicionais chamadas *tarallini* e *friselle*. Cultivaram tomates *fiaschetto* locais, com os quais fizeram molhos para macarrão e tomates secos ao sol. Podaram e cuidaram das vinhas da casta *negroamaro* há muito abandonadas, que renderam um excelente vinho tinto. E, do pequeno olival com árvores de séculos de idade, fizeram algumas centenas de garrafas de azeite.

À medida que as notícias desse trabalho se propagavam, organizações locais e nacionais lhes prestaram auxílio. Os agrônomos e enólogos da Slow Food, a organização não governamental culinária e de comércio justo, começaram a aconselhá-los, e alguns supermercados, como o COOP, uma cadeia nacional, começaram a vender seus produtos. A Libera Terra assinou um acordo de colaboração com um proeminente instituto de agronomia na vizinha Ostuni, e também com vários olivicultores locais e produtores de azeite. Finalmente, um por um, os camponeses locais começaram a vir trabalhar na cooperativa. "Nunca sonhei que um dia colocaria o pé nas terras de Dom Tonino", disse um deles a Alessandro

Leo. "Ou que veria este solo, que por tanto tempo esteve coberto de espinheiros, ficar fértil novamente."

Para Alessandro Leo, o primeiro gosto do *olio nuovo* produziu poderosas emoções. "Pensei sobre a história única de injustiça e de justiça que ele continha. Pensei nas pessoas que costumavam experimentar este azeite, e nas pessoas que podem prová-lo agora."

Leo diz que o azeite é um símbolo do tipo de alimento que a Libera Terra produz. "Cada um de nossos produtos tem uma história para contar. Queremos recuperar um sentido de alimentos como algo que não tem apenas valor material e comercial, mas que possui também um valor cultural. Fazemos isso enfatizando a ligação entre um determinado alimento e o *território*, a paisagem onde é e sempre foi cultivado. Essas antigas oliveiras, em particular, são símbolos deste território, parte essencial desta paisagem, e têm sustentado seus habitantes por incontáveis séculos. Quando se come este azeite, não se está apenas comendo algo feito de uma árvore anônima em algum olival industrial. Está-se comendo um alimento de um local específico do planeta, com uma história única."

Leo e seus colegas da cooperativa estão usando em suas árvores apenas produtos químicos aprovados e naturais e, a partir do ano que vem, o azeite deles será certificado como *biologico*, ou seja, como "orgânico". "Estamos libertando a terra do envenenamento sistemático por pesticidas e outros produtos agrícolas tóxicos, que se concentram particularmente no azeite de oliva. Esse é outro tipo de crime organizado, uma outra máfia contra a qual todos nós precisamos nos erguer e falar. Ou então eles vão nos matar, exatamente como um assassino pago faria."

4

A adorável pungência

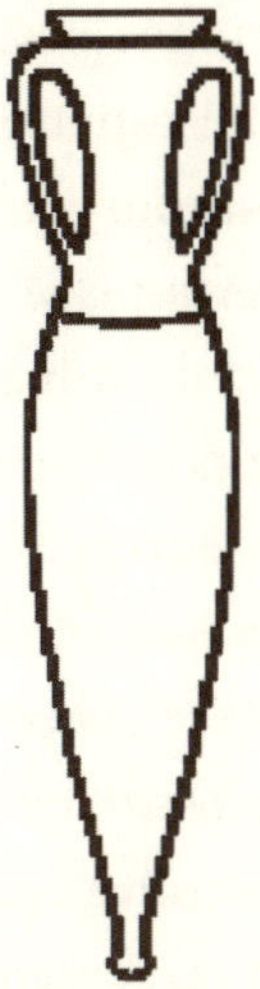

A oliveira é certamente o mais rico presente do céu.
(Thomas Jefferson, carta a James Ronaldson, 1813)

Olio eta egia gaña dadukate. ["O azeite de oliva e a verdade vêm à superfície."]
(Provérbio basco)

"O universo é quiral!", anunciou Alissa Mattei quando entrei em sua arejada e ensolarada sala de visitas, onde uma longa mesa de carvalho servia de apoio a copos de degustação, a um *laptop*, a uma dúzia de garrafas de azeite de oliva e a modelos moleculares de isopreno e outros compostos orgânicos, feitos de palitos de dente e bolas de argila coloridas (quiralidade, logo aprendi, é a característica de estruturas que, como as nossas mãos direita e esquerda, não podem ser sobrepostas às suas imagens no espelho). Mattei, que dirigiu os laboratórios de controle de qualidade Carapelli por quase três décadas antes de deixar a empresa, em 2008, quando esta passou a ser dirigida pelo Grupo SOS, uma multinacional espanhola de alimentos, é uma figura marcante: pequena, bem rechonchuda, com cabelos avermelhados, lenços chamativos e bijuterias, grandes olhos amendoados que parecem olhar diretamente para sua alma, com inteligência, humor e inconfundível curiosidade, e com algo mais, que pode ser astúcia, embora ninguém realmente se importe, tamanho é o prazer de apenas olhar para aqueles olhos, profundamente verdes como o azeite recém-prensado de sua Toscana natal. Desde que saiu da Carapelli, ela dirige a Casa Montecucco, uma casa de fazenda não sofisticada voltada para o agroturismo, e educa as pessoas sobre o azeite fino e a boa vida na Maremma, área com florestas selvagens na costa sul toscana, onde as caçadas de javali, as cavalgadas e os vinhos toscanos de primeira estão entre os melhores de toda a Itália. Filha de um pintor toscano e de uma *baronessa* napolitana (pode-se apostar que os olhos dela são da *baronessa*), ela é bastante realista quando lida com os convidados e organiza uma refeição: mas, de vez em quando, faz declarações napolitanas arrasadoras, enigmáticas – "o universo é quiral", "tudo na natureza é o resultado do acaso e da necessidade", "sou uma pessoa extremamente generosa". E, depois de passar um curto período de tempo com ela, parece provável que tudo isso seja verdade.

Mattei fala do assunto "fraude" com uma objetividade que, segundo ela, é endêmica na indústria do azeite de oliva. "Isso sempre faz sentido econômico. Adicione 2% ou 3% de óleo de sementes ao seu óleo de oliva extravirgem, que é vendido por um preço três vezes maior, e ganha-se dinheiro aos baldes." Ela conta a história moderna da fraude do azeite com um conhecimento íntimo de nomes, datas e lugares – a empresa na Ligúria que inventou o óleo desodorizado e as empresas na Apúlia que o aperfeiçoaram –, e observa que os químicos que elaboram novos métodos de adulteração muitas vezes fazem parte dos mesmíssimos comitês científicos que criam os testes para detectar a adulteração. Ela diz que os comerciantes de óleo rotineiramente cotam preços para o óleo desodorizado, embora a venda de tal óleo rotulado como extravirgem seja ilegal: a "refinação *soft*" do processo de desodorização é proibida no azeite extravirgem, que só pode ser feito com métodos mecânicos. Conta que ela também está desenvolvendo novas técnicas de desodorização, não para a fraude, mas simplesmente pelo desafio de eliminar cheiros e sabores desagradáveis de um azeite que, de outra maneira, seria muito bom.

Enquanto ela fala, sabe-se que o mundo do azeite de oliva que está descrevendo, com seus químicos industriais, comerciantes e negociantes, seus compromissos e racionalizações, é uma ameaça mortal para a qualidade do produto, rebaixando de modo constante a classificação extravirgem e colocando sobre os preços uma pressão insustentável em inúmeros pequenos produtores de azeite de alta qualidade. Ainda assim, também é bastante claro que Alissa Mattei tem uma paixão por azeite de oliva fino. Ela tem um paladar excepcional, razão pela qual é muito requisitada como consultora para a Slow Food e para muitos dos principais produtores de azeite. Ela está entre os principais químicos de azeite do mundo, conhece as voltas e reviravoltas da geometria molecular do azeite como um agricultor conhece seus campos. E, depois de uma carreira em uma multinacional de óleo onde, como ela diz, ela mal via uma oliveira, pela primeira vez na vida ela possui seu próprio olival, de árvores esbeltas e jovens de pouco mais de 5 anos, que ela paparica como se fossem seus filhos, e das quais faz um azeite maravilhoso. Alissa Mattei é outra pessoa que foi tocada pelo azeite, que fez aflorarem suas contradições internas.

Ela também se preocupa em difundir a boa reputação do azeite, e frequentemente faz palestras sobre as propriedades químicas e sensoriais desse óleo para o público em geral. Hoje, vim para sua célebre introdução ao ácido oleico, o principal ácido graxo presente no azeite de oliva. Entretanto, em primeiro lugar, ela passou por uma série de brilhantes modelos moleculares no *laptop* para ilustrar o seu interesse do momento, o conceito de quiralidade. "As moléculas quirais existem em toda a natureza. O que é um mistério, já que as moléculas simples que estavam por aí quando a vida começou, como o metano e a amônia, são simétricas, não quirais. Como a quiralidade começou?" O azeite também, explicou, tem muitos componentes quirais, tais como o alfa-tocoferol e a clorofila. "Então, o azeite de oliva contém, bem lá no fundo, um dos mais profundos mistérios da natureza!", disse, com um brilho nos olhos.

"Agora, vamos fazer o azeite." Ela me entregou palitos e pedaços de argila, e tentei acompanhá-la, enquanto suas mãos redondas e competentes rolavam uma série de bolas coloridas – azul para átomos de carbono, vermelho para oxigênio, branco para hidrogênio – e palitos de dente, que representam ligações químicas, para vincular três átomos de carbono. Ela acrescentou oxigênios e hidrogênios, que se ramificavam a partir dos carbonos, produzindo uma molécula com a forma aproximada de um E maiúsculo. "Este é o glicerol, o núcleo do azeite de oliva, que é um triglicerídeo – um glicerol base com três ácidos graxos ramificando-se para fora." Então, para cada barra horizontal do glicerol E, ela ligou um ácido graxo, que consistia em uma longa cadeia de átomos de carbono, cada carbono ostentando um par de hidrogênios. Mattei explicou que todas as gorduras e óleos são compostos de triglicerídeos, e diferem no comprimento das suas cadeias de carbono. O ácido oleico tem 18 átomos de carbono de comprimento; o ácido láurico, encontrado no leite humano e no óleo de coco, tem 12 carbonos; enquanto o ácido erúcico na colza e no óleo de sementes de mostarda tem 22. Como outros lipídeos, o azeite de oliva é um coquetel de diversos ácidos graxos, cujas proporções mudam de acordo com fatores como o cultivar da oliveira, as condições climáticas em que ela cresce e a quantidade de água que recebe. O conteúdo de ácido oleico de um azeite, ou seja, de seu ácido graxo primário, pode variar de 55% a 85% (o azeite de oliva também contém quantidades menores de dezoito outros ácidos graxos). Mattei pegou sob a mesa uma corpulenta garrafa de óleo com uma etiqueta pendurada no gargalo, anunciando seu primeiro lugar em uma recente competição de azeite de oliva, e comentou: "O Melhor Azeite de Oliva do Mundo. Óleos diferentes podem ter características lipídicas muito diferentes, quase como se fossem provenientes de plantas diferentes. Como pode haver um 'azeite melhor'?"

Retomando a aula, Mattei explicou que os ácidos graxos diferem não só no comprimento de suas cadeias de carbono, mas no tipo de ligações entre os carbonos. Os átomos de carbono, em sua maioria, são unidos uns aos outros por ligações simples, que ela representava com um palito. Ainda assim, mais ou menos na metade da nossa cadeia, entre o nono e o décimo carbono, ela fez uma ligação de dois palitos. Naquele momento, ela também arrancou um átomo de hidrogênio, e colocou uma torção de 30º na cadeia. Esse hidrogênio faltante significa que o ácido oleico é "insaturado" – sua cadeia de carbono não está totalmente saturada com átomos de hidrogênio. O ácido oleico e outros ácidos graxos com ligação dupla são chamados de "monoinsaturados", enquanto aqueles com duas ou mais ligações são "poli-insaturados". Esses dois tipos de ácidos graxos são tipicamente encontrados em óleos vegetais. Outros ácidos graxos, cujas cadeias de carbono são totalmente preenchidas com hidrogênio, são chamados de "saturados" (manteiga, sebo, banha e outras gorduras de origem animal são compostos principalmente de ácidos graxos saturados). O número de torções e átomos de hidrogênio ausentes em um ácido graxo, determinado pelo número de ligações duplas que ele contém, tem importantes implicações biológicas. As gorduras saturadas, sem ligações duplas indutoras de torções, têm cadeias de carbono em linha reta que se embalam perfeitamente em estruturas cristalinas justas, e são geralmente sólidas quando estão sob temperatura ambiente. As gorduras monoinsaturadas e poli-insaturadas, que são cheias de reviravoltas e não se embalam tão ordenadamente, em geral são líquidas. Mais ainda, numa cadeia de ácido graxo, onde existir uma ligação dupla de carbono, o hidrogênio faltante deixa um intervalo que torna a cadeia vulnerável à invasão de moléculas reativas, como o oxigênio atmosférico. Quanto mais ligações duplas o ácido graxo contiver, mais facilmente ele se oxidará ou se tornará rançoso. Portanto, o azeite de oliva, que é em grande parte monoinsaturado, mantém-se fresco por muito mais tempo que outros óleos vegetais, que são poli-insaturados.

As gorduras saturadas de origem animal, desprovidas de ligações duplas e repletas de hidrogênio, mantêm-se melhor que todas as outras. Reconhecendo isso, há mais de um século os químicos alimentares desenvolveram um método para preencher as lacunas nas cadeias de carbono com átomos adicionais de hidrogênio, aumentando assim sua vida de prateleira. Esse processo químico, chamado de "hidrogenação", também endireita ligações duplas, deixando as gorduras hidrogenadas em linha reta e embaladas em um sólido conjunto. De fato, o corpo as confunde com gorduras saturadas naturais e as incorpora em estruturas como membranas celulares, onde elas podem desencadear reações inflamatórias que promovem a aterosclerose e doenças cardíacas.

"Mas chega de teoria de óleo, é hora de praticar", disse ela abruptamente, pondo-se de pé e caminhando para a cozinha, que ficava perto dali. "Temos convidados para o jantar." Ela abriu o caminho para a cozinha da Casa Montecucco, que era de nível profissional, um reino de mármore e aço inoxidável, onde o marido, Luciano Cipriani, descendente de uma família de hoteleiros e *restaurateurs*, estava desossando um presunto de Parma com uma faca grande como um sabre. Durante as três horas seguintes, vi Mattei e o marido se moverem rapidamente e em perfeita sintonia pela cozinha, enquanto preparavam uma refeição de cinco pratos para quinze pessoas, usando quantidades impressionantes de azeite. Como uma pessoa que cresceu nos Estados Unidos durante os anos 1970 e 1980, com um firme mantra antigordura, achei liberador ver Alissa Mattei prender grinaldas de cor esmeralda na sopa *acquacotta* e no lombo de porco *árista*, batatas, chicória e pimentas de sua horta, com a despreocupação experiente de um maestro de orquestra.

Em uma prateleira na cozinha, reparei numa jarra de cinco litros de Carapelli, que ela declarou usar para cozinhar e fritar – evidentemente, ela se mantinha fiel ao antigo empregador. Sem pensar, perguntei de que azeite ela gostava mais. Por um momento, a alegria dela se desvaneceu, como se estivesse decepcionada, e me lembrei do que ela dissera sobre as diferenças químicas em óleos. Então ela se iluminou e pegou o azeite premiado que tínhamos visto anteriormente. "O melhor do mundo, é claro", brincou. Depois, segurou a garrafa contra a luz e a examinou, como se estudasse seu conteúdo. "Quem sabe o que realmente está aqui..."

"Seu eu fosse um rei, não comeria nada, só gordura." Foi assim que um agricultor do século XVII expressou seu desejo por triglicerídeos, tanto saturados como insaturados, cinco séculos antes que caíssem nos desfavores das instituições médicas e culinárias – e antes que a hidrogenação tornasse as gorduras perigosas. As gorduras e os óleos são um combustível extremamente eficiente, não só para as lamparinas, fornos e para as sementes de azeitona que germinam, mas também para as pessoas. Em tempos de incansável trabalho manual e de frio sempre presente, quando a preocupação principal da maioria das pessoas era como encher a barriga, os alimentos gordurosos eram associados à saúde e à prosperidade. Na igreja, o agricultor faminto de gordura teria ouvido o conselho de Isaías para o verdadeiro crente: "Come o que é bom, e deixe que sua alma se deleite com a gordura". Ele teria ouvido o salmista comparar a própria devoção a Deus com a felicidade de uma refeição gordurosa: "Minha alma se fartará como com tutano e gordura, e minha boca o louvará com lábios alegres".

Mas que gordura escolher – saturada ou insaturada? A gordura animal ou o azeite de oliva? No final da Idade Média, a frente de batalha entre esses antigos antagonistas seguia mais ou menos a fronteira moderna entre o limite meridional da Toscana e o setentrional da Emilia-Romagna. Ao sul dessa linha, a despeito de alguns pacotes de gordura de porcos criados por invasores bárbaros, o azeite de oliva era o condimento preferido para vegetais, sopas e peixe (tanto grelhado como frito). Para o norte, na Itália e além dos Alpes, onde as oliveiras não floresciam por causa do frio, existiam alguns poucos aficionados do azeite de oliva nas classes superiores, mas a gordura animal dominava nas massas, exceto durante a Quaresma e nos dias de jejum. Os norte-europeus tinham emoções sortidas sobre o azeite de oliva. Eles o valorizavam por seu simbolismo sagrado e por suas propriedades medicinais, mas não gostavam de seu amargor e de sua pungência, tão diferentes das gorduras animais adocicadas usadas para temperar seus tradicionais e reconfortantes alimentos nativos. Se consumissem azeite de oliva, prefeririam os mais leves, como aqueles feitos com as azeitonas cultivadas nas praias do Lago de Garda. Mas, na maior parte do tempo, eles simplesmente mantinham o azeite bem longe de suas bocas. Hildegarda de Bingen, a abadessa alemã, mística, poetisa e polímata, falou por muitos nortistas quando concluiu que o azeite era um remédio excelente, mas miserável como comida, e que "provoca náuseas quando comido, e arruína outros alimentos que são cozidos com ele". Ou talvez Hildegarda e suas irmãs estivessem recebendo azeite ruim.

Thomas Platter, viajante inglês do século XVI, observou que apenas azeite de segunda categoria chegava ao norte da Europa, aquele que era pressionado das borras, após já ter sido extraído o bom óleo. Uma expressão corrente na Inglaterra de seu tempo, "marrom como azeite", sugere a aparência – e o sabor – daquele óleo.

Uma nova campanha na guerra culinária permanente entre azeite de oliva e gordura animal começou no século XV, com a chegada triunfante da manteiga. Essa segunda invasão não começou, como no final do Império Romano dez séculos antes, como uma corrida de alemães desgrenhados, comendo gordura. Ocorreu a partir de mudanças sutis nos hábitos dietéticos e de um afrouxamento gradual do controle de Roma sobre os alimentos, que ocorreu no período que antecedeu a Reforma. Em certas áreas do norte da Europa, onde não cresciam azeitonas e os residentes não gostavam muito de azeite, modificações no direito canônico permitiram o consumo de manteiga durante a Quaresma e nos dias de jejum, abrindo a porta à substituição generalizada do azeite pela manteiga.

Os cozinheiros franceses e ingleses começaram a substituir o azeite de oliva por essa gordura mais suave, que por muito tempo foi parte da cozinha nativa, eliminando as influências mediterrâneas de sua culinária. Até no sul da Sicília, certos gastrônomos e *gourmands* elogiavam esse condimento novo maravilhosamente doce. Em seu influente livro de receitas *Libro de Arte Coquinaria*, escrito por volta de 1450, Maestro Martino, chefe da corte do patriarca em Aquileia, instrui seus leitores a preparar *maccaroni siciliani* com manteiga fresca e especiarias, em vez de usar óleo. Em uma peça contemporânea, aparece um grupo de senhores venezianos sentados com pratos de *maccaroni* cobertos com grandes quantidades de queijo, canela, açúcar e "tanta manteiga que eles nadavam nela". A manteiga até abriu caminho para os sonhos dos pobres, como a família de meeiros em Módena que deixou os campos e se mudou para o outro lado do rio Pó na Lombardia, "porque lá, diz-se, comem-se nhoques com montes de queijo, especiarias e manteiga". Do século XV até o século XIX, a luta entre o azeite e a manteiga era trazida à vida em pinturas europeias, literatura e dramas de rua como a guerra entre o carnaval e a Quaresma, mostrando a manteiga marchando para a batalha de armadura completa à frente de um exército de gorduras animais e laticínios, enquanto seu arquirrival, o azeite de oliva, lidera uma multidão de arenques, repolho, pão e outros aliados quaresmais.

Ainda assim, a maioria dos europeus do sul manteve-se fiel ao azeite, não só por causa de sua antiga devoção pela culinária mediterrânea, mas porque muitos deles achavam que a manteiga era pouco natural, e até mesmo perigosa. Nobres na corte de Mântua embalavam amplos estoques de *oleum bonum* para uma viagem à Inglaterra, e o cardeal de Aragão, viajando pelos Países Baixos em 1517, trouxe seu cozinheiro pessoal e um estoque generoso de azeite. "Devido à produção de manteiga e laticínios que são tão amplamente utilizados em Flandres e na Alemanha", observou ele, "esses países estão cheios de leprosos." Se alguns *chefs* impulsionavam a manteiga, outros defendiam o azeite: uma nova geração de livros de culinária apareceu nos séculos XV e XVI, principalmente no sul da Itália. Esses livros propunham uma cozinha multiétnica mediterrânea nova e excitante, gotejando óleo. O proeminente humanista Bartolomeo Sacchi, mais conhecido como Platina, escreveu *De honesta voluptate et valetudine* ("O prazer honesto e a boa saúde"), um tratado gastronômico que fornecia alguns dos primeiros conselhos detalhados sobre o uso adequado de azeite na culinária italiana. Como os modernos cozinheiros italianos, Platina recomendava que o azeite fosse adicionado em abundância a legumes e hortaliças frescos, e com mais moderação a uma série de pratos de peixe. O povo comum também esperava sua dose diária. Um viajante inglês na Toscana comentou as grandes quantidades de azeite consumidas pelos toscanos: "os ricos, porque gostam de economizar; os pobres, porque não têm escolha". Na Toscana, mesmo os marinheiros humildes tinham sua refeição: a ração diária incluía 28 gramas de azeite de oliva, retirados de recipientes de barro guardados no porão. Frascos semelhantes carregavam azeite para o Novo Mundo com os primeiros exploradores espanhóis e portugueses, e foram encontrados em galeões e caravelas naufragados nas costas da Flórida e das Carolinas.

A Renascença testemunhou a utilização do azeite de oliva de uma série de novas maneiras – algumas vezes bizarras –, que aproveitavam ao máximo suas propriedades e ressonâncias químicas e espirituais, e que impulsionaram o consumo de azeite. Durante os surtos de perseguição às bruxas, os juízes e inquisidores papais aprenderam que as bruxas rotineiramente se cobriam com pomadas e unguentos secretos, muitas vezes feitos com azeite de oliva, os quais supostamente lhes permitiam criar tempestades, destruir colheitas e voar para o Sabá em suas vassouras, bem como entorpecer seus membros para que não recuassem ao toque de Satanás. Em algumas áreas, a mera posse do óleo, juntamente com "pomadas, pós nocivos, potes com vermes ou ossos humanos", era suficiente para justificar prisão por bruxaria. Embora o azeite fosse considerado benéfico em tempos de peste, pensava-se que os *unctores* ("ungidores") usavam substâncias oleosas para espalhar a praga. Os próprios inquisidores soltavam as línguas de acusados de feitiçaria com aplicações de óleo fervente e, às vezes, os executaram com doses ainda mais generosas do material. Os exorcistas tiravam os demônios dos corpos dos possuídos com óleos santos e ramos de oliveira abençoados, enquanto entoavam "unjo-te com este óleo abençoado, e através desta unção, livro-te de toda a maldição, encantamento, sortilégio subjugante, mágica escrita e feitiço que foi colocado em ti pelas artes diabólicas".

Em uma nota mais luminosa, o azeite de oliva era também o veículo favorito para a criatividade farmacológica e alquímica dos protocientistas do Renascimento. A brilhante, ardente, famosa e bonita Caterina Sforza o usava amplamente em seus *Esperimenti*, uma coleção de quase quinhentos medicamentos, perfumes, cremes e curas de beleza. Ela baseou várias de suas receitas em rituais mágicos, e os escreveu em código para mantê-los secretos. Outros não eram nada menos que afrodisíacos indecentes e adjutores sexuais, com os quais ela continuou a orgulhosa tradição do sexo melhorado com o azeite celebrada pelos gregos clássicos.

À parte seu uso pelas bruxas e pelos que procuravam aventuras sexuais, o maior impulso à produção de azeite veio de muitas indústrias emergentes que exploravam as características químicas do azeite de oliva como ácido graxo, lubrificante e solvente. Em centros de fabricação de sabão como Marselha e Veneza, o azeite era misturado com soda cáustica, carbonato de sódio e água do mar em grandes caldeirões de cobre, e a mistura resultante, densa e pastosa, um ácido graxo de sódio salino conhecido em termos leigos como "sabão", era despejada em moldes para endurecer. Todas as fábricas de lã, de Flandres a Florença, precisava de generosos suprimentos de azeite de oliva para amolecer o fio antes de tecer, uma vez que a cardação e o processo de pentear retiravam da lã a lanolina, seu lubrificante natural. O azeite também era amplamente utilizado na indústria de tingimento têxtil e na peleteria.

A crescente demanda por óleo de oliva contribuiu para o avanço da olivicultura e da habilidade na produção de azeite. Em seu *Tesoro dei Rustici* ("Tesouro dos Rústicos"), o poeta bolonhês do século XIV Paganino Bonafede elucidou a arte do plantio, da enxertia, da poda e da adubação de oliveiras em 143 hendecassílabos. Algumas autoridades recomendavam que se batesse nas árvores com bastões para derrubar os frutos, mas o escritor umbro Corniolo Della Cornia, como outros agrônomos romanos antes dele, era favorável à colheita feita à mão, porque causava menos danos aos ramos e produzia mais óleo. Tratados com títulos como *Panóplia das Artes Agrícolas* aproveitavam e aperfeiçoavam o conhecimento dos antigos, trazendo uma nova abordagem científica ao azeite, a partir da classificação de cultivares e regiões de produção, e aperfeiçoando os métodos de colheita, moagem, armazenamento e transporte. Engenheiros inteligentes começaram a construir instalações para produção de azeite ao longo dos cursos de água, utilizando a energia hidráulica em vez de mulas e bois para girar as mós. No século XVI, em Tivoli, perto de Roma, havia dezoito lagares movidos à água. Comerciantes como o florentino Francesco Balducci Pegolotti ajudaram a padronizar e regular o comércio de azeite. Em seu popular manual *Practico della mercatura* ("A prática do comércio"), Pegolotti descreve os diferentes pesos e medidas usados para o azeite em cada uma das principais cidades italianas, e a supervisão cada vez mais severa da produção, da qualidade e dos métodos de transporte do azeite que estava sendo realizada nos portos da Apúlia.

De fato, a Apúlia era o líder mundial da produção de óleo no Renascimento, assim como tinha sido na Idade Média, a despeito da rápida expansão dos olivais no sul da Espanha e na Grécia. As famílias apulianas, como os Scoppa, em Barletta, e os Rufolo, em Molfetta, enriqueceram com o comércio internacional de óleo, e a família Scaraggi, de Bitonto, tornou-se tão rica com o transporte de óleo para o Egito e Bizâncio, que podia manter agentes de venda em Veneza, Alexandria, Constantinopla e outros portos do Mediterrâneo oriental. Mas os comerciantes mais bem sucedidos na Apúlia eram estrangeiros: os lombardos e especialmente os sempre presentes venezianos, ativos em Bari, Molfetta, Barletta e em outras grandes cidades na Apúlia, cujos navios distribuíam óleo apuliano em todo o Mediterrâneo, de Gênova e Majorca, no oeste, a Túnis, Alexandria e Constantinopla no sul e no leste.

O mercado para o azeite de oliva se tornou cada vez mais exigente e sofisticado. Os industriais descobriram que podiam usar óleos mais baratos, de qualidade inferior, como aqueles feitos com azeitonas podres, produto da segunda pressão do bagaço de azeitona com adição de água quente, ou sugado do "inferno" – um espaço semelhante a uma caverna sob a prensa, onde caía o óleo desperdiçado. Os produtores começaram a classificar os azeites, distinguindo em seus contratos e faturas de venda entre *oleo grosso* ("óleo grosso") para as fábricas e *oleo claro* ("óleo fino") para o alimento, o *claro* com o dobro do preço do *grosso*. Os comerciantes diferenciavam as áreas de produção de acordo com a qualidade dos azeites lá fabricados: os azeites do lago de Garda, de Gaeta, da Toscana e de Marche geralmente eram os de melhor qualidade; os da Apúlia, de Majorca, da Ligúria e da Catalunha, de qualidade mediana; e os da Calábria e os da Andaluzia, embora abundantes, por toda parte eram chamados de "óleos de fabricar sabão". (De modo geral, até o advento da moderna tecnologia e dos métodos de fabricação de azeite ao longo das últimas quatro décadas, o calor implacável do sul do Mediterrâneo tornava a produção de azeite saboroso e sem falhas muito mais difícil do que em climas mais frios, e até hoje a maioria dos azeites produzidos na Calábria e na Andaluzia é *lampante*.)

O aparecimento do óleo industrial e de uma gama de tipos de óleo aumentou o sempre presente risco de fraude. Muitas cidades aprovaram leis severas contra a mistura de óleos de alta qualidade com aqueles inferiores, a partir da qual se produziam óleos inferiores que podiam ser vendidos com preços mais elevados. Os estatutos do comércio de óleo do século XV, em Verona, prescrevem sanções para moleiros desonestos, e denunciam a "fraude nova e maliciosa" de misturar óleo de alta qualidade com óleo de bagaço de azeitona, substância "amarga, esfumaçada e tenebrosa" que, "mesmo em pequenas quantidades, estraga totalmente uma grande quantidade de óleo bom". Agora os veronenses, bem como outros fabricantes de azeite de alta qualidade, mas em pequena escala de produção, em áreas como Marche e o lago de Garda, estavam sendo progressivamente expulsos do negócio por óleos que eram mais baratos e tinham alto volume de produção, provenientes da Apúlia e da Andaluzia e comercializados pelos astutos venezianos.

Mesmo o óleo de oliva industrial de menor qualidade estava sujeito a fraudes, sendo adulterado com óleos vegetais mais baratos. Em 1618, as autoridades em Londres suspenderam multas e penas de prisão para os fabricantes de sabão que usassem apenas azeite puro na produção. Duas décadas depois, um agente de vendas da Fairfax and Barnsley, empresa inglesa fabricante de tecidos de lã com sede em Livorno, escreveu a seu parceiro londrino sobre o recorrente problema da infestação por vermes em tecidos de lã, que ele atribuía à adulteração. "Não é nenhuma surpresa que os vermes se multipliquem em tecidos, pois, desde o plantio da canola na Inglaterra, os roupeiros usam o truque de misturar esse óleo com o azeite... e, como os tecidos ficam embalados por longo tempo, geram um verme."

Como o ouro líquido do azeite de oliva fluía de porto em porto em torno do Mediterrâneo e do Levante, as cidades começaram a tributá-lo, o que, por sua vez, promoveu evasão fiscal. Em um julgamento do século XV, os comerciantes de óleo Alessandro Miniscalchi e Leonardo Pellegrini, descendentes de duas ilustres famílias venezianas, foram acusados de fraudar sistematicamente o fisco de La Serenissima. Depois de anos de deliberação, o tribunal finalmente liberou os acusados de todas as denúncias, mas fortaleceu as medidas antifraude, autorizando os investigadores de crimes de óleo e funcionários aduaneiros a usar "procedimentos inquisitoriais", até mesmo tortura, em casos futuros, "pois muitas fraudes são cometidas nos dias de hoje, seguindo muitos métodos e rotas diferentes, sendo este território tão grande e totalmente aberto a todos". Os criminosos de azeite modernos, que sonegam impostos e desviam subsídios da União Europeia, estão seguindo uma tradição que ganhou notoriedade ao longo do tempo.

O domínio de Veneza sobre os olivais e os moinhos da Apúlia começou a diminuir no século XVI, quando o crescente poder turco eclipsou o comércio veneziano na costa do Adriático. À medida que o domínio marítimo veneziano se reduzia, navios franceses, ingleses e holandeses assumiam a tarefa de transportar óleo para a cidade. Então os governantes aplicaram um novo imposto sobre o azeite de oliva, exatamente quando um surto de praga impediu que os navios com o óleo entrassem no porto, o que destruiu o negócio do azeite veneziano e dizimou o consumo interno. Os franceses, ingleses e holandeses começaram, eles próprios, a carregar o azeite em portos apulianos e, ignorando Veneza, entregavam-no diretamente às fábricas estrangeiras. A maior parte do lucro proveniente do azeite de oliva italiano – bem como de fraudes de óleo e evasão fiscal – agora caíra em mãos estrangeiras. As multinacionais com sede no exterior, que passaram a dominar o mercado do azeite na Apúlia, ditando preços e reetiquetando o azeite apuliano como desejavam, perpetuaram uma situação que surgira na Idade Média e se consolidou no Renascimento.

Uma acentuada secura surgiu na parte anterior da garganta Gary Beauchamp, juntamente com uma sufocante sensação de *déjà vu*. À medida que seus olhos se encheram de lágrimas e ele começou a tossir convulsivamente, veio-lhe uma epifania, daquele tipo com que sonham os cientistas, uma reação em cadeia de inspirações interdisciplinares vinculando bioquímica, imunologia e história humana. Tudo provocado por um gole de azeite extravirgem.

Beauchamp, que tem PhD em biopsicologia, dirige o Monell Chemical Senses Center na Filadélfia, instituto de pesquisa sem fins lucrativos que estuda as sustentações químicas de cheiro, sabor e outras sensações. Sua epifania – cujos *insights* ele tem acompanhado desde então – ocorreu em 1999, em Erice, cidade montanhosa no oeste da Sicília com vista para o azul brilhante do mar Tirreno. Lá, ele participou de um simpósio sobre um novo campo de estudos, a “gastronomia molecular”, em que *chefs* e cientistas realizaram vários experimentos culinários, apresentando um alimento ou preparando um prato e pedindo aos participantes para elaborar seu significado químico. Durante uma sessão, o físico italiano Ugo Palma trouxe muitas garrafas plásticas de Coca-Cola cheias de azeite de oliva, fabricado recentemente no lagar de sua família, nos arredores de Palermo. Ele despejou doses de três dedos do líquido verde-escuro em várias taças de vinho, distribuiu-as aos presentes e demonstrou a degustação de azeite com o *strippaggio*, a sucção ruidosa que traz os componentes voláteis às fossas nasais. Depois dos primeiros goles e sucções, a sala explodiu em tosse e gemidos lacrimosos de admiração.

No instante em que Beauchamp sentiu aquele ardor estranho no fundo da garganta, pensou em ibuprofeno, um anti-inflamatório não esteroide. De volta à Filadélfia, ele recentemente passou vários meses mastigando e deglutindo doses de ibuprofeno durante um estudo encomendado por uma empresa farmacêutica, que pretendia substituir o ibuprofeno por acetaminofeno, outro anti-inflamatório que, na época, estavam utilizando em um de seus remédios – que não exigia prescrição médica – para tosse. "O ibuprofeno produz essa pungência muito particular na garganta quando ingerido", afirma Beauchamp. "Não é como pimenta vermelha, que queima todos os lugares, seus lábios, a boca, a garganta. O ibuprofeno produz uma percepção sensorial completamente diferente, localizada exatamente na garganta, e isso só acontece depois de que é engolido. Uma vez que as qualidades sensoriais de um composto muitas vezes lhe dizem muito sobre sua farmacologia, quando senti com o azeite de oliva aquela sensação parecida à que provoca o ibuprofeno, percebi que eles provavelmente tinham uma conexão."

E aqui a avalanche de perguntas começou. As propriedades anti-inflamatórias do ibuprofeno derivam de sua inibição das enzimas de COX-1 e COX-2, que causam inchaço. Será que o azeite de oliva também era um anti-inflamatório que inibia a COX? O ibuprofeno e outros inibidores de COX, além de aliviarem a dor, têm sido associados à redução do risco de doenças cardíacas e de certas formas de câncer. Será que o anti-inflamatório misterioso do azeite de oliva também poderia fazer isso? Seria o óleo de oliva a chave para a dieta mediterrânea?

Para começar a responder a essas perguntas, Beauchamp trouxe uma garrafa de Coca-Cola cheia de azeite ao laboratório da Monell, onde ele e seus colegas o decompuseram em seus componentes químicos e degustaram cada um para ver se aquela substância causava ardor na garganta. Eles finalmente isolaram uma molécula que ardia. Para certificar-se de que nenhum outro produto químico estava envolvido, sintetizaram a molécula de novo, dissolveram-na em óleo de milho sem gosto e, depois de esperar muitos meses pela autorização do FDA (Food and Drug Administration) para ingerir uma nova substância feita pelo homem, finalmente a engoliram – e sentiram a mesma pungência na garganta. Chamaram a substância de "oleocantal", termo que compuseram a partir das palavras latinas para "óleo", "ardência" e "aldeído" (composto orgânico produzido pela oxidação de um álcool). Testes posteriores revelaram que, embora o oleocantal tivesse um estrutura molecular completamente diferente da do ibuprofeno, inibia as enzimas COX-1 e a COX-2 de uma maneira surpreendentemente semelhante. Mais tarde, Beauchamp e seus colegas demonstraram que o oleocantal também reduz os efeitos adversos de ADDLs, subprodutos da proteína altamente tóxicos que, acredita-se, contribuem para o começo da doença de Alzheimer. Mais ainda, a substância parecia tornar os ADDLs um alvo melhor para anticorpos, aperfeiçoando assim os efeitos das terapias imunológicas para o Alzheimer.

Esse poderoso e ainda pouco conhecido remédio é parte da "fração polar" do azeite de oliva extravirgem, um delicado coquetel de mais de uma centena de polifenóis, hidrocarbonetos, vitaminas e outros compostos perecíveis e frequentemente voláteis que desaparecem quando o azeite é tratado com produtos químicos ou calor. (Eles também são conhecidos como a "fração insaponificável", porque sobram quando o óleo é misturado com um álcali para formar sabão.) Embora muitos desses compostos sejam mal compreendidos, estão sendo cada vez mais investigados por pesquisadores da área médica, que vêm revelando que eles possuem um vasto leque de propriedades terapêuticas.

Várias substâncias na fração polar do azeite de oliva nos defendem dos extensos danos causados por uma parte essencial da química de nosso corpo: o oxigênio. Uma das grandes ironias da natureza é que esse elemento, vital para a criação e a alimentação da vida, também acelera o envelhecimento e a morte. O oxigênio é exigido para o metabolismo da célula, mas cria certos subprodutos altamente reativos chamados radicais livres, que prejudicam as células, combinam-se com a gordura LDL (o "mau" colesterol) para enlamear as paredes das artérias, degradam cadeias de DNA, levando a malignidades e quebrando as proteínas do organismo. Aos 80 anos, as proteínas no corpo de uma pessoa média estão 80% oxidadas. Em outras palavras, o oxigênio nos faz ficar mal. Os polifenóis do azeite de oliva, tais como o hidroxitirosol e agliconas secoiridoides, bem como hidrocarbonetos como o esqualeno, são poderosos antioxidantes, conservantes naturais que protegem o azeite da deterioração causada pela oxidação, e também ajudam a proteger os tecidos em várias partes do corpo humano do assalto dos radicais livres. Os testes clínicos sugerem que, graças a essas propriedades antioxidantes ou à sua capacidade de inibir a proliferação de células cancerígenas, os polifenóis do azeite de oliva também ajudam a prevenir o câncer do cólon, de mama, dos ovários e da próstata.

Os polifenóis e outras substâncias do óleo de oliva também parecem oferecer benefícios cardiovasculares, graças às suas propriedades anti-inflamatórias e porque reduzem a coagulação das células vermelhas do sangue, diminuindo o risco de trombose, acidentes vasculares cerebrais e ataques cardíacos. Outras substâncias atuam como agentes antibacterianos, amplificando a resposta do sistema imunológico à infecção. Outras ainda bloqueiam os raios ultravioletas do sol, protegendo contra o câncer de pele quando o óleo é espalhado sobre o corpo. E outras, como o oleocantal, parecem proteger contra danos neurológicos em condições degenerativas, como a doença de Alzheimer.

"A baixa incidência de doenças cardiovasculares, demência e certos tipos de câncer – esses estão entre os principais benefícios atribuídos à dieta mediterrânea", diz Gary Beauchamp. "Desde os anos 1950, as pessoas aceitaram que o azeite, a principal fonte de gordura nessa dieta, é a pedra angular desse regime alimentar." Alguns dos efeitos positivos do azeite de oliva resultam de seu perfil de gordura monoinsaturada, mas, cada vez mais, as pesquisas médicas sugerem que os polifenóis e os outros componentes "menores" do azeite de oliva, que constituem escassos 2% de seu volume, são a principal fonte de benefícios do óleo para a saúde. Essas mesmas substâncias conferem a um azeite de oliva de alta qualidade sua pungência, seu amargor e outras valiosas propriedades sensoriais. De fato, as propriedades saudáveis do azeite são diretamente proporcionais à força de seus sabores, aromas e outras características sensoriais. Se um óleo não arder no fundo da garganta, contém pouco ou nenhum oleocantal. Se não for amargo, contém pouca quantidade de tocoferol e esqualeno. Se não tiver textura aveludada, então está faltando hidroxitirosol. (As azeitonas de mesa, dependendo do cultivar e de como foram curadas, frequentemente contêm altos níveis de ácido oleico, bem como generosas doses de polifenóis e outros preciosos "componentes secundários", também encontrados no azeite de oliva extravirgem.)

A concentração dessas substâncias benéficas varia amplamente de um azeite para outro, de cerca de 50 a 800 miligramas por quilo de óleo, dependendo de fatores como o cultivar das oliveiras, o local onde cresceram, quanta água as árvores receberam, o nível de maturação dos frutos na colheita, a moagem e os métodos de extração utilizados. Os azeites refinados quase não contêm polifenóis, porque eles e o resto da fração polar desaparecem durante o processo de refino. Ainda assim, os rótulos de azeite raramente comunicam esse dado importantíssimo para a saúde – deve conter apenas uma mensagem relativa à saúde cardiológica sobre os ácidos graxos do óleo de oliva, que coloca o azeite extravirgem e o azeite refinado na mesma classe, como se fossem mercadorias similares. Gary Beauchamp ressalta que muitos benefícios à saúde somente derivam de azeites de primeira linha. "Antes de pesquisar azeite, eu costumava comprar qualquer óleo velho no supermercado. Era apenas algo para despejar sobre a salada. Hoje, sabendo o que sei, estou disposto a gastar US$ 25 ou mais por uma garrafa de azeite de alta qualidade." De fato, é o consumo do azeite rico em polifenol e de outros elementos da dieta mediterrânea que, no longo prazo, produz a maior parte dos benefícios à saúde. "Muitos italianos na conferência de Erice fabricavam seu próprio óleo a partir de olivais da família", lembra Beauchamp. "Muitas vezes, quando eram crianças, suas avós lhes tinham dado para beber uma pequena xícara de azeite todas as manhãs, como um remédio."

Dado o amargor e a adstringência de alguns azeites de qualidade, Beauchamp se pergunta como as pessoas nunca perceberam que esse óleo é bom para comer. "Quando tive aquele primeiro gosto do verdadeiro azeite de oliva extravirgem, a pungência, a adstringência e o amargor eram esmagadores. Por um minuto, senti como se tivesse feito mal a mim mesmo. O amargor, por exemplo, geralmente sinaliza a presença de uma substância que é tóxica para alguma parte de nossa anatomia – os medicamentos são amargos porque estão matando alguma coisa. Assim, quando as pessoas degustam bom azeite de oliva e sentem aquele amargor, o que eles experimentam é uma interação entre uma fruta que não quer ser comida e seu próprio organismo, que não quer que seu tecido seja destruído. Um grande azeite de oliva é decisivamente um gosto adquirido. Mas é um gosto que todos nós deveríamos adquirir, para nosso próprio bem."

Pouco depois de falar com Gary Beauchamp, jantei com Lanfranco Conte, talvez a maior autoridade do mundo em química do azeite de oliva. Ele ocupa a cadeira de química dos alimentos na Universidade de Udine e também é consultor do Conselho Internacional da Azeitona em Madri, do Departamento Agrícola da União Europeia em Bruxelas e da Comissão Técnica dos Azeites e Gorduras do governo italiano, em Roma. Mas, entre suas atividades preferidas, estão as degustações de azeite que ele organiza nas escolas de ensino fundamental e médio, na zona rural em torno de Udine, onde nos encontramos.

"Antes de começar a degustar os óleos", disse-me Conte, "mostro às crianças uma foto do meu gato. Digo a eles como seus sentidos são aguçados, enquanto os nossos se degradaram e precisam ser treinados e afiados. Isso sempre quebra o gelo, e eles começam a me contar sobre seus próprios animais de estimação – o cão que reconhece as pessoas pelo cheiro mesmo atrás de portas fechadas, a cabra do avô que o conhece pelo som dos passos. Então dou a cada criança dois copos de óleo, um bom e outro ruim, e sem que eu explique nada sobre eles, nós começamos."

Conte é uma figura imponente, alto, de barba densa, com cinquenta e poucos anos, voz baixa e ressonante, suavizada por décadas de palestras, e uma pequena elevação no ombro direito, resultado de um defeito de nascença, que lhe dá um ar de ator shakespeariano no palco. Mas ele sabe como colocar as crianças à vontade.

"Quando distribuo os copos de azeite, sempre lhes digo para cheirá-los, mas para esperar antes de beber. Porém, há sempre um que quer se mostrar, e engole os dois óleos na hora. Então o aponto e digo: 'Você *bebeu* isso? O óleo ruim também? Que idiota!'. Isso sempre causa uma gargalhada geral, e a sessão começa bem."

Udine fica na região de Friul, na extremidade nordeste da Itália. Do restaurante onde nos sentamos, os campos verdes e casas de fazenda de pedra que avistávamos a poucos quilômetros estavam na Áustria e na Croácia. Conte diz, brincando, que foi "colocado nos limites externos do império", bem parecido com o desolado senador romano do século II d.C., nas profundezas do território bárbaro, às margens do Danúbio. De fato, Udine está na linha divisória entre azeite e banha, que antigamente separava as terras do Império Romano da área rural bárbara, uma fronteira marcada até hoje pelos campanários das igrejas: as torres pontiagudas de igrejas construídas pela república de Veneza se elevam em lugares onde as pessoas habitualmente consomem azeite de oliva, enquanto as cúpulas em forma de cebola do império Austro-Húngaro marcam as terras dos comedores de banha. Nosso restaurante estava na zona da banha: meu guisado de couve e *frico*, uma panqueca de queijo e batata, tinha o sabor forte da gordura de porco, e nada no menu continha azeite de oliva. As crianças camponesas que Lanfranco Conte ensina à noite vêm dos dois mundos: alguns são de regiões de fabricação de azeite, como a Ístria, famosa desde os tempos romanos, enquanto outros nunca o experimentaram. "Seja qual for sua origem, porém, é bom ver o entusiasmo e o frescor que eles trazem ao assunto", disse Conte. "Eles não têm preconceitos sobre qual deveria ser o gosto do azeite, muito menos a certeza cega de tantos adultos na Itália, de que o azeite que seus avós fazem é o melhor da terra."

Durante as aulas de azeite nas escolas, depois de distribuir o primeiro par de óleos, Conte faz as crianças cheirá-los cuidadosamente e, em seguida, degustá-los. "Eles reconhecem rapidamente os óleos bons e ruins. Seus sentidos são quase tão aguçados quanto os do meu gato, e às vezes eles descrevem os óleos com os *insights* de um químico." Um rapaz cheirou um azeite que tinha um defeito conhecida como "tulha" e disse: "Isso cheira a vaca". Intrigado, Lanfranco Conte perguntou o que ele queria dizer, e o garoto explicou que o óleo lembrava o cheiro do celeiro de laticínios do pai quando as máquinas de ordenha precisavam ser lavadas. Na verdade, Conte disse, esse cheiro de leite coalhado foi produzido pela mesma fermentação do ácido lático que causa a tulha.

A ocupação de Conte, que ele chama de "melhor trabalho do mundo", é ensinar na universidade e analisar alimentos, especialmente azeite de oliva, em seu laboratório, descobrindo as causas bioquímicas do cheiro de vaca, retrogosto gorduroso e as centenas de outros sabores, odores e sensações produzidas pelo azeite. "Minha esposa sabe quando passei o dia no laboratório, porque vou para casa tão despreocupado, como se tivesse acabado de fazer um longo passeio de motocicleta pelas montanhas." Conte adora perscrutar a química profunda do azeite de oliva, investigando o comprimento e as voltas em suas cadeias de ácidos graxos, a concentração de seus fenóis, as configurações de seus esteróis e a degradação de seus compostos voláteis que, tomados juntos, documentam a história de vida de cada azeite. Alguns de seus testes mensuram o frescor do azeite e podem revelar erros cometidos pelo agricultor ou pelo lagareiro enquanto o faziam. Por exemplo, um alto nível de ácidos graxos livres, que são produzidos à medida que o óleo se decompõe, sugere que ele foi feito de frutas estragadas ou extraído usando métodos antigos. Ele mede a quantidade de peróxidos em um azeite, que aumenta à medida que o óleo se combina com oxigênio no ar e fica rançoso. Altos níveis de peróxido indicam que o óleo pode ter ficado exposto ao ar por tempo demais durante a moagem, a malaxação, ou o armazenamento, ou simplesmente que ele está velho.

Algumas vezes, Conte encontra pistas mais sinistras no passado de um azeite. Níveis elevados de eritrodiol e uvaol, ou mais do que 225 partes por milhão de ceras, indicam que o óleo provavelmente foi ilegalmente misturado com óleo de bagaço, enquanto níveis anormalmente elevados de ácidos graxos aráquico ou linolênico sugerem que foi misturado com óleo de canola ou de soja. Conte usa mais testes para identificar contaminantes, tais como hidrocarbonetos aromáticos policíclicos (PAHs), compostos químicos formados durante a combustão incompleta de substâncias orgânicas que foram encontradas em óleos de bagaço de azeitona (o bagaço é secado em fornos antes da extração de seu óleo) e que comprovadamente causam câncer e danos genéticos e neurológicos. "Meu trabalho não é tão fácil quanto parece ser em programas de televisão como *CSI* ou *Quincy*, onde o herói coloca uma amostra no espectrômetro de massa, pressiona alguns botões, vê um pico tão grande quanto o Monte Everest, e anuncia: 'Isso é cocaína!'. Mas cada transformação do azeite, seja natural ou feita pelo homem, deixa traços que um bom químico pode perceber."

A analogia com o trabalho de detetive é apropriada. Conte anteriormente dirigiu um laboratório da Unidade de Repressão às Fraudes do Ministério da Agricultura, que testava azeite de oliva e outros alimentos procurando contaminantes, adulteração e outras irregularidades. Hoje, ele usa essa experiência dupla como químico e agente da lei para criar testes químicos para os diferentes níveis de qualidade do azeite que, por sua vez, entram nas leis italianas e da União Europeia relacionadas ao azeite de oliva, ajudando a tornar o azeite extravirgem o alimento mais severamente controlado do mundo – pelo menos no papel.

Conte voltou a encher minha taça com o vinho branco local que bebíamos, e juntos desfrutamos de sua secura e de suas frias notas florais. Ele explicou que antes era chamado Tocai, uma palavra que lembra o famoso vinho Tokaji ou Tokaj produzido no nordeste da Hungria e no sudeste da Eslováquia, mas é feito com uvas diferentes, que localmente são conhecidas pelos produtores italianos como Tocai. Entretanto, depois de vigorosos protestos dos vinicultores húngaros e eslovacos, a União Europeia garantiu a eles o uso exclusivo dessa denominação, e os italianos tiveram de rebatizar seu vinho.

"Então é um vinho feito com uvas da casta Tocai, mas não pode ser chamado Tocai", disse Conte. "Agora eles começaram a chamá-lo de Friulano." Riu e fez uma cara esquisita. "É outro exemplo de como os negócios do vinho e do azeite são diferentes."

"Uma coisa é certa", afirmou, erguendo seu copo de vinho e olhando através do líquido luminoso. "Não se vê *este* troço viajando por aí em navios-tanque. Também não se veem carregamentos de Bordeaux ou de uísque de malte em tanques. Embora o azeite de oliva extravirgem seja tão bom e perecível quanto qualquer dessas bebidas, navios-tanque com carregamentos de 3 mil toneladas de azeite extravirgem estão cruzando o Mediterrâneo."

"Extravirgem..." repetiu, em sua voz teatral mais profunda, recheada de ironia. "É assim que o etiquetam, de qualquer modo."

Conte contou que, enquanto trabalhava na Unidade de Repressão à Fraude, aprendeu muito sobre os navios-tanque que transportam azeite de oliva, e sobre as profundas diferenças entre os negócios relacionados ao azeite de oliva e ao vinho. Ele era químico no laboratório da unidade quando o escândalo do metanol veio à tona, e assistiu ao subsequente arrocho do governo que expurgou a indústria de vinho italiana de muitos produtores de baixa qualidade, melhorando incrivelmente a qualidade do vinho italiano em geral. Durante o escândalo do metanol, ele e outros investigadores da Unidade de Repressão à Fraude tiveram inteira liberdade para desmascarar os produtores inescrupulosos que estavam adulterando os vinhos. Com o azeite de oliva, ao contrário, as coisas frequentemente pareciam ir contra eles. Os funcionários de laboratório e outros responsáveis pela detecção de óleo adulterado eram (e ainda são) criminalmente responsáveis se suas ações contra suspeitos infratores de azeite se revelarem infundadas e causarem perdas econômicas. "Quem decide bloquear 3 mil toneladas de óleo e, no final, está errado paga o prejuízo do próprio bolso", informou ele, irritado. "Quem vai querer essa responsabilidade?"

Conte disse que desde 1991 os políticos do Conselho Oleícola Internacional e da União Europeia vêm tentando melhorar a qualidade do azeite, tornando mais severos os parâmetros de acidez livre, peróxidos e outros parâmetros químicos necessários para cada classe de azeite de oliva. Entretanto, no final, eles não conseguiram ir longe o suficiente, devido à resistência dos produtores e comerciantes, muitos dos quais temem que níveis de qualidade mais rigorosos irão barrar seus óleos do mercado. Conte diz que o atual nível de acidez livre de 0,8% para o extravirgem é ainda elevado demais para garantir óleo excelente, que, tipicamente, tem 0,5% de acidez ou menos. Ele chama de "indecente" o nível atual de peróxido de 20 miliequivalentes por quilo.

Bebíamos nosso vinho em silêncio. Então, como vários dos produtores de azeite de oliva com quem eu tinha falado, Lanfranco Conte desejou, em voz alta, um escândalo no azeite de oliva equivalente ao do metanol no vinho italiano, que levaria a novas leis, mais sérias, e à aplicação dura e generalizada de uma "limpeza" nos negócios que envolvem o azeite, como ocorrera com o vinho. "O problema é que o azeite já teve o seu escândalo." Ele mencionou a chamada "síndrome do óleo tóxico", um incidente na Espanha, em 1981, durante o qual mais de 20 mil pessoas foram envenenadas por falso azeite de oliva feito de óleo de canola disfarçado com anilina, composto orgânico altamente tóxico utilizado na fabricação de plásticos. Estima-se que oito centenas de pessoas morreram, e outros milhares ficaram com danos neurológicos e imunológicos permanentes. Conte olhou para mim para ver se eu o compreendera. O azeite falsificado causara trinta vezes mais mortes do que o metanol e, ainda assim, os negócios nessa área se mantinham obscuros como sempre.

5

O óleo industrial

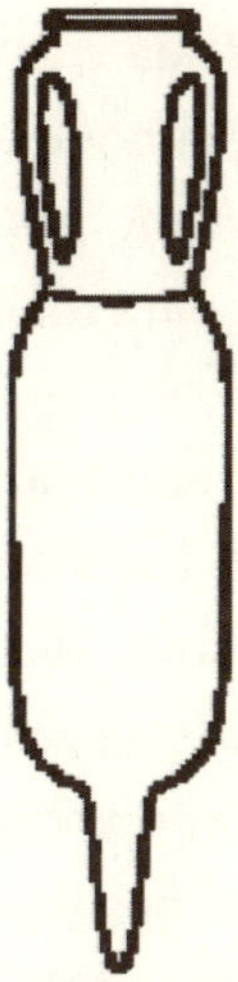

Azeitonas selvagens da terra vermelha (Sangue de louvor passado e morte), primeiro provadas em um pomar retorcido que se agarrava a socalcos em ruínas – o sabor peculiar de azeitonas silvestres, todo o verde do mundo em suas verdes peles suaves.

(William Oxley, *The Peculiar Taste of Wild Olives*)

Azeites de oliva virgens: O óleo obtido do fruto da oliveira exclusivamente com processos mecânicos e outros processos físicos, em condições que não causam alterações ao azeite, e que não tenha sofrido qualquer tratamento além de lavagem, decantação, centrifugação e filtragem, excluindo os óleos obtidos com solventes, ou com reagentes químicos ou bioquímicos, ou com processos de reesterificação, ou qualquer mistura com óleos de outra natureza.

(Lei 1.513/2001 da União Europeia)

Não foram os frascos de líquido negro como piche, que haviam sido rotulados como óleo, ou os cheiros de fumo, solventes e ranço, ou mesmo os fornos antigos endurecidos com material orgânico carbonizado, parecendo tóxico. Foram os gatos esfomeados que me impressionaram; estavam entre os fornos e observavam os trabalhadores que almoçavam. Estes, por sua vez, que me observavam enquanto eu olhava os gatos, notaram meu choque com seus casacos encaroçados e esfarrapados, os quadris magros como pás cortantes e os olhos exaustos e lacrimejantes, quase não ligando para mais nada. E os homens ergueram o queixo em desafio.

Os alimentos não deviam ser feitos aqui.

Eu estava visitando o lagar de bagaço Rubino com Michele Rubino, diretor de controle de qualidade amigável e de fala simples, membro da família que gerencia esse *sansificio*[9] na periferia sul de Bari há quatro gerações. "Isso costumava ser um campo aberto", disse ele quando atravessamos o pátio, onde a chaminé alta e os jatos de vapor pareciam estranhos contra os prédios de apartamentos atrás deles. "Mas agora estamos na cidade. Houve queixas relativas ao cheiro." Em um canto, havia enormes pilhas de bagaço, o resíduo sólido das peles de azeitona, caules, caroços e folhas que sobraram da extração do azeite, mas que ainda contêm cerca de 8% do óleo feito pelas azeitonas. A usina Rubino retira esse óleo residual.

Caminhamos pelas instalações enquanto Michele Rubino explicava o processo. Inicialmente, os carregadores despejam o bagaço em uma grande tremonha, e dali ele é movido para dentro de um tubo de aço aquecido pelos fornos, que gira lentamente até que a maior parte da umidade do bagaço tenha se evaporado. O bagaço seco é transferido para silos altos e encharcado com hexano, um solvente industrial. Após a dissolução do óleo residual no hexano, deixando o bagaço, uma explosão de vapor tão ruidosa quanto um tiro de canhão leva a mistura

---

9 Estabelecimento que compra o bagaço (em italiano, *sansa*) dos lagares e o utiliza como matéria-prima para obter óleo de bagaço, adubo, forragem e combustível. (N.T.)

de solvente e óleo para um tanque separado, onde é aquecido até que o hexano se evapore. O que resta é um líquido preto e denso chamado "óleo de bagaço bruto", cujos frascos Michele Rubino havia me mostrado em seu escritório. Antes que esse óleo possa ser vendido como alimento, é canalizado para uma refinaria, em um edifício adjacente, para dessolventização, desacidificação, desodorização, degomagem e outros processos químicos. A gordura resultante – clara, inodora e sem gosto – é misturada com uma pequena quantidade de azeite de oliva extravirgem para lhe conferir sabor, e é vendida como "óleo de bagaço de oliva".

Essa substância é um primo pobre do azeite de oliva extravirgem, com passado duvidoso. De tempos em tempos, os fiscais de saúde da Itália e da União Europeia detectam toxinas, óleos minerais e material carcinogênico em óleo de bagaço. Já houve alertas de saúde por toda a Europa em relação ao óleo de bagaço contaminado, levando a *recalls* de produto e a confiscos. Na Itália, as fábricas de extração de bagaço como o *sansificio* Rubino nem mesmo precisam ser certificadas como instalações de produção de alimento. Ainda assim, a indústria de óleo de bagaço é amplamente subsidiada pela União Europeia, bem como pelos governos nacionais da Espanha, Itália e outros países produtores. O óleo de bagaço é usado extensivamente na indústria de serviços alimentares e em muitos restaurantes, como ingrediente em alimentos como pizza, molhos para massas e lanches, onde é tipicamente comercializado como "azeite", com saudável sonoridade. O óleo de bagaço é comumente usado para adulterar o azeite de oliva. É amplamente vendido em supermercados, muitas vezes em embalagens que levam os clientes a pensar que estão comprando azeite de oliva.

Entretanto, tudo isso é de se esperar em um negócio onde o opaco e a rotulagem enganosa estão na ordem do dia. Onde o termo "azeite de oliva" não significa apenas o suco pressionado de azeitonas, mas denota uma forte mistura refinada de óleos de baixa qualidade que, como o óleo de bagaço, foram desodorizados, desacidificados, degomados e tudo mais. Onde o título "azeite de oliva extravirgem", aquele que realmente *é* (ou deveria ser) de suco de oliva, soa vagamente artificial, como se tivesse sido processado. Quando termos altissonantes como "puro" e "light" denotam óleos que foram despojados de quase todas as suas qualidades sensoriais e benéficas à saúde. Uma área cujas leis e regulamentos foram escritos para (e, com frequência, por) industriais do azeite, raramente considerando os interesses dos olivicultores ou dos produtores honestos de azeite extravirgem. E muito menos os interesses dos consumidores.

O teste de gosto do júri é parte integrante da legislação da União Europeia e da Itália sobre azeite de oliva e, ainda assim, as autoridades italianas raramente o realizam. Os cidadãos que tentam aplicar a lei o fazem por sua própria conta. O caso de Andreas März, um agrônomo suíço que, pelas últimas três décadas, produziu azeite extravirgem em uma fazenda chamada Balduccio nas colinas dos arredores de Pistoia, não muito longe de Florença, é uma testemunha disso. März tem as mãos corpulentas e permanentemente manchadas de um agricultor, embora seu bigode exuberante, em forma de guidão de bicicleta, o colete gasto de couro e o lenço vermelho no pescoço sugiram um personagem do Velho Oeste – talvez um jogador, daqueles que frequentavam barcos a vapor, ou um guarda florestal. "Sou agricultor, mas não o tipo de agricultor usual, silencioso", diz ele em italiano com sotaque toscano, puxando para o alemão de vez em quando, para maior ênfase. Os lucros do azeite de oliva extravirgem são tão magros que ele sempre teve de fazer outros trabalhos. Já descarregou caminhões e trabalhou como funcionário de outros agricultores. Quando a grande geada de 1985 devastou os olivais toscanos e matou 90% de suas árvores, deixando-o com uma hipoteca e três crianças pequenas para alimentar, ele até recorreu ao jornalismo. Quatro anos depois, fundou sua própria revista, *Merum*, em alemão, dedicada ao vinho e ao azeite de oliva italianos, e começou a escrever uma série de artigos que denunciavam a má qualidade do azeite de oliva engarrafado na Itália – que raramente é feito lá. Descreveu as investigações da Guardia di Finanza na Apúlia e em outros lugares do sul da Itália, e contou de que modo marcas internacionais importantes tinham sido apanhadas vendendo azeite adulterado. E apontou repetidamente que muitos grandes produtores italianos estavam desobedecendo leis internacionais ao etiquetar como extravirgem azeites cujo sabor e aroma eram muito inferiores às exigências legais para essa classificação.

Em 2004, ele começou sua própria investigação. Comprou 31 garrafas de azeite de oliva extravirgem em supermercados por toda a Alemanha e as enviou a Florença para serem testadas por três júris de degustação altamente treinados. Os resultados foram unânimes. Só 1 dos 31 azeites era realmente extravirgem; 9 eram virgens, classe inferior ao extravirgem. O resto, incluindo azeites da Bertolli, Carapelli, Rubino e outros nomes italianos importantes, foram considerados *lampante* e, portanto, legalmente inapropriados para consumo humano.

Alguns meses depois, März publicou os resultados dos testes na *Merum*. A Carapelli imediatamente abriu um processo civil e criminal contra a Câmara de Comércio florentina, cujos júris haviam feito algumas degustações, contra a chefe do laboratório de análises químicas da Câmara, Laura Mazzanti, e contra um dos líderes do júri, o notável agrônomo Marco Mugelli, acusando-o de abuso de poder e interferência na indústria e no comércio. O tribunal italiano finalmente rejeitou o caso, mas, quando a exasperada Câmara decidiu processar a Carapelli por danos, receberam um telefonema de um alto funcionário do Ministério da Agricultura, que os instruiu a cancelar o processo. Eles o fizeram, e decidiram evitar controvérsias semelhantes no futuro, descontinuando as atividades do júri de degustação a pedido de algumas pessoas. "Como ato de intimidação, aquilo funcionou perfeitamente", diz Marco Mugelli.

Em dezembro de 2004, März publicou uma entrevista com Mugelli na *Merum*. Começou resumindo os resultados dos testes de 2004. "Como a maioria dos extravirgens de supermercado", escreveu März, "as amostras da fábrica de azeite Carapelli em Florença também foram julgadas inferiores. Os júris de degustação da Câmara de Comércio de Florença determinaram que os extravirgens da Carapelli são etiquetados incorretamente. Independentemente da degustação feita por especialistas da Câmara de Comércio, a qualidade inferior dos azeites Carapelli foi confirmada por outro júri oficial (o ARPAT, em Florença). E agora o contra-ataque: em lugar de classificar seus azeites corretamente, o grupo Carapelli, com sede em Florença, agora mira os degustadores individuais... Se a imprensa critica a anarquia que reina no mercado de azeite de oliva, então precisa ser silenciada, e a maneira mais eficiente de fazer isso é intimidar os especialistas."

März então perguntou a Mugelli sobre o processo que a Carapelli instaurara contra ele e lhe pediu para explicar as leis existentes que regiam a qualidade do azeite de oliva, em particular a Diretiva 796 da União Europeia, passada em 2002, que determina as exigências mais atualizadas sobre a qualidade de cada classificação do azeite.

"A lei exige a total ausência de defeitos em um azeite de oliva extravirgem", disse Mugelli. "A lei não menciona qualquer exceção ou leniência especial."

"Assim, em teoria", respondeu März, "depois de 2002 o mundo do azeite de oliva extravirgem deveria ter passado por uma revolução. Se a lei realmente funcionasse, o azeite extravirgem seria uma verdadeira raridade?"

"Seria, sim. Mas, na realidade, nada mudou."

"Isso significa que a nova lei declarou fora da lei a maior parte dos extravirgens que estão atualmente no mercado?"

"Precisamente!", concordou Mugelli.

"Enquanto óleos malcheirosos e rançosos e azeites de primeira linha com perfume de azeitonas frescas tiverem o mesmo nome", escreveu März, "os produtores de qualidade, na Itália e em todo o Mediterrâneo, não terão possibilidade de cobrir seus custos. Enquanto os produtores de azeitonas não puderem auferir um lucro justo por suas azeitonas e azeites, os olivais em torno do Mediterrâneo continuarão a desaparecer. Os líderes da indústria do azeite sabem o que uma diferenciação clara entre as classes de qualidade do azeite significaria para eles: o ato de capacitar consumidores para escolher entre qualidade e quantidade poderia ameaçar suas vendas. A Carapelli aparentemente quer evitar essa ameaça, processando um dos especialistas mais inflexíveis e independentes: Marco Mugelli."

Em março de 2006, logo após a publicação da entrevista, a Carapelli processou Andreas März por difamação. Pediram indenizações arrasadoras que, se concedidas pelo juiz, teriam custado a März sua casa, sua fazenda e seu meio de vida.

Naquele mesmo mês, quando visitei März, ele e muitos empregados albaneses estavam podando os olivais e o ar estava pungente com a fumaça dos galhos verdes queimando. Um velho adágio toscano diz que quando uma árvore é podada adequadamente, uma andorinha pode passar entre seus galhos voando. A poda extensa, como a poda verde nas videiras, ajuda a concentrar as energias da árvore nas azeitonas, e não na madeira, e permite que o ar e a luz cheguem aos frutos, de modo que eles possam amadurecer adequadamente. Suas 4 mil árvores cresciam espalhadas por ladeiras íngremes e tinham quatro a cinco metros de altura – meros arbustos, se comparadas às gigantescas árvores antigas da Itália setentrional. Cerca de um metro acima de seus curtos troncos cinzentos, alguns galhos retorcidos, curvados para fora e para cima, criavam cálices para apanhar a luz do sol. Os galhos eram densamente cobertos com folhas ovais pequenas, cinza-esverdeadas por cima e prateadas por baixo, que brilhavam quando uma brisa as girava. März explicou que essas árvores tinham renascido depois da geada de 1985.

Produzir azeite extravirgem é caro nas colinas da Toscana, onde a terra, a mão de obra e os materiais são caros. A colheita, que é responsável por mais da metade do custo total de fabricação do azeite de oliva extravirgem, deve ser feita em sua maior parte à mão, não só devido ao terreno íngreme, mas porque colhê-las à mão é a melhor maneira de evitar amassar a fruta – os amassados desencadeiam processos enzimáticos associados com a decomposição, que estraga o sabor e o aroma do azeite.

März foi cordial e reservado até a hora do almoço, quando começou a relaxar. Saímos do olival e fomos para sua casa, feita de pedra e com pé-direito baixo, onde, a caminho da cozinha, ele selecionou algumas das dúzias de garrafas de azeite de oliva que estavam apinhadas em grupos perto da porta, no *hall*, e ao pé das escadas – amostras que ele tinha acabado de resenhar no último número de *Merum*. A cozinha era o maior cômodo da casa, com paredes de pedra cor de caramelo e vigas no teto, grossas como os mastros principais de um galeão. Estava cheia de uma encantadora atmosfera de especiarias e ervas aromáticas fritando em azeite, produzida pela esposa de März, Eva, que manobrava frigideiras de cobre polido sobre as chamas azuis de um enorme fogão a gás profissional. "Adoro cozinhar, e nós dois gostamos de comer, então nos permitimos essa extravagância", disse ela, acenando para a grande cozinha com uma das frigideiras. "Algumas vezes, passamos o dia inteiro aqui, cozinhando e experimentando todo tipo de alimento."

"E bebendo", acrescentou Andreas März, passando-me uma taça de prosecco. "Afinal, é parte do meu trabalho." Enquanto conversávamos, os dois filhos do casal, agora com pouco mais de vinte anos, entraram, serviram-se de vinho, sugeriram em dialeto toscano ou suíço um refinamento a um dos pratos de Eva, ou pegaram uma frigideira e começaram a cozinhar alguma outra coisa. Isso parecia ser um almoço de rotina na fazenda de März.

März colocou as garrafas de azeite de oliva que tinha escolhido em fila sobre a mesa da cozinha – a qual consistia num bloco de carvalho polido pela idade com cerca de 4,5 metros de lado. Algumas eram altas e de pescoço fino, outras atarracadas, com ombros quadrados como frascos de bolso, outras ainda eram latas de 1 litro coloridas. Ele colocou duas xícaras de plástico branco ao lado de cada recipiente e despejou amostras para que nós degustássemos.

Como todo fabricante de azeite que conheci, März adora apresentar as pessoas ao azeite extravirgem real, e observar suas faces quando elas começam a se dar conta do que estiveram perdendo. "Tenho muitos visitantes da Alemanha, da Áustria, da Suíça e de outros lugares do norte da Europa, e muitos nunca viram azeitonas frescas. Dou-lhes algumas, digo a eles para esfregá-las, trazê-las para perto do nariz e cheirar – tendo um contato realmente físico com a fruta. E digo: '*Esse* é o cheiro e o gosto do azeite extravirgem real, por que *essa* é a fruta com que é feito'."

Ele disse que muitos norte-europeus inicialmente ficaram repugnados, como Santa Hildegarda de Bingen oito séculos antes, pelo amargor e pela pungência na garganta de muitos azeites de primeira classe.

Alguns alemães delataram os azeites de oliva às autoridades sanitárias como adulterados por causa dessas qualidades – que, na verdade, são boa evidência de sua autenticidade. "As pessoas sem experiência no Mediterrâneo normalmente preferem azeites suaves, adocicados, ligeiramente oxidados, com muito pouco caráter, assim como quando as pessoas experimentam vinho pela primeira vez e costumam preferir um leve *vin de pays* ou um Chianti barato a um grande encorpado Barolo com taninos pesados. O que é perfeitamente compreensível – grandes azeites e vinhos excelentes são gostos adquiridos, e é preciso tempo para apreciar suas sutilezas, as variações de uma localidade ou de uma colheita para outra. Mas os rótulos têm de ser precisos, de modo que se obtenha aquilo pelo que é pago. Assim como não se pode colocar 'Barolo' em uma garrafa de vinho de mesa barato, não se pode colocar 'extravirgem' em uma garrafa porcaria de pobre azeite *lampante*. Mas isso é exatamente o que está acontecendo."

Ele disse que faz questão de atender a tantos produtores quanto puder, e de visitar seus lagares. "A melhor maneira de saber com certeza se um óleo é bom é ver de onde ele vem, caminhar entre as árvores que deram as azeitonas, sacudir as mãos que fizeram a colheita", disse März. "Até onde me diz respeito, os únicos fabricantes de azeite honestos são aqueles que cultivam suas próprias azeitonas. Agora é uma guerra entre produtores como nós e os comerciantes de óleo, que só compram, misturam e vendem o azeite de outros – lucrando com a condição inerentemente ilegal da indústria do azeite."

Degustamos azeites de várias partes da Itália, depois experimentamos despejá-los sobre os pratos que chegaram, um a um, do fogão de Eva. Embora fossem variados, esses azeites tinham algumas coisas em comum. Como März dissera, cada um deles tinha o gosto e o aroma frescos e intensamente verdes de azeitonas recém-colhidas. E nenhum deles tinha aquele gosto flácido, cozido, substancial, ligeiramente rançoso de muitos óleos de supermercado. Os azeites de oliva extravirgem ordinários não são necessariamente ruins, mas o azeite extravirgem premium é um produto superior – fato explicitamente estabelecido nas regulamentações da União Europeia. De fato, o rótulo "azeite de oliva extravirgem ordinário" representa uma contradição, enquanto "azeite de oliva extravirgem premium" é uma redundância: o "extra" em "extravirgem" significa precisamente isso. Como disse März, "segundo a lei, um verdadeiro extravirgem é um grande azeite, como um vinho *grand cru*. É um azeite que faz uma pessoa ajoelhar e dizer: 'Porra!'".

No final da refeição, depois de grossas fatias de bolo de nozes suíço ("Nenhum *tiramisù* pode chegar a isso", disse März), com a grapa ainda ardendo em nossas línguas, perguntei novamente sobre o seu audacioso teste de degustação, e sobre a ação judicial da Carapelli contra ele. "Estou feliz que eles estejam me processando", respondeu. "Agora vou finalmente ter a oportunidade de trazer à atenção do mundo a corrupção neste setor."

Ele estava tentando colocar uma nota destemida em sua situação – tentando bancar o jogador, o Texas Ranger. Mas, em sua voz e na expressão de Eva, quando ela fez uma pausa no fogão para ouvir, senti o cansaço e a ansiedade de agricultores que desejavam acabar com esse longo desvio pelos tribunais e retornar à calma jovialidade de suas refeições e ao silêncio de suas árvores.

Desde os tempos clássicos até o início do século XIX, os europeus (assim como as pessoas de todo o mundo) obtiveram suas gorduras e óleos de produtos feitos localmente. Pequenos lagares, prensas e oficinas se espalhavam pelo campo – onde, ao norte, processavam principalmente gorduras animais, enquanto ao sul se produzia azeite.

No início dos anos 1800, primeiro na Inglaterra e logo depois em todo o continente europeu, as fábricas da Revolução Industrial desenvolveram novos e vastos apetites por lipídios. Máquinas movidas a vapor com peças de precisão e alta velocidade exigiam mais e melhores lubrificantes; as tecelagens consumiam quantidades cada vez maiores de amaciantes de roupas; e a demanda da indústria de detergentes em expansão por um suprimento de ácidos graxos crescia rapidamente. As fontes tradicionais de gorduras animais e óleos vegetais logo provaram ser insuficientes. Os comerciantes ingleses começaram a importar uma série de óleos exóticos estrangeiros de suas colônias tropicais, em particular o óleo de dendê da Guiné e o óleo de coco da Índia. Os franceses importavam óleo de amendoim de suas colônias africanas e óleo de linhaça do Levante para fornecer à próspera indústria de sabonetes em Marselha. Inicialmente, esses óleos não eram comestíveis, mas, nas décadas seguintes, os químicos de alimentos inventaram o refino e a hidrogenação do óleo vegetal, que produzia gorduras baratas, grossas e pastosas, com longas vidas de prateleira: a cozinha industrial para uma nova sociedade industrial.

Em 1866, Napoleão III anunciou uma competição para criar alimentos fáceis, de baixo custo e saudáveis para o exército e para as classes trabalhadoras. O químico francês Hippolyte Mège-Mouriès ganhou o primeiro prêmio com "oleomargarina", uma manteiga artificial que criou a partir de gordura bovina derretida, água e caseína, uma proteína extraída do leite. Em 1871, Mège-Mouriès vendeu a patente a Jurgens e Van den Bergh, duas empresas holandesas de manteiga que logo se especializaram na fabricação de margarina. As empresas encontraram formas de substituir a carne e a caseína com óleos vegetais mais baratos, especialmente óleo de dendê da Guiné e óleo de algodão norte-americano, e em pouco tempo abriram fábricas na Bélgica, na Alemanha e na Inglaterra. Em 1895, a produção de margarina europeia já havia atingido 300 mil toneladas e, em 1923, óleos hidrogenados e frações sólidas de óleos líquidos constituíam quase 90% das gorduras consumidas pelos europeus. A Jurgens posteriormente se fundiu com outras empresas de óleo e gordura, incluindo a proeminente fábrica de sabonetes britânica Lever Brothers, para formar a Unilever, uma grande multinacional que extraía fluxos intermináveis de óleos de suas extensas plantações tropicais, passava-os por refinarias enormes e os canalizava para a boca das pessoas por meio de canais comerciais em todo o mundo.

À medida que a distância entre produtor e consumidor crescia, estendida por uma cadeia cada vez mais longa de intermediários anônimos, tornou-se mais fácil cometer fraudes alimentares. Na Inglaterra, onde as tradições dos forrageiros e a cozinha dos camponeses já estavam sendo enfraquecidas pelos movimentos de cercamento, a Revolução Industrial trouxe uma era de adulteração de alimentos desenfreada: pão contaminado com alume e sulfato de cobre, cerveja "corrigida" com picrotoxinas entorpecentes, doces infantis coloridos com chumbo e mercúrio, e "merceeiros demônios", que difundiam uma série de alimentos secos revoltantes e, às vezes, mortais. Em 1848, o químico John Mitchell observou que a Inglaterra era "a única nação com leis ineficazes ou totalmente inexistentes para a proteção do público contra a adulteração de alimentos". Muito disso se deveu à ênfase dada pelo governo britânico ao livre comércio, e à crença de que a "mão invisível do mercado", de Adam Smith, se encarregaria de acertar as coisas. A ideia do governo, segundo a historiadora de alimentos Bee Wilson, era simples: "O que acontece entre um homem e o seu padeiro não é assunto do Estado. O livre comércio é melhor". Acontece que o *laissez-faire* tinha protegido os vigaristas britânicos muito antes da Revolução Industrial. Escrevendo em 1726, Jonathan Swift já consumira o seu quinhão de pão e cerveja adulterados e, claramente, pensara pouco da economia de livre mercado. Em *As Viagens de Gulliver*, seus liliputianos

> [...] olham a Fraude como um Crime maior do que o Roubo e, portanto, raramente deixam de puni-la com a Morte: eles alegam que o Cuidado e a Vigilância, com uma Compreensão muito comum, pode preservar dos Ladrões uma Mercadoria do Homem; mas a Honestidade não tem Cerca contra Malandros superiores: E já que é necessário que haja um Relacionamento perpétuo de compra e venda, e acordos sobre o Crédito; onde a Fraude é permitida ou conivente, ou não há Lei para puni-la, o Revendedor honesto é sempre arruinado, e o Inescrupuloso recebe a Vantagem.

A luta contra a fraude em um mundo de comércio de longa distância era possível, como os antigos romanos provaram em monte Testaccio, e como o governo francês fez em meados do século XIX, com uma bateria de novas e rígidas leis contra a falsificação de alimentos. Ainda assim, sem tais esforços concertados, a maioria dos mercados parece cuidar de si mesma, não de seus consumidores. Uma diferença pequena, mas significativa, entre *caveat emptor* ("acautele-se, comprador") e *floreat mercator* ("deixe o vendedor enriquecer").

Entretanto, no século XIX, além de verdadeiras fraudes, a industrialização do mundo da oferta de alimentos também marcou o surgimento do que poderia ser chamado de "fraude legal". Começando com a margarina e a gordura e continuando em milhares de outros alimentos produzidos em massa, as novas técnicas de processamento tornaram possível montar alimentos em fábricas a partir de uma gama cada vez mais homogênea e anônima de materiais. A refinação e a hidrogenação de óleo significavam que a "manteiga" poderia ser criada a partir de gordura de carne derretida ou de óleo de dendê, a "banha" poderia ser feita a partir de óleo de algodão e o "azeite de oliva" poderia ser forjado a partir de óleo de amendoim ou de sementes de tulipa – ou de qualquer outra *commodity* que naquele momento tivesse o preço mais baixo.

Em abril de 2006, visitei a refinaria e a fábrica de engarrafamento Bertolli em Inveruno, no interior industrial de Milão, onde os Alpes formam uma cortina de neve ao longo do horizonte norte. Uma oliveira milenar fica na entrada da usina, com as folhas finas já escurecendo, algumas poucas azeitonas mumificadas penduradas, não colhidas, em seus ramos. Como o triste senador romano do século II enviado para o Danúbio, essa árvore claramente estava fora de seu elemento nas frias terras do norte, onde as azeitonas nunca prosperaram. Essa e um punhado de outras oliveiras haviam sido desenterradas de sua Apúlia nativa e replantadas ali oito anos antes, para decorar as enormes novas instalações, que produzem 8% do óleo de oliva extravirgem do mundo. Entretanto, a despeito dessa impressionante parcela de mercado, essas podem ser as únicas oliveiras que a empresa Bertolli, comprada pela Unilever em 1994, possuiu. Mesmo na década de 1870, a família Bertolli, que fundou a empresa, era composta de banqueiros, e não de agricultores ou moleiros. Desde então, a empresa sempre lidou com o óleo de terceiros. Agora, caminhões-pipa chegam à fábrica durante o ano inteiro, carregando óleo que os compradores da Bertolli adquirem por todo o Mediterrâneo. Apenas cerca de 20% dele é italiano: a maior parte vem da Espanha, do Magrebe e do Oriente Médio. Marco De Ceglie, o executivo do óleo bem apessoado com quem visitei as instalações, insistiu que a Bertolli não depende de sua imagem italiana para vender óleo. "O país de origem não significa absolutamente nada para nós", disse ele. "Sempre sustentamos que o mais importante não é a [etiqueta] '100% italiano', mas o *know-how* italiano na produção e na mistura de óleo – esse é o verdadeiro valor agregado." Além disso, ele rejeitou a crítica aos óleos de supermercado feita pelos chamados "especialistas em óleo", que se atrevem a educar consumidores sobre o que constitui bom azeite de oliva, em uma postura paternalista e até mesmo ditatorial. "É melhor que alguém pense duas vezes antes de tentar vir à minha casa para me 'educar', dizer-me do que devo ou não gostar", disse De Ceglie. "Temos de alimentar a população inteira, não apenas agradar os ricos e esquecer todo o resto. Não somos como Maria Antonieta: 'Se os camponeses não têm pão, eles que comam brioches'. Afinal de contas, aqueles caras perderam as cabeças!"

No entanto, a conversa igualitária e de jogo limpo de De Ceglie nem sempre combina com as táticas de *marketing* da Bertolli. De fato, a propaganda da empresa na televisão na Itália usou sotaques e cenários toscanos para sugerir a "toscanice" de seu azeite, e o *site* da Bertolli, que estampa apelos como "Lucca" e "*Passione Italiana*", apresentou um ingênuo desenho a pastel da quarta geração de uma família banqueteando-se com mozarela, salame e Chianti em uma garrafa coberta de palha, contra um pano de fundo de colinas cobertas de olivais e ciprestes que se parecem suspeitosamente com a Toscana. Com efeito, na Itália, outros anúncios da Bertolli presumiram ditar aos consumidores o que constitui um bom azeite de oliva – e, no processo, informaram-nos mal sobre a definição da extravirgindade.

Até 2001, nos Estados Unidos, as garrafas da Bertolli eram marcadas com as etiquetas "Importado da Itália" e "Fabricado na Itália", e a empresa usava *slogans* como "Nascido nas montanhas da Toscana" e "Como o Da Vinci [pintura da Madona e Santa Ana], o azeite de oliva da Bertolli é uma autêntica Obra de Arte Italiana". Entretanto, em 1998, Marvin

L. Frank, da Murray, Frank & Sailer, empresa advocatícia de Nova York, abriu um processo contra a empresa, acusando o óleo Bertolli de ser feito de óleo espanhol enviado à Itália para engarrafamento, e afirmando que a empresa havia utilizado publicidade enganosa motivado pelo fato de os consumidores estarem dispostos a pagar mais por óleo italiano. (Frank diz que encerrou o caso em 2001, quando a Bertolli concordou em baixar o tom dos argumentos que usava nos anúncios e nos rótulos.) Um comercial que foi ao ar há vários anos na TV italiana mostra dois atraentes degustadores de azeite, um homem e uma mulher, degustando o azeite Bertolli nos regulamentares copos tulipa. "É o que nós queríamos, não?", diz o homem. "Gentil com o paladar." A mulher concorda: "Não arde na garganta, não é pesado – é o que nós estivemos procurando!". Na realidade, a "gentileza" ou suavidade é um atributo frequente do azeite de baixa qualidade, e a pungência é um dos três atributos positivos oficiais, juntamente com o amargor e o frutado, identificados na definição legal da extravirgindade. Outros grandes produtores continuam a depender da artimanha desse tipo de *marketing*: em um anúncio recente da Carapelli na televisão, um ator vestido em exuberantes sedas e brocados renascentistas para se parecer com Lourenço de Médici elogiou o gosto dos azeites Carapelli com um forte sotaque florentino. Este *bait-and-switch*[10] abastece as receitas: pesquisas com clientes indicam que a maioria dos italianos compra azeite que acreditam ser feito com azeitonas italianas, e o preferem ao produto proveniente de outros países. A mesma preferência, sem dúvida, existe em muitos outros países.

Em Inveruno, os vários óleos comprados pela Bertolli foram armazenados em grandes silos que, com suas passarelas de observação e guindastes de tubos, se assemelhavam a mísseis balísticos, e armazenavam € 10 milhões em azeite – ativos líquidos que tinham chamado uma atenção indesejada no passado. Vários anos antes, contou-me De Ceglie, a fábrica fora roubada por sofisticados ladrões de óleo, que bloquearam as câmeras de vigilância para não serem detectados e, em seguida, extraíram com

[10] Tática de vendas em que um item de preço baixo é usado para atrair clientes, que são estimulados a comprar um item semelhante mais caro. (N.T.)

sifão vários milhões de euros em azeite para caminhões-pipa. Depois desse roubo, a Unilever instalou um sistema de alarme que detecta o movimento e as alterações na pressão e na temperatura em toda a instalação, e automaticamente envia mensagens de texto para alertar o pessoal. "O azeite é dinheiro vivo", disse De Ceglie, encolhendo os ombros. "É pegar e vender imediatamente."

Mas a Bertolli enfrenta todos os dias um tipo de crime mais traiçoeiro. Cada carregamento de óleo que chega à fábrica de Inveruno é testado pelo menos oito vezes para verificar se foi adulterado, começando com uma sonda mergulhada nos caminhões-pipa quando chegam à fábrica para detectar compartimentos escondidos, e terminando no laboratório de óleo da empresa, um dos mais sofisticados do mundo, onde é realizada uma bateria de testes químicos. De Ceglie me mostrou o laboratório com óbvio orgulho, apontando sua gama impressionante de espectrômetros de massa e outros dispositivos de alta tecnologia, alguns dos quais custam mais de US$ 500.000. Naturalmente, de vez em quando até mesmo a Bertolli comete erros, como em 1991, quando eles e outras grandes empresas de azeite compraram azeite de Domenico Ribatti, que tinha sido adulterado com óleo de avelã, e o revenderam aos consumidores como azeite de oliva. Mas Simone Domenici, o gerente da marca Bertolli, disse-me que a Bertolli rejeita como suspeito cerca de 70% dos óleos que recebe. No entanto, esse óleo logo encontra outro comprador. "Ele não é jogado no rio", disse Domenici. "Alguém o engarrafa. Como extravirgem, naturalmente." Com seu laboratório de última geração, De Ceglie disse: "Montamos uma fortaleza inexpugnável para o óleo. Mas o resto do mercado é, digamos, bastante permeável".

O tipo de fraude mais difícil de detectar é a desodorização – azeite de oliva inferior, que foi processado em fogo baixo para remover os odores e sabores desagradáveis. De Ceglie indicou que azeites *deodorati* sofisticados e difíceis de identificar são feitos por empresas misteriosas que, às vezes, possuem um nível de *know-how* químico e equipamentos de alta tecnologia equivalente ao da própria Bertolli, cuja identidade ele claramente suspeita, mas não revela por medo de ações judiciais. "Bem, estamos falando de acusações criminais, então não tenho nenhum nome para você. Mas vamos dizer que quem pode fazer essas coisas são empresas comerciais, corretores, refinarias e assim por diante." Ele ainda afirmou que a Bertolli está constantemente desenvolvendo novos métodos de teste para detectar fraudes, enquanto seus sombrios inimigos sonham com novas fraudes, cada vez mais criativas. "É um jogo contínuo de polícia e ladrão. Conosco do lado dos policiais."

"Eles também conhecem nossos limites de detecção, e ajustam o óleo", acrescentou um dos técnicos de laboratório, que estivera ouvindo nossa conversa. "Afinal, não nos dão simplesmente óleo desodorizado puro; eles o misturam de tal forma que estamos sempre no limite... até onde lhes interessa..." Ela trocou olhares com De Ceglie, e sua voz foi sumindo.

Grande parte do óleo que a Bertolli rejeita como potencialmente adulterado será comprado por seus concorrentes, dos quais os mais desapiedados, hoje em dia, são os supermercados "populares", que, por vezes, vendem azeite "extravirgem" a menos de € 2 por litro. Uma recente análise química e sensorial de azeites extravirgens vendidos a preços baixíssimo, feita pelo laboratório de qualidade dos alimentos da Universidade de Bolonha e chefiada pelo famoso químico de azeite Giovanni Lercker, determinou que 70% dos óleos vendidos abaixo de € 3 por litro não eram realmente extravirgens, e provavelmente continham óleos desodorizados. A Bertolli vê esses óleos em oferta como a maior ameaça às suas vendas. "Ao disfarçar os defeitos naturais desses óleos, a desodorização está habituando os consumidores a esse gosto sem graça", disse-me Simone Domenici. "Quando um consumidor experimenta um óleo robusto, muito rico e frutado, diz: 'Oh não, esse é um óleo muito ruim!'. Ele se habituou ao sabor sem graça do *deodorato*. E isso que aconteceu é a pior coisa que poderia acontecer – o incrível valor da categoria extravirgem do azeite foi destruído." Domenici disse que a prática da desodorização estava "penalizando tanto a nós quanto ao consumidor".

Aqui está uma lamentação antiga. Os fabricantes de azeite do Garda do século XVII acusaram desonestos mercadores de Veneza de empobrecer os paladares alemães com óleo de qualidade inferior, e fabricantes de óleo de alta qualidade, como Andreas März e Grazia De Carlo, culpam a Bertolli, a Carapelli, e outras grandes marcas de fazer a mesma coisa, vendendo óleos "suaves" que corroem o gosto do consumidor para autênticos extravirgens. O rápido e generalizado nivelamento por baixo da qualidade do azeite ocorreu: o que, no final, é uma perda para todos nós.

Ainda assim, os funcionários da Bertolli reconhecem óleo bom quando o provam. De Ceglie me levou para a sala do júri de degustação, onde um mapa-múndi na parede fora marcado com centenas de locais onde a Bertolli compra óleo. Eles analisaram e registraram os sabores e aromas que cada um desses óleos deve ter em determinado momento do ano, o que os ajuda a selecionar bons azeites e a desmascarar fraudes. "São necessários tanto o teste de gosto quanto o químico – são os dois lados da mesma moeda", disse De Ceglie. "Se sei que em determinada época um óleo de *coratina* tem certo perfil de gosto, mas quando o provo e ele está muito mais doce, alguma coisa está errada."

Sentamo-nos nas baias de degustação e um assistente nos trouxe três das milhares de amostras de azeite que a equipe de degustadores da Bertolli testaria durante o ano. Experimentamos um *racioppella* esplêndido da área próxima a Benevento, que lembrava alcachofra e chicória; um *coratina* com um caráter sisudo e amargo e forte retrogosto de amêndoas; e um *koroneiki* grego mais leve, com notas de grama recém-cortada. De Ceglie e seus colegas degustaram os azeites habilmente, chupando e revirando os olhos com prazer evidente.

Entretanto, nada degustamos de uma garrafa de Bertolli. Ao contrário dessas amostras de azeite em estado puro, cada um deles tão característico de uma localidade e de uma colheita específica, os óleos Bertolli são misturados para se ajustar a rígidos perfis de sabor. "Sabemos o que nossos clientes esperam a cada vez que compram uma garrafa de nosso azeite. E isso é o que nós damos a eles. A grande arte italiana de fabricar azeite consiste em produzir um produto consistente a partir de uma enorme gama de diferentes óleos, que mudam constantemente ao longo do ano." A Bertolli também deve produzir enormes quantidades, de modo a satisfazer os clientes que compram grandes volumes, como a rede Walmart. Ele contou que a menor quantidade de óleo que a empresa compraria era um caminhão-pipa, ou trinta toneladas. Lembrou-se dos anos em que viajou pelas regiões oleícolas do mundo como comprador da Bertolli, quando suas mais difíceis negociações foram com as grandes cooperativas espanholas, que produziam muito óleo e tinham enormes instalações para armazenamento, o que lhes permitia conduzir negociações duras. A situação foi revertida na Apúlia, onde os fabricantes e cooperativas agrícolas haviam investido tão pouco em silos de armazenamento que, quando o *olio nuovo* começou a chegar durante a colheita, eles frequentemente não sabiam o que fazer com o azeite do ano anterior. "Era uma delícia ir e comprar lá", lembra ele. "Os produtores não sabiam onde colocar o óleo, e eu basicamente decidia que preço pagar. Era um absurdo."

Alto volume, pressão de preços intensa e um produto idêntico a cada vez – o azeite extravirgem da Bertolli é uma *commodity* de livro escolar. Não muito tempo após minha visita à Bertolli, a Unilever vendeu a empresa ao conglomerado espanhol de óleo e gordura Grupo SOS, que recentemente havia comprado a Carapelli e várias outras marcas históricas italianas. Mas o Grupo SOS, que em julho de 2011 mudou seu nome para Deolio, tem seus próprios problemas devidos ao rápido declínio dos preços do azeite, à crise econômica na Espanha e ao processo da empresa contra seus antigos chefes, Jesús e Jaime Salazar Bello, que alega fraude, lavagem de dinheiro, desvio de € 240 milhões da empresa e outros delitos. (O caso está atualmente sendo ouvido diante da Audiencia Nacional de España, uma corte nacional espanhola em Madri.) A companhia, sobrecarregada de débitos e com os preços das ações caindo, vendeu a marca Dante (entre outras) para levantar capital de giro, mas isso pode não ser suficiente. Mais recentemente, em fevereiro de 2011, os investigadores do Núcleo Agroalimentar e Florestal do Corpo Florestal, unidade da qualidade do alimento do Serviço Florestal Italiano, disseram ter descoberto documentos falsos de transporte no escritório da Deolio em Tavarnelle Val di Pesa, relativos ao despacho de 450 mil litros de azeite, avaliados em cerca de € 4 milhões. Os promotores presumem que esses documentos foram alterados para esconder a real natureza do óleo que, em lugar de ser extravirgem, dizem eles, pode ter sido azeite de oliva de má qualidade contendo óleo desodorizado, que vale três vezes menos. "Pedimos que essa hipótese seja verificada pela análise de alquil ésteres, novo método químico importante para detectar o uso de azeite de oliva desodorizado", diz o chefe dos investigadores da unidade, Coronel Amedeo De Franceschi. "Para dizer a verdade, parece possível que nosso próprio pedido tenha acelerado a aprovação desse método analítico no âmbito da União Europeia, infelizmente com parâmetros permissivos demais para impedir muitas fraudes, se comparado aos parâmetros que a comunidade científica publicou dois anos atrás em publicações profissionais." O promotor público de Florença está avaliando as acusações: as investigações ainda prosseguem e até agora nenhuma acusação foi feita contra a Deolio.

Em 12 de maio de 2009, tendo considerado o processo da Carapelli por danos morais contra Andreas März, devido a seu artigo na *Merum*, e tendo ouvido uma declaração do advogado de März em sua defesa, o juiz que presidiu o caso, o Honorável Luciano Costantini da corte distrital em Pistoia, perto de Florença, leu seu veredito.

As acusações da Carapelli contra März, observou Costantini, consideravam cinco afirmações que fizera em seu artigo. Ele revisou uma de cada vez.

> 1. Como a maioria dos extravirgens de supermercado, as amostras da fábrica de óleo Carapelli, em Florença, também foram julgadas inferiores. Os júris de degustação da Câmara de Comércio de Florença determinaram que os extravirgens da Carapelli estão rotulados incorretamente. Independentemente da degustação feita pelos peritos da Câmara de Comércio, a qualidade inferior dos óleos Carapelli foi confirmada por outro júri oficial (ARPAT, em Florença).

"Em relação à primeira afirmação", disse Constantini, "a acusada descreveu os eventos de maneira que corresponde inteiramente ao que realmente ocorreu."

> 2. Em vez de classificar seus óleos corretamente, o grupo Carapelli, com matriz em Florença, escolheu como alvo o perito individual.

"Quanto à segunda afirmação, a documentação fornecida ao tribunal e as declarações das próprias testemunhas demonstram que a Carapelli S.p.A. instaurou um processo contra Marco Mugelli, diretor e instrutor do júri, e Laura Mazzanti, chefe do laboratório de análises químicas da Câmara de Comércio de Florença, no escritório do Ministério Público de Florença, em 23 de setembro de 2004."

> 3. Se a imprensa critica a anarquia que reina no negócio do óleo de oliva, então precisa ser silenciada, e a maneira mais eficaz de se fazer isso é intimidar os especialistas.

"Quanto à terceira afirmação, a opinião expressa por März em relação à ação judicial empreendida pela Carapelli S.p.A. parece totalmente legítima, também em função dos resultados das investigações preliminares que foram realizadas, e os pedidos de indenização feitos no processo por difamação [instaurado pela Carapelli]. É preciso também notar que a oposição [da Carapelli] a um acordo no processo por decisão judicial indica um desejo explícito não apenas de indenização pelos danos sofridos, mas de punição daqueles que poderiam eventualmente vir a ser considerados responsáveis, levando o acusado a acreditar que o processo foi instaurado com intenção punitiva."

> 4. Enquanto óleo malcheiroso e rançoso e azeites de primeira classe, com perfume de azeitonas frescas, tiverem o mesmo nome, os produtores de qualidade, na Itália e em todo o Mediterrâneo, não terão possibilidade de cobrir seus custos.

"[Em relação] à quarta afirmação, [...] a qualidade inferior dos azeites foi determinada pela análise feita em Florença na Câmara de Comércio e na ARPAT, cujos resultados apontaram as várias características negativas de aroma e sabor expressadas com os termos 'malcheiroso' e 'rançoso'."

> 5. Os líderes da indústria oleícola sabem o que uma diferenciação clara entre as diversas classes de qualidade do azeite significaria para

eles. Oferecer aos consumidores o conhecimento necessário para escolher entre qualidade e quantidade poderia ameaçar as vendas. A Carapelli aparentemente quer evitar essa ameaça, abrindo processo contra um dos especialistas mais inflexíveis e independentes: Marco Mugelli.

"Em relação à quinta afirmação, as observações feitas no ponto três acima, quanto à motivação da ação judicial da Carapelli S.p.A., aplicam-se aqui também."

"Andreas März realizou sua investigação jornalística escrupulosa e diligentemente", disse o Juiz Constantini, antes de concluir: "A corte declara März Andreas Anton inocente do crime do qual é acusado, porque o próprio crime não ocorreu."

Momentos depois da sentença, Andreas März estava em êxtase. "Nós mostramos a eles! O juiz confirmou minhas afirmações palavra por palavra! Isso é apenas o começo!"

Entretanto, uma semana mais tarde, ele voltara à terra. "O veredito não teve cobertura na imprensa italiana – *ninguém* o noticiou. Nenhum laboratório ou júri fará testes novamente, depois da comoção que criei aqui. E mesmo se quisessem fazer os testes, nenhum cidadão vai se atrever a trazer a eles qualquer azeite." A voz dele era monótona e ficou mais macia à medida que falava. Mal pude ouvir suas duas últimas palavras: "Nada mudou".

6

Revoluções alimentares

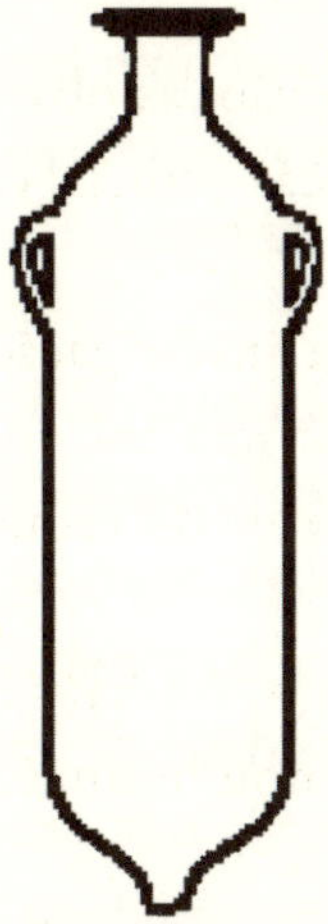

O eclipse da lua mortal dura,
E os tristes augúrios ironizam seus próprios presságios;
As incertezas agora se coroam garantidas,
E a paz proclama azeitonas de idade infinita.
(William Shakespeare, Soneto 107)

Amor demais mata, até mais que o ódio. Isso é o que fizemos ao azeite de oliva. Nossa reação a ele é totalmente visceral: o azeite pertence às coisas mais sagradas, que são, paradoxalmente, as primeiras coisas que vilipendiamos. "Unte-lhe a palma", "Azeite-lhe as mãos" – o óleo se tornou sinônimo de corrupção.

Estou sentado com Paolo Pasquali, em um ambiente amplo, de teto baixo, com uma prateleira antiga para livros, uma mesa enorme, lustrosa pela idade e vinda de uma sacristia, e uma pia para água benta na parede, com uma torneira logo acima dela, de onde sai azeite de oliva. Ele chama este lugar de *oleoteca*. "O vinho tem a *enoteca* e a adega, mas, até agora, o óleo não teve nada parecido. Não seria o lagar, é claro, que é um lugar barulhento, agressivo e estressante, onde as pessoas correm para processar tantos quilos de azeitonas por hora quanto possível. Assim, criei a oleoteca. É um lugar para uma santidade alegre, onde se pode desfrutar do azeite em suas múltiplas facetas – mitológicas, científicas e culinárias."

Pasquali ensinava filosofia na Universidade de Florença e cita Aristóteles, Aquino e Lévi-Strauss com uma intensidade que revela como as palavras deles modelaram seu raciocínio. Ele também é músico, e fez fortuna como empresário na área editorial. Em seguida, vendeu o negócio por outra fortuna, pouco antes que a internet o engolisse. Ele é bonito, com o nariz adunco e o queixo saliente de um rígido *condottiere*.[11] Agora, ele voltou suas energias de homem renascentista à arte e à ciência da produção de um grande azeite de oliva, num lugar onde as artes e as ciências se combinaram de forma criativa ao longo de séculos. Ele é proprietário de Villa Campestri, uma propriedade do século XIII no Mugello, região montanhosa ao norte de Florença, onde produz azeite a partir de pequenos olivais em várias partes da propriedade. O Mugello foi chamado de "berço do Renascimento": Giotto nasceu ali perto, Fra Angelico junto da estrada e o filósofo Marsilio Ficino ensinou e escreveu entre os olivais da vizinha Cafaggiolo, a casa ancestral dos Medici. Pasquali acredita que o momento é propício para um renascimento moderno do azeite de oliva, com base em uma nova compreensão filosófica e estética do grande azeite no século XXI.

Para começar, diz ele, a linguagem que usamos para falar sobre o óleo está toda errada. Os rótulos do azeite de oliva, com suas obscuras referências aos métodos de produção e à química do óleo, não dão ao consumidor uma ideia de como será comê-lo, e nenhum desejo de descobri-lo. Não é muito melhor a opinião de Pasquali sobre os degustadores oficiais, que brandem gráficos de características sensoriais cobertos de teias de aranha, e usam termos emprestados da química lipídica, "como se fossem enfermeiras tentando falar como médicos". Pasquali é de opinião que até mesmo as palavras básicas que as pessoas usam para descrever o azeite

---

[11] Mercenário que controlava uma milícia e estabelecia contratos com qualquer Estado interessado em seus serviços. (N.T.)

são carregadas de significados indesejados e precisam ser repensadas. Os termos "pungente" e "amargo" têm muito mais conotações positivas no Mediterrâneo que nos Estados Unidos, por exemplo, onde soam ásperos para muita gente. Na China, "comer amargor" é uma maldição antiga.

"Temos de recuperar a nobreza da linguagem que o azeite perdeu. A linguagem da música, por exemplo, que é a maneira natural de se falar sobre beleza. Falamos sobre as 'notas florais' ou a estrutura 'harmoniosa' de um azeite, instintivamente tomando as palavras emprestadas do léxico musical."

Antes que sua conversa fique enjoada, Pasquali salta em pé porque, como todos os homens da Renascença, ele é, também, um homem de ação. Caminha para um console na parede, feito de cobre brilhante e aço inoxidável, que, a despeito dos materiais modernos, combina bem com a decoração do século XIII. Ele pega três copos tulipa, segura-os um por um sob as três torneiras do console, e dali saem três fitas verdes e douradas de azeite, três diferentes experiências de extravirgem. Ele inventou esse dispositivo para defender o azeite de oliva fino de seus três piores inimigos: o oxigênio, o calor e a luz. É parte de um novo modelo de negócio que Pasquali criou, OliveToLive (literalmente, "azeitona para viver"), que ele afirma que vai permitir que restaurantes e lojas sirvam azeite de oliva de alta qualidade – e que tenham lucro fazendo isso.

"O óleo é o oposto do vinho. O vinho envelhece, o óleo se estraga. No instante em que o azeite é engarrafado, a decadência se acelera. O único jeito é ser distribuído a granel – azeite a granel super premium."

Esse console, explica ele, contém três recipientes sem luz que preservam os óleos em um ambiente livre de oxigênio, a 16 °C, a temperatura ideal para a armazenagem de azeite, até o momento em que é servido. O azeite que é mantido no sistema OliveToLive, que foi instalado em alguns restaurantes de alta categoria e em "bares de óleo" na Itália e nos Estados Unidos, mantém o frescor e as qualidades sensoriais por mais tempo que o azeite engarrafado.

Pasquali enche mais três copos, e em seguida traz os seis para a mesa, onde enfileira três diante de mim e mantém os outros para si mesmo. Ele me diz para começar com o óleo suave, feito no rancho McEvoy, perto de

Sonoma, na Califórnia, e depois passar para o mais pungente e amargo dos azeites da Andaluzia e enfim para o azeite produzido a partir de suas próprias oliveiras. Ele segura um copo na palma da mão esquerda e o gira com a direita, para aquecê-lo. Faço a mesma coisa. Ele põe o narigão no copo, e inala.

Enquanto fungamos e meditamos sobre os azeites, Pasquali descreve a essência de sua educação pessoal sobre o óleo, que, como a maioria das coisas que ele faz, foi com a "mão na massa". Ele vem produzindo azeite na Villa Campestri nos últimos cinco anos e participa ativamente da moagem, da colheita e do cuidado com as árvores durante o ano todo. "Quando comecei, saía com agricultores locais, os mais velhos que podia encontrar, e passava o dia inteiro com eles entre as árvores, podando, capinando ou colhendo. Verifiquei que eles eram capazes de falar sobre azeite por oito horas seguidas, e vi que o azeite deve ter um poder ainda maior que o do futebol! Eles tinham o vírus do óleo, e eu o contraí."

Desde então, Pasquali tornou a Villa Campestri um centro de pesquisa, desenvolvimento e comunicação sobre o azeite de primeira qualidade. Hospedou grupos de estudo e organizou retiros para cientistas sensoriais e outros estudiosos da Universidade de Florença e do Instituto de Culinária da América, e tem mais pesquisas previstas para o futuro. Os hóspedes da Villa Campestri desfrutam de uma experiência de azeite de oliva completa: degustações orientadas, visitas ao lagar e ao pomar, seminários sobre a ciência sensorial, massagens com óleo de oliva e magníficas refeições à base de azeite no restaurante do hotel. Sua filha Gemma, doutora em agronomia, cuida dos seminários, muitas vezes acompanhada por suas crianças, incluindo o neto mais novo de Pasquali, Cosimo, de dois anos, que emprestou o nome ao azeite deste ano da Villa Campestri. "As crianças adoram degustar azeite", diz Pasquali. "Eles parecem sentir a sua inata bondade e salubridade, talvez devido à percentagem do ácido linoleico no azeite de oliva, que é como o leite materno, e é fundamental para a sua absorção no intestino."

Agora já estamos provando o terceiro azeite, feito na Villa Campestri. É um óleo feroz: floridamente frutado, descaradamente amargo, pungente a ponto de fazer franzir os lábios. Sorvi um pouco, depois tossi e esperneei como um personagem de *A montanha mágica*. Pasquali sorriu sem piscar, com os lábios brilhantes.

Então ele parte para outro de seus assuntos cuidadosamente fundamentados: como fazer dinheiro com o azeite. Como diz, ele adora o mito, a poesia e a ciência do azeite de oliva, mas continua sendo um empresário. "As pessoas não pedem vinho de graça no restaurante. Por que então deveriam esperar azeite de oliva de graça? Até que o azeite de oliva premium se torne um centro de lucro nos restaurantes, nós, produtores, nunca vamos conseguir viver condignamente." Ele afirma que em seu restaurante ele cobra € 9 pela degustação de três azeites e os negócios florescem. O Instituto de Culinária da América recentemente abriu uma de suas *oleoteche* no campus de Napa, na Califórnia, e, da mesma forma, cobra por uma experiência de azeite. Pasquali diz que pretende abrir mais quatro bares de óleo em breve, na Espanha, na Grécia, no Japão e em Singapura, e usá-los como trampolins para educar cinquenta excelentes *chefs* ao redor do mundo na fina arte do azeite. "Eles vão se tornar os líderes de opinião, porta-vozes do funcionamento do azeite de verdade."

Uma porta se abre atrás dele, e seu neto Cosimo entra bambeando com passos inseguros, as bochechas redondas rosadas de frio. "*Ciao, nonno*!", chilreia ele, apoiando-se na perna do avô. Vê nosso azeite e procura alcançar o copo mais próximo sobre a mesa, o potente Villa Campestri que leva o seu nome. Enquanto Pasquali coloca a mão sob ele para evitar que caia, Cosimo leva o azeite aos lábios e o engole.

Balança a cabeça como se tivesse levado um tapa no rosto, e tosse ruidosamente, com os olhos cheios de lágrimas. Acho que ele vai chorar – que já está chorando. Então, ainda tossindo, ele cospe uma palavra: "*Buono*!". E estende o copo para que o avô ponha mais.

A expressão de Pasquali transita entre o orgulho, a ternura e o que poderia apenas ser descrito como esperança. Por um momento, acho que *ele* pode chorar.

"Consegue imaginar um líder de opinião melhor?", diz ele, por fim.

A história moderna do azeite de oliva começou logo após a Segunda Guerra Mundial, quando Ancel Keys, o epidemiologista de Minnesota, visitou hospitais em Nápoles, Madri e na ilha de Creta. Keys encontrou uma incidência de doenças cardíacas coronárias drasticamente menor do que nos Estados Unidos, embora as populações desses lugares tivessem sofrido recentemente as privações dietéticas prolongadas da guerra, enquanto os norte-americanos haviam tido acesso a um fornecimento de alimentos abundante e variado. Keys, que havia desenvolvido a ração K para o Exército dos Estados Unidos ("K" significa "Keys"), e que recentemente concluíra uma pesquisa pioneira sobre a fisiologia da fome humana, suspeitou de que a causa fundamental daquele fenômeno era o consumo de gorduras diferentes das duas populações. Não exatamente a quantidade de gordura – paradoxalmente, ele descobriu que os gregos e italianos de fato tinham um consumo de gordura de moderado a alto –, mas o tipo de gordura que comiam.

Estimulado por essas observações, Keys começou um ambicioso levantamento epidemiológico de dietas e estilos de vida tradicionais na Grécia, na Itália, na Iugoslávia, nos Países Baixos, na Finlândia, no Japão e nos Estados Unidos, que ao final foi chamado de "Estudo dos Sete Países". Ele concluiu que o problema tinha relação com a gordura saturada e os consequentes níveis elevados de colesterol no sangue – o colesterol obstruía as artérias e levava a ataques cardíacos e derrames. Em países como os Estados Unidos e a Finlândia, onde a maior parte da gordura saturada vinha de fontes como carne e laticínios, a incidência de doenças coronárias era elevada, enquanto na região do Mediterrâneo, onde as gorduras eram provenientes principalmente do monoinsaturado azeite de oliva, as pessoas estavam comparativamente livres de doenças cardíacas. (No Japão, onde a dieta era baixa em gordura de qualquer tipo, a incidência das doenças cardíacas também era muito baixa.) Em uma série de publicações nos anos 1960 e 1970, culminando em um volume definitivo sobre o assunto, *Sete Países*, publicado em 1980, Keys recomendou que os norte-americanos (e todos os outros que se preocupavam com a saúde do coração e a longevidade) reduzissem a ingestão de gorduras a 30% ou menos das calorias totais. Incitou o uso do que denominou "regime de estilo Mediterrâneo", rico em vegetais, frutas, peixes, pão e massas, com quantidades moderadas de laticínios e de vinho, e grandes quantidades de azeite de oliva. Keys havia batizado a dieta mediterrânea e colocado o azeite de oliva em seu núcleo.

O trabalho de Keys teve consequências inesperadas e irônicas. O governo dos Estados Unidos, em grande parte motivado por sua ênfase nas dietas com baixo teor de gordura, declarou guerra incondicional à gordura. Em 1977, o Comitê Seleto sobre Nutrição e Necessidades Humanas, chefiado pelo Senador George McGovern, elaborou um conjunto de objetivos dietéticos fortemente "antigorduras", que foram repetidos pelo Departamento de Agricultura dos Estados Unidos e pelos Institutos Nacionais de Saúde em suas próprias recomendações contra gorduras. Seguiu-se uma série de testes clínicos, que pretendiam provar as relações causais entre ingestão de gordura e doenças cardíacas, além de ligar gordura a câncer e obesidade. Inicialmente, as gorduras saturadas duras foram o alvo, mas na imprensa e na mente popular, a demonização das gorduras rapidamente se espalhou para qualquer coisa que contivesse ácidos graxos, mesmo os saudáveis monoinsaturados, como o azeite. Os dietetas sonharam com dietas com baixo teor de gorduras e empresas alimentares produziam alimentos com baixo teor de gordura para preenchê-las, gradualmente tornando a expressão "baixo teor de gordura" um sinônimo de magreza e saúde, embora esses alimentos frequentemente contivessem quantidades excessivas de açúcar e sal, e muitas vezes estimulassem as pessoas a ingerir, no total, mais calorias que antes. Aos poucos, a mensagem se espalhou para muito além dos Estados Unidos, abrindo caminho para interferir nos hábitos alimentares de todo o mundo desenvolvido. Hoje, em várias partes do globo, muitos acreditam que as gorduras, saturadas ou não, são a raiz de todos os males.

No entanto, nas três décadas desde que os Estados Unidos condenaram as gorduras, o consenso científico por trás dessa condenação entrou em colapso. Depois de centenas de milhões de dólares gastos em estudos clínicos, e depois de incontáveis bilhões despendidos em programas governamentais de educação nutricional e em *marketing* de alimentos, não há nenhuma prova de que comer gorduras causa patologias como cardiopatias, câncer e obesidade. Embora as gorduras hidrogenadas sejam inequivocamente insalubres, não há evidências incontestes ligando gorduras insaturadas a doenças do coração, e mesmo com as gorduras saturadas a ciência está longe de ser incontestável. Não há prova de que as gorduras causam câncer. E, embora contenham cinco calorias a mais por grama do que os carboidratos, a substituição total de gorduras por carboidratos amplamente recomendada nos Estados Unidos pode, na verdade, ter acelerado a propagação da obesidade. O número de obesos norte-americanos subiu de 14% da população, em 1980, quando o país embarcou em uma dieta de baixo teor de gorduras, para os atuais 34%. E há algo pior: a gordura desempenha vários papéis essenciais no corpo humano, e alguns pesquisadores acreditam que a redução da ingestão de lipídeos pode afetar uma série de funções, incluindo o metabolismo, a permeabilidade da membrana celular e a transmissão neural (70% do cérebro é constituído de gordura).

O estado atual da ciência em relação à gordura na dieta foi resumido por Walter Willett, presidente do Departamento de Nutrição da Escola Harvard de Saúde Pública, em sua crítica das "Orientações Dietéticas para os Americanos, 2010", do Departamento de Agricultura dos Estados Unidos, que ainda recomenda que os norte-americanos limitem a ingestão de gorduras a 35% do total de calorias. "Não há realmente nenhuma base para se definir um limite máximo no total de gorduras", escreveu Willett. Entretanto, depois de décadas de bem-intencionada desinformação, as gorduras de todos os tipos ainda são consideradas tabu. O azeite de oliva, a gordura mais saudável de todas e o cerne da dieta mediterrânea, permanece em um limbo nutricional e psicológico para muitas pessoas.

Enquanto Ancel Keys estava observando pacientes hospitalizados em Creta e na Itália e tentando enquadrar o debate sobre o azeite de oliva, os fabricantes e legisladores europeus e em torno do Mediterrâneo foram gradualmente forjando a linguagem moderna do óleo. Em 1959, as Nações Unidas fundaram o Conselho Internacional de Azeite de Oliva (desde então, rebatizado Conselho Oleícola Internacional, ou COI), um departamento intergovernamental composto de dezoito países produtores de azeitonas e de óleo em torno do Mediterrâneo, cujo objetivo é fornecer assistência financeira e técnica aos agricultores e moleiros, financiar pesquisas na qualidade e na química do óleo e promover o consumo de azeite de oliva em todo o mundo. A ajuda adicional à indústria veio do governo da Europa central, que começou a tomar forma logo após a Segunda Guerra Mundial, a fim de promover a cooperação entre os países-membros, tornando assim "a guerra impensável e materialmente impossível", como disse o ministro das Relações Exteriores francês, Robert Schuman. A política agrícola foi uma parte central dessa nova unidade: para garantir o abastecimento de alimentos adequados e confiáveis na Europa devastada pela guerra, os líderes criaram uma Política Agrícola Comum (CAP), com generosos subsídios, incentivos e garantias de preços aos agricultores. Olivicultores e fabricantes de azeite se beneficiaram de subsídios CAP, primeiro na Itália, membro fundador da Comunidade Econômica Europeia e, mais tarde, na Grécia, na Espanha e em outros países-membros, à medida que aderiram à CEE (que, em 1993, tornou-se a União Europeia): os subsídios europeus ao azeite de oliva continuam até hoje.

Além de proteger a quantidade de azeite produzido, a Comunidade Econômica Europeia e o COI também começaram, no final dos anos 1950, a tratar de uma divisão qualitativa crescente entre os azeites de oliva. Enquanto as refinarias de óleo continuaram disseminadas e rentáveis, e a maioria dos produtores continuou a fazer o óleo com as velhas e obsoletas mós, esteiras e prensas como seus ancestrais faziam havia séculos, a nova tecnologia para amassar azeitonas, a malaxação e a centrifugação – do tipo cujo uso a família De Carlo inaugurou na Apúlia –, começou a produzir um azeite de qualidade cada vez melhor, feito com rapidez e eficiência, utilizando azeitonas frescas. O abismo em sabor e nutrição entre o óleo refinado, o óleo pressionado à moda antiga e esse novo óleo premium se alargou de maneira constante, mas ainda não existia distinção legal definida entre o razoável, o ruim e o excelente. Finalmente, em 13 de novembro de 1960, o Parlamento Europeu aprovou uma lei inovadora sobre a qualidade do azeite, que criou várias categorias novas de óleo. A mais alta dessas categorias tinha um nome estranho de se ouvir, com nuanças de ciência e mistério religioso: extravirgem. A lei estipulava que o azeite extravirgem fosse feito exclusivamente por métodos mecânicos, sem tratamentos químicos, e definia um conjunto de requisitos químicos, incluindo um máximo de 1% de acidez. A lei também anunciou que tais óleos "não devem ter odores repugnantes, como ranço, podridão, fumaça, mofo, mosca da azeitona e similares", embora não especificasse como esses gostos deviam ser determinados, ou por quem. A extravirgindade nasceu, mas ainda estavam faltando os meios para sua determinação.

A tarefa de criar um teste de degustação científico para o azeite foi assumido pelo COI. Começando com um método de degustação seminal desenvolvido no início dos anos 1980 pela Organização Nacional dos Degustadores de Azeite de Oliva, uma escola de azeite de oliva em Impéria, na Itália, uma pequena equipe de químicos e cientistas sensoriais da Itália e da Espanha se debruçaram sobre o azeite por duas décadas de experimentação esmerada, durante as quais identificaram as várias falhas no sabor e no aroma que um óleo assume à medida que se deteriora, e produziram um rigoroso e reproduzível protocolo de degustação para determinar o grau de qualidade de um azeite. A metodologia do sabor resultante do COI, juntamente com um conjunto de requisitos químicos, tornou-se a base de uma nova legislação da União Europeia sobre o azeite de oliva, aprovada em 1991 e, com algumas modificações, ainda em vigor: para ser chamado de extravirgem, o óleo não deve ter nenhum defeito de sabor e deve ter algum frutado perceptível (pungência e amargor também são identificados como atributos positivos). Com essa lei, o azeite de oliva se tornou o primeiro alimento do mundo – e até hoje um entre poucos – cuja qualidade é legalmente determinada, pelo menos em parte, pelo sabor. Os limites químicos para a classificação extravirgem, embora mais rigorosos que os padrões originais de 1960 – o nível de acidez livre, por exemplo, foi reduzido para 0,8% –, ainda estavam frouxos, mas o teste de degustação legal parecia prometer uma nova seriedade na promoção da excelência do azeite.

A década de 1990 foi um ponto alto para o COI. A produção cresceu em muitas partes do Mediterrâneo, e as novas tecnologias de extração se propagaram, o que fez que a qualidade do óleo ascendesse rapidamente. O COI reconheceu e coordenou um número crescente de júris de degustação por todo o Mediterrâneo, submetendo os degustadores regularmente a testes rigorosos para verificar suas habilidades e desqualificando os júris que falharam nos testes. O diretor executivo do COI, Fausto Luchetti, empresário carismático e membro de uma família de ilustres diplomatas italianos, conduziu campanhas promocionais em vários países fora da União Europeia, que conseguiram espalhar a mensagem sobre os benefícios culinários e nutricionais do azeite. "O trabalho do COI sob o comando de Fausto Luchetti ajudou a colocar o azeite no mapa na Austrália", diz Paul Miller, presidente da Associação Australiana de Azeitona. "Eles criaram uma massa crítica de conhecimento público, e abriram caminho para a popularidade da qual o azeite goza agora neste país."

Para todos os sucessos do azeite de oliva na década de 1990, esses anos também elevaram a maré de crimes relacionados ao azeite. Os generosos subsídios da União Europeia para o azeite de oliva estimularam a fraude generalizada em muitas nações produtoras, particularmente na Itália, o cerne histórico do comércio de óleo onde, em muitas áreas, toda a cadeia de produção se tornou, com efeito, uma enorme rede criminosa, com agricultores exagerando as quantidades de azeitonas que colhiam, moleiros inflando a quantidade de azeite que produziam, e as empresas exagerando o número de garrafas que vendiam. Mesmo os sindicatos de produtores de azeite de oliva foram pegos no esquema, embolsando grandes quantias e construindo uma sede exuberante em Roma, enquanto negligenciavam os olivicultores e fabricantes de azeite que nominalmente representavam. Da metade ao final da década de 1990, o azeite de oliva se tornou um dos produtos agrícolas mais frequentemente adulterados da União Europeia, levando o OLAF, o organismo europeu antifraude, a criar uma força-tarefa especial para o azeite de oliva. Domenico Seccia, o magistrado de investigação em Bari que processou Domenico Ribatti e Leonardo Marseglia, escreveu um livro, *A fraude do azeite de oliva na União Europeia*, em que descreve os consórcios ilegais de produtores de óleo, comerciantes de óleo, bancos e empresas de alimentos que se formaram para colher as duplas recompensas da adulteração de óleo e dos subsídios europeus e detalhou técnicas de investigação para detectar e desmantelar essas redes. Nas fraudes relativas ao azeite, um investigador da União Europeia me disse que "os lucros eram comparáveis ao do tráfico de cocaína, com nenhum dos riscos que este acarreta". A adulteração generalizada e os enormes suprimentos de azeite refinado alimentaram uma guerra de preços, o que obrigou até as maiores empresas de óleo, como a Unilever e a Nestlé, a procurar fontes de óleo cada vez mais baratas, com o risco de comprar e revender, conscientemente ou não, seus próprios produtos adulterados. Enquanto a qualidade dos azeites de oliva disparava, a dos extravirgens dos supermercados despencava.

Essa divisão de qualidade entre os verdadeiros extravirgens e o óleo industrial finalmente dividiu o COI. De acordo com seu regimento, o conselho era responsável por promover todos os tipos de azeite de oliva. Ainda assim, como a diferença de qualidade entre os reais extravirgens e os óleos de segunda aumentava, os produtores de azeites de alta qualidade exigiam mais reconhecimento para os extravirgens. Ao mesmo tempo, as grandes companhias de óleo de oliva, com vendas substanciais de refinados misturados e extravirgens de supermercado, mostravam cada vez menos entusiasmo em relação ao protocolo dos testes do COI, especialmente depois que ele foi incluído no direito da União Europeia e podia ser usado para excluir os óleos de segunda da categoria extravirgem. Por meio de lobistas e com participação direta em comitês da União Europeia, essas mesmas empresas grandes desempenharam um papel importante na formulação da política da União Europeia sobre o azeite e exerceram influência considerável sobre o próprio COI, uma vez que 80% do orçamento de funcionamento do COI era fornecido pela União Europeia.

A crise veio em 2002. Fausto Luchetti foi acusado pela União Europeia de administrar mal os fundos do COI, e demitiu-se do conselho. (O caso ainda está sendo julgado em um tribunal de Madri.) Luchetti nega todas as acusações: diz que faziam parte de um esquema montado por alguns altos funcionários da União Europeia para desviar fundos de promoção do azeite via COI e canalizá-los para a promoção de óleos de sementes provenientes do norte da Europa. Seu amigo Flavio Zaramella, que acompanhou os acontecimentos de perto, culpa os industriais da área: "Os jogadores das grandes indústrias queriam que ele caísse fora", diz Zaramella. De qualquer modo, após a partida de Luchetti, a União Europeia cortou o financiamento do COI, restringindo severamente a capacidade do Conselho de continuar a pesquisa e a promoção do azeite de oliva. O corte do financiamento também cerceou a rede de júris de degustação do COI, já que o conselho não tinha mais o dinheiro para realizar os testes em seus reconhecidos júris para verificar sua qualidade. O COI continua a ser um inestimável repositório de experiência e perícia, e seu corpo de inteligência científica ainda possui alguns dos mais proeminentes químicos de óleo do mundo, como Lafranco Conte. Mas, hoje, essa organização, que já esteve em ascensão, que inventou uma nova e revolucionária definição da qualidade do azeite e espalhou o evangelho do azeite bom em muitas partes do mundo, muitas vezes ajuda a manter a qualidade do extravirgem no menor denominador comum, protegendo os interesses dos grandes fabricantes em vez de ajudar os produtores de genuínos extravirgens – e muito menos os consumidores.

Em 20 de setembro de 2010, um eclético grupo de químicos, cozinheiros, cientistas sensoriais, músicos, visionários culinários e engenheiros de controle de qualidade de sete países se reuniram por três dias em Verona, na Itália, em uma conferência chamada Além do Extravirgem, para discutir o futuro do azeite de oliva. Foi um momento histórico para o azeite de oliva extravirgem. A dieta mediterrânea, construída sobre uma brilhante base de azeite de oliva, tinha acabado de se tornar parte da Herança Cultural da Humanidade da Unesco e a classificação extravirgem, criada em 1960, estava prestes a comemorar o seu quinquagésimo aniversário. Ainda assim, o entusiasmo dos participantes foi temperado por momentos de desânimo, e até mesmo de desorientação, quando perceberam como eles mesmos realmente sabiam pouco sobre grandes azeites, e como seria difícil comunicar ao mundo a verdade sobre o óleo.

Os oradores exploraram de muita maneiras os mistérios da extravirgindade. Harold McGee, o conhecido escritor americano especializado em química de alimentos, mostrou *slides* surpreendentes de pratos futuristas à base de azeite feitos por *chefs* como Ferran Adrià, que costuma lançar tendências – esse gênio louco da Catalunha que formou um grupo de pesquisa para conceber novos e únicos extravirgens comestíveis: esferas de alginato cheias de óleo que se parecem com ovas de peixe, que Adrià chama "caviar de azeite de oliva", e espuma de azeite de oliva feita com maltodextrina de tapioca, um pó fino que absorve o óleo e se liquefaz na boca, como sorvete à temperatura ambiente. Luis Rallo Romero, professor de pomologia na Universidade de Sevilha, descreveu raros cultivares de azeitonas espanholas conservados em seu banco de plasma, dos quais a maior parte do público jamais tinha ouvido falar, e que estavam desaparecendo rapidamente da agricultura, juntamente com seus azeites de sabor único. Paolo Pasquali, da Villa Campestri, comparou o impacto do azeite sobre o paladar e o olfato ao da música sobre a audição, observando que o óleo produzia a mesma progressão de ataque, decadência, sustentação e liberação conhecidos pelos engenheiros de som, e o compositor virtuose Luca di Volo e seu conjunto interpretaram o frutado e a pungência do azeite de oliva, com suas notas amargas executadas por violinos e saxofones. Na apresentação que talvez tenha sido a mais estimulante da conferência de três dias, o cientista sensorial Erminio Monteleone, da Universidade de Florença, descreveu recentes testes cegos de degustação que realizara em Helsinki e Florença, durante os quais os consumidores experimentaram três azeites e manifestaram preferências claras, ainda que muitas vezes tenham revertido essas preferências quando os mesmos azeites foram servidos com alimentos. "O azeite se combina quimicamente e sinestesicamente com os alimentos, modificando tanto a si mesmo como à comida", disse Monteleone. "Assim, nós só podemos avaliar adequadamente um óleo quando o provarmos em um prato."

Esse ponto foi provado com uma série de degustações. *Chefs* de classe mundial prepararam uma variedade de pratos na estação de cozimento montada na parte da frente do salão: Paul Bartolotta, do Ristorante Bartolotta di Mare de Las Vegas, cozinhou seu distintivo *triglia alla ponentina*, um salmonete incrustado em sal; o *chef* estrela grego Christoforos

Peskias fez uma simples, porém sutil, sopa de grão-de-bico; e Mara José San Román, da Espanha, brincando, bateu uma musse de banana e uma salada de salmão e manga. Quando terminaram de cozinhar, os garçons passaram pelos corredores carregando bandejas para os presentes, onde havia pequenas porções do alimento que o *chef* havia acabado de preparar, juntamente com três brilhantes béqueres de plástico de óleo *prime*: *biancolillas* suaves, *cornicabras* ácidos, os turbulentos *koroneikis*, além de outros óleos de primeira linha feitos em vários países. A audiência experimentou cada óleo isoladamente, e depois disso os *chefs* explicaram como misturá-los aos alimentos, indicando como o azeite sublinhara sabores escondidos nos pratos, e como cada óleo, com seu próprio e distintivo nível de pungência – frutado, aromáticos e retrogosto –, mudara o caráter fundamental do alimento de diferentes modos, destacando o suculento flocado do peixe e as notas florais escondidas na sopa de grão-de-bico, e fazendo que a doçura da musse persistisse luxuriosamente sobre a língua.

Ocasionalmente, um óleo bem encorpado causava pequenas erupções de tosse, as mais altas vindas de Claudio Peri, o organizador da conferência. Peri é um professor aposentado de controle de processo e segurança alimentar da Universidade de Milão e sua aparência é esta: alto, ligeiramente curvado, com um bigode branco e fino no qual ele mexe quando fala, e um sorriso suave, esperançoso, alguém para quem as regras e procedimentos são profundamente reconfortantes, até mesmo satisfatórios. À primeira vista, ele parece um pouco antiquado e bem professoral, por ter sonhado esse carnaval de três dias de avançadíssimos pensamentos criativos sobre o azeite. Mas, depois de conversar com ele por algum tempo, veem-se *flashes* reveladores de uma obsessão por azeite: o moinho nas colinas da Úmbria que o pai dele administrava quando ele ainda era menino; a sensualidade sonhadora que ele diz sentir quando o azeite toca seus lábios; e seu amor pelas dimensões sagradas e míticas do óleo. Começa-se a sentir, por trás de seu comportamento suave, um pensador agudo, e alguém que aceita riscos, até mesmo uma espécie de rebelde – tudo catalisado pelo azeite.

"Passei toda a minha vida profissional ensinando teorias de qualidade alimentar e tecnologia de alimentos em uma universidade. Quando me aposentei, decidi ver se essas teorias realmente podem produzir algo concreto, e realmente fazer bem ao mundo exterior. Foi uma espécie de desafio que estabeleci para mim mesmo."

Na universidade, Peri trabalhara em uma série de indústrias de alimentos, incluindo as de vinho, laticínios, proteínas vegetais e óleos de sementes. Mas, para ele, o azeite de oliva era a escolha óbvia como o alimento com o qual traria à vida suas teorias, não só por causa de suas boas lembranças da infância, mas pelas três características únicas do azeite que há muito o intrigavam. Em primeiro lugar, a despeito do que ele via como a nobreza inerente do produto, a fraude do óleo era violenta e a ética na indústria extremamente baixa. Em segundo lugar, o azeite de oliva não tinha parâmetros de excelência amplamente aceitos, pois o termo "extravirgem" fora esvaziado de significado. E, em terceiro lugar, apesar do valor culinário e cultural dos azeites de primeira linha, sua produção estava se tornando inviável economicamente. Os três conceitos de ética, excelência e economia se tornaram lemas de sua nova missão, e emprestaram o nome à Associação 3E, a organização sem fins lucrativos que fundou em 2004. Através da 3E e de seus membros, que atualmente incluem dezoito importantes produtores de azeite de classe internacional na Itália, Espanha, Grécia e Estados Unidos, Peri tem por objetivo estabelecer um novo padrão para o azeite de oliva de primeira qualidade, que ele chama de "super premium".

Para se associar à 3E, o produtor de óleo deve passar nos testes sensoriais e químicos da associação, que são muito mais rigorosos que os prescritos pelo COI e que as diretrizes do Departamento de Agricultura dos Estados Unidos. Um representante da 3E documenta a colheita de cada empresa-membro, verifica os procedimentos de moagem, mede a quantidade de azeite produzido e monitora os estoques em tempo real nos silos de armazenamento, até que a última gota seja vendida. Mas, apesar desses procedimentos detalhados, diz Peri, "a participação na 3E é menos sobre a qualidade do óleo do que sobre a qualidade das pessoas que o fazem, que o vendem e que o usam. Essa não é apenas uma agência de certificação. Tem como objetivo ser algo como um movimento". Além de criar grandes óleos, a 3E também tenta ajudar seus produtores a obter melhores lucros, explicando claramente suas qualidades superiores aos consumidores e distribuindo seus óleos por intermédio de canais de vendas de elite, como o Villa Campestri, de Paolo Pasquali, o bar de azeite e o restaurante do Instituto de Culinária da América, e um pequeno número de outros bons restaurantes na Europa e nos Estados Unidos.

Na verdade, Peri considera a aliança estratégica que formou com o Instituto de Culinária um passo vital para levar grandes azeites ao grande público. "O azeite já teve mais que o suficiente da linguagem estática de júris de degustação e da hierática embromação dos vários *sommeliers* de azeite de oliva. É o diálogo sensorial entre os *chefs* e seus clientes que vai abrir o caminho para a excelência, e que em breve será seguido pelas pessoas em suas casas."

Se Kritsa, em Creta, é o coração do consumo de azeite de oliva, então Jaén, no fundo do sul espanhol, é a meca da fabricação de azeite. Essa província da região andaluza produz cerca de 500 mil toneladas de azeite de oliva por ano – tanto quanto a Itália inteira. Jaén é coberta por um oceano de oliveiras que flui pelas terras baixas do vale do rio Guadalquivir, sobe pelas colinas onduladas e chega até a altitude de 1.000 metros, nos sopés íngremes das montanhas, onda sobre onda de oliveiras plantadas em satisfatórias filas retas. Não há melhor lugar para experimentar o sistemático rigor quase marcial com que a Espanha cultiva suas azeitonas e extrai seu óleo, em uma abordagem tão diferente do cultivo pitoresco e desorganizado da Itália e da Grécia. Durante os últimos cinquenta anos, os produtores espanhóis arrancaram centenas de milhares de oliveiras antigas e as substituíram por outras – modernas, eficientes, de alto rendimento. Muitas dessas novas oliveiras foram plantadas nos anos 1940, 1950 e 1960 sob o governo de *El Generalísimo* Francisco Franco, o ditador militar que promoveu o cultivo de azeitonas em grande escala na Andaluzia e em outras regiões da Espanha como parte de seu programa para livrar o país da dependência de importações de alimentos estrangeiros. Mais árvores chegaram durante os anos 1970, quando o governo espanhol redigiu uma série de ambiciosos planos para renovar a infraestrutura da fabricação de azeite do país e ainda mais árvores foram plantadas nos anos que precederam a entrada da Espanha no Mercado Comum Europeu, em 1986, quando os agricultores espanhóis e os fabricantes de azeite ganharam o direito de receber generosos subsídios agrícolas.

Entretanto, como nos séculos II e III d.C., quando essa área era o cesto de azeitonas do Império Romano – o monte Testaccio foi construído principalmente com ânforas andaluzas cheias de azeite feito por aqui –, historicamente os produtores de azeite de Jaén têm se concentrado na quantidade, e não na qualidade. Noventa por cento das árvores aqui são do cultivar *picual*, escolhido por seu teor de óleo (20-22% em peso) extremamente elevado. A maioria dos agricultores espera até que o conteúdo atinja o pico, quando as azeitonas estão bem maduras e começando a cair das árvores, depois derrubam os frutos que ainda se agarram aos ramos com agitadores mecânicos de quatro rodas, que manobram como enormes caranguejos entre as árvores, e aspiram as azeitonas do chão com veículos que se assemelham a varredores de rua. Cerca de metade do óleo feito em Jaén a cada ano é *lampante*, e menos de um quarto é extravirgem. Dos quatrocentos lagares e cooperativas da província, apenas alguns produzem azeite de oliva fino. As refinarias e usinas de extração de bagaço pontilham a paisagem, de suas chaminés jorra uma densa fumaça azeda e a prática da desodorização é declaradamente generalizada – foi aqui que Flavio Zaramella viu colunas desodorizantes em lagares, utilizadas para remover cheiros e sabores desagradáveis, além de transformar óleos inferiores em pseudoextravirgens. Tanto o cultivar *picual* como a província de Jaén tornaram-se sinônimo de óleo a granel de baixa categoria – cerca de 80% do óleo feito ali é enviado para a Itália, como no tempo dos romanos, onde é vendido com marcas italianas.

Em uma colina alta no coração de Jaén, subindo como uma ilha neste mar verde-oliva, situa-se o castelo de Canena, uma fortaleza baixa equipada com pequenas torres, construída no Renascimento sobre os restos de fortes medievais mouros e romanos. É um lugar acolhedor, com lareiras enormes, sofás profundos e confortáveis e uma *loggia* italiana ao longo do topo de sua parede leste, mas suas origens bélicas são inconfundíveis: as paredes de pedra com três metros de espessura estão decoradas com lanças, escudos e armas de fogo antigas, junto com várias dúzias de cabeças de grandes animais, troféus de caça apanhados nas florestas e savanas de todo o mundo. Na verdade, o castelo de Canena continua a ser uma cidadela. E, na manhã em que cheguei a Canena, seus proprietários, Rosa e Francisco Vañó, membros da nobre família que possuiu o castelo e suas extensas terras desde 1780, estavam realizando um conselho de guerra, um dos muitos que organizaram em sua campanha de oito anos pela qualidade do óleo no coração de Jaén. Rosa e Francisco, irmãos que estão na casa dos 50 anos, sentaram-se à mesa do café da manhã com *laptops* e *smartphones* crepitando, tentando localizar um carregamento de óleo que havia desaparecido em algum lugar da Ásia. O telefone sem fio e os sinais telefônicos estavam um pouco lentos devido à pesada alvenaria das paredes, mas, depois de uma meia hora intensa de *brainstorming* e negociação, eles rastrearam o óleo e o encaminharam a seu destino final.

A família Vañó fez azeite por mais de dois séculos, mas, até 2002, aquele era o óleo a granel de baixa categoria, típico de Jaén. Naquele ano, Rosa e Francisco deixaram as carreiras de sucesso como negociantes em outras indústrias – ela como diretora de *marketing* da Coca-Cola Internacional, ele como executivo sênior no Banco Santander, o proeminente banco comercial espanhol – para começar a administrar juntos o negócio da família. Desde então, com uma combinação de habilidade empresarial e agricultura lenta e meticulosa, a dupla transformou o Castillo de Canena em um dos produtores mundiais de azeite extravirgem de primeira categoria. "Administramos esta empresa como uma pequena Coca-Cola", disse Rosa Vañó, uma bela mulher, enérgica e decidida, com grandes olhos castanhos oblíquos, enquanto esmagava a polpa de um tomate sobre uma fatia de pão torrado e derramava azeite por cima de algumas fatias. "Em cada um dos 38 países onde vendemos, elaboramos um plano de negócios, um plano de *marketing*, um perfil completo de nossos concorrentes e uma análise das tendências de mercado." Ela disse que gosta do desafio de vender azeite de oliva para as pessoas em culturas onde ele é pouco conhecido, ou até mesmo onde desconfiam dele. Depois de sua experiência na Coca-Cola, onde fez apresentações em inglês para o conselho de diretores da empresa, entre os quais Warren Buffett, nenhuma negociação é muito delicada. "Eu poderia ir para o inferno e lutar por minha alma com o diabo!", riu. Ela me entregou a garrafa delgada, de vidro vermelho com decorações *art nouveau*, que, apesar de seu tamanho, se parecia mais com perfume do que com óleo. "Experimente o nosso *picual*."

Na verdade, eu tinha a intenção de experimentar o outro azeite que estava sobre a mesa, o *arbequina*, por causa de minha aversão instintiva ao óleo *picual*. A maior parte do *picual* feito aqui em Jaén tem um singular cheiro almiscarado e torna-se o principal ingrediente dos óleos de muitos supermercados, que têm esse mesmo defeito, conhecido pelos degustadores italianos como *pipì di gatto* ("xixi de gato"). Entretanto, não querendo ofendê-la, derramei o *picual* de Rosa Vañó sobre minha torrada e a mordi. Sabores fugazes surgiram e feneceram, com uma complexidade evanescente mais parecida com conhaque envelhecido do que com azeite de oliva. Aqui estava um rompimento de estereótipo: um *picual gourmet*, com um paladar adorável, fresco e frutado perfeitamente equilibrado, com especiarias, amargor e nenhum indício do familiar fedor felino.

Rosa Vañó disse que quando começou a trabalhar no Castillo de Canena, achava difícil convencer os potenciais clientes de que azeites eram diferentes dos azeites andaluzes comuns. "As pessoas diziam: 'Azeite de Jaén? Não, obrigado, não preciso de mais óleo de cozinha a granel'. Ou diziam: 'Um *picual* de alta qualidade? Você deve estar brincando'." Para mudar a mente das pessoas, ela fez inúmeras visitas infrutíferas a restaurantes e lojas de alimentos. "Na Coca-Cola, eu circulava num Jaguar azul, carro da empresa. Tinha uma secretária pessoal e trinta pessoas trabalhando para mim, e um orçamento de *marketing* de 5 bilhões de pesetas [cerca de 30 milhões de euros de hoje]. Era diferente quando comecei a vender nosso azeite. Eu entrava pela porta dos funcionários com amostras debaixo do braço. 'Você não me deve nada', dizia às pessoas. 'Apenas *experimente* este.' Houve um mês em que só vendemos € 50 de azeite. Estávamos sentados em torno desta mesa, perguntando um ao outro: 'Acha que todo esse esforço vale a pena?'."

Apareceu uma brecha quando ela deixou uma amostra para Jean--Pierre Vandelle, um *chef* de destaque em Madri. Vandelle lhe telefonou um pouco mais tarde. "Houve um erro", disse ele. "Você me deu um óleo rotulado '*picual*' que não é *picual*." Quando ela insistiu que o rótulo estava correto, ele respondeu: "Venha me visitar". Desde então, conta Rosa Vañó, Vandelle se tornou o embaixador de seu azeite, juntamente com vários outros *chefs* importantes e críticos de alimentos, bem como um toureiro famoso, um cantor de ópera e um artista moderno: todos eles assinaram uma colheita do azeite Castillo de Canena. Rosa viaja incessantemente por quatro continentes, e desenvolveu uma estratégia para superar o *jet lag* usando viseiras, fones de ouvido que cancelam ruídos, sonecas cuidadosamente cronometradas e doses fracionadas de Ambien, pílulas para dormir. "Há muitos novos mercados no mundo que têm enorme potencial", disse ela. "Mesmo aqui na Espanha, o consumo de bom extravirgem é muito baixo. Noventa por cento dos espanhóis colocam manteiga em seu pão no café da manhã. Em vez disso, eles deviam estar comendo nosso azeite!"

Peguei outra torrada e a reguei com azeite *arbequina:* novamente, tive um despertar. Os óleos feitos com o cultivar *arbequina* normalmente contêm poucos polifenóis, ácido oleico e personalidade, mas esse azeite era robusto e cheio de nuances, com uma pitada de maçã verde e amêndoas amargas.

"Nosso *arbequina* este ano tem 250 polifenóis e 68% de ácido oleico, o que é inédito para esse cultivar", observou Francisco Vañó. "Conseguimos chegar a esses níveis estressando as árvores, reduzindo as irrigações – os polifenóis são a resposta da oliveira a uma situação de estresse. Ao mesmo tempo, aumentamos a irrigação da *picual*, removendo um pouco de seu amargor e pungência naturais, que podem ser bastante agressivos." (Este ano, a *picual* deles apresenta gritantes +500 em polifenóis e 80% em ácido oleico, e uma notável baixa percentagem de acidez livre, de 0,07%.) Enquanto Rosa viaja o mundo vendendo o azeite Castillo de Canena, Francisco fica em casa, em Canena, e o fabrica nos 1.500 hectares de olivais da família, onde estão plantadas 280 mil oliveiras. "Quando eu trabalhava no banco, trabalhava duro, mas assim que deixava o prédio à noite, era uma pessoa normal. Aqui, sou um fabricante de azeite vinte e quatro horas por dia. Fiquei um pouco como um animal – muitas vezes cheiro coisas novas como forma de aprender sobre elas. O sentido do olfato lhe fornece uma enorme quantidade de informações, são muitos *inputs*. Até chegar aos 42 anos, eu não prestava atenção ao meu nariz." Francisco diz que a profissão de fabricante de azeite tem uma qualidade épica, uma vez que há tantos fatores fora de seu controle. "Reza-se para ter vento, chuva, sol – está sempre rezando por alguma coisa, olhando para o céu. Esse contato com a natureza o torna mais humano, mais em contato com o universo. A fabricação de azeite de oliva é realmente homérica."

Também é estressante: as unhas de Francisco estavam roídas até a raiz, e ele ocasionalmente fazia uma pausa, inspirava profundamente e expirava lentamente através dos lábios franzidos, como se tentasse acalmar os nervos. Rosa, que recentemente chegara de San Francisco e viajaria para Moscou no dia seguinte, parecia cansada, os olhos injetados com olheiras escuras embaixo.

Depois do café da manhã, saímos da cidade de carro para visitar as infinitas plantações que circundam Canena, tão uniformes e ininterruptas que era impossível dizer onde uma propriedade terminava e a seguinte começava. Estivera chovendo por vários dias, e os agricultores tinham parado de colher para que as azeitonas secassem. Era fim de janeiro, época em que os fabricantes de azeite fino em torno do Mediterrâneo já terminaram há tempos de colher as frutas, mas essas árvores ainda estavam pesadas com rechonchudas azeitonas pretas *picual*, e muitas mais tinham caído em pequenas áreas escuras em torno do pé das árvores.

Quando os Vañó começaram a fabricar azeite extravirgem, em 2002, contrataram um consultor de Córdoba, que os instruiu a usar apenas as árvores mais velhas, a colher as azeitonas amadurecidas ao máximo e a esforçar-se para produzir um azeite homogêneo, que tivesse o mesmo sabor de ano para ano. Depois da primeira colheita, Rosa e Francisco trouxeram amostras de seu azeite a uma feira de alimentos e orgulhosamente as ofereceram a especialistas da indústria. Um degustador famoso deu um gole e perguntou quantos meses tinha estado na garrafa, embora eles o tivessem feito apenas dois dias antes. "Ficamos humilhados", lembrou Francisco. "Foi aí que começamos a compreender que 'homogêneo', essa palavra danada, era uma maneira completamente errada de se pensar sobre o azeite de oliva extravirgem. A oliveira é um ser vivo, e produz diferentes colheitas todos os anos. A variedade não é uma fraqueza em um bom azeite, na verdade pode ser uma força." Os Vañó começaram a estudar olivicultura e fabricação de azeite com agrônomos e especialistas em óleo na IFAPA,[12] um instituto de agronomia das proximidades, amplamente reconhecido por sua perícia com o azeite de oliva extravirgem. Na safra seguinte, eles estavam prontos para outro exame. "Cheirei e provei o nosso azeite, e ele parecia bom", disse Francisco. "Mas eu não confiava em meu próprio julgamento. Então peguei uma amostra e a levei o mais rápido que pude para a IFAPA. Entreguei-a a Brígida Jiménez Herrera, a melhor degustadora deles. Ela derramou o azeite em um copo de teste, aqueceu-o nas mãos, tirou a tampa, cheirou-o, bebeu-o. Olhou para mim. '*Francisco, es estupendo!*', disse ela. E desatei a chorar."

Agora estávamos dirigindo através dos olivais dos Vañó. Rosa e Francisco descreviam a rotina da colheita, que começa no início de outubro, quando coletam amostras de dez a quinze azeitonas ainda verdes de árvores representativas, produzem lotes de teste usando uma minúscula máquina de fabricação de óleo personalizada e analisam cada lote para conhecer seu perfil de sabor e suas propriedades químicas. Quando os resultados do teste estão satisfatórios, eles rapidamente colhem todas as azeitonas para os azeites do "Primeiro Dia da Colheita" em uma *blitz* de dezoito horas, depois colhem os frutos para seus azeites da Reserva da Família nos dias seguintes. Vimos o olival experimental que plantaram havia três anos, contendo 45 cultivares diferentes de todo o mundo, onde iriam começar a colher no ano seguinte. "Nós vamos descobrir, cientificamente, pela primeira vez, quais são as azeitonas que produzem o melhor azeite em nosso solo, nesta altitude e neste clima", disse Francisco. "Quando o fizermos, vamos plantar bastante dos três ou quatro melhores cultivares. E, em mais alguns anos, vamos começar a fazer

12 Instituto de Investigação e Formação Agrária e Pesqueira. (N.T.)

misturas premium com eles – não misturas com azeitonas que por acaso estão crescendo em nossa terra, como a maioria dos produtores fazem, mas as melhores misturas possíveis." Eles também estão planejando começar uma operação de fabricação de azeite na Califórnia, onde se focarão em cultivares nativos, como a azeitona *mission*. "A Califórnia não seria um novo mercado para espanhóis como nós, mas o retorno a um velho mercado", riu Francisco. "Afinal, quando a família Vañó começou a cultivar azeitonas, em 1780, a Califórnia fazia parte da coroa espanhola." Mostraram-me o sistema de irrigação deles, que emprega uma nova tecnologia desenvolvida na Austrália, e a nova fazenda solar. Falaram da cuidadosa atenção que prestam aos vestígios de carbono e à conservação da água. "Estamos mirando vinte a trinta anos no futuro, começando projetos que esperamos que nossos filhos e netos possam continuar."

Dirigindo de volta ao castelo, passamos quilômetros e quilômetros de estradas lamacentas e oliveiras caídas, apodrecendo. A chuva começou de novo, tornando a paisagem ainda mais desolada. Tinha sido uma colheita difícil, explicou Rosa, e essas chuvas só a pioraram – bem como a presente crise econômica na Espanha, que é particularmente aguda na Andaluzia, onde o desemprego está próximo de 30%. "É difícil ver um modo de vida que foi fonte de subsistência por cinquenta anos chegar ao fim", disse ela, perscrutando as plantações encharcadas. "As margens de lucro estão desaparecendo em óleo de má qualidade feito desse jeito. O azeite a granel está morto." Os Vañó conhecem bem o mercado de óleo a granel. Embora a empresa deles se concentre em fabricar azeite extravirgem de primeira qualidade, eles continuam o negócio familiar que assumiram em 2002, que também produz óleo a granel em um lagar separado. Em volume, esse óleo representa 95% da produção, embora o extravirgem superior já responda por um quarto dos lucros.

Pergunto sobre uma recente carta aberta à ministra do Meio Ambiente espanhol, Rosa Aguilar, escrita por várias organizações comerciais que representam as empresas de engarrafamento e de produtores de azeite do país. Nela, os signatários reclamavam de um teste químico e sensorial de cinquenta azeites extravirgem que o governo regional de Andaluzia recentemente realizara em supermercados espanhóis: os resultados revelaram que metade dos óleos rotulados como "extravirgem" eram, de fato, virgens ou *lampantes*, levando a uma crise generalizada de agitação e publicidade negativa. Os signatários condenaram o júri de degustação por ser um método subjetivo e pouco confiável, e exigiram que a ministra imediatamente cessasse seu uso na determinação da qualidade do azeite de oliva. Eram representados por grandes engarrafadores e produtores espanhóis, como o Grupo SOS e a gigantesca cooperativa de olivicultores Hojiblanca, mas a carta também tinha sido assinada pela Infaoliva, a associação de produtores de azeite de oliva à qual pertence o próprio Castillo de Canena.

"Eles estão tentando reduzir a qualidade do azeite extravirgem para o menor denominador comum, para transformar o óleo de oliva em uma *commodity*", disse Francisco. "Os agricultores de Jaén continuam a produzir o óleo da forma mais barata possível. Eles ainda não acreditam que vão ser pagos pela qualidade, nem entendem que produzir o verdadeiro azeite extravirgem de qualidade é o futuro da indústria."

Perguntei por que essas organizações, encarando lucros em queda livre no negócio de óleo a granel, não começavam a produzir azeite de qualidade, como fez o Castillo de Canena. "Eles têm os recursos", respondeu Francisco. "Poderiam contratar quinze Franciscos Vañó, ou quinze pessoas melhores que eu. Mas não o fazem, e suas poucas tentativas em azeite de primeira fracassaram. Não sentem a paixão, que é a única maneira de produzir grandes azeites. Não é apenas o dinheiro, aqui não estamos fabricando pregos. Temos de colocar nisso muita paixão e fé, e muito amor. No final das contas, acho que eles têm medo de nós." Ele ficou silencioso, como se tivesse acabado de ter essa ideia, e a considerava chocante.

Chovia forte quando chegamos ao castelo. Rosa Vañó se despediu e correu para o carro: estava indo para Madri, onde pegaria um voo para Moscou na manhã seguinte, bem cedo. Francisco se ofereceu para me levar em visita ao castelo. Vimos a adega com alvenaria moura e romana, onde duas carruagens em ruínas estavam cobertas de poeira e tombavam lentamente. Andamos pelo salão de baile, pela sala de jantar enfeitada com tapeçarias flamengas do século XVI e pela *loggia* com vista sobre o Canena chuvoso. Vimos cômodos escondidos no alto das torres do castelo, que pareciam não ter sido abertos durante semanas, talvez meses. De vez em quando, Francisco fazia uma pausa para estudar uma rede de rachaduras se formando em algum arco de alvenaria, ou um pedaço de gesso que caíra de um teto muito acima, lembretes de quanta manutenção deve exigir essa antiga construção de 2.500 m^2. Por toda parte, os rebanhos de animais de caça mortos nas paredes olhavam com o olhar vidrado, entremeados por pinturas a óleo e fotografias de gerações passadas da família Vañó, olhando para nós com orgulho e curiosidade.

"Não sou um caçador", disse Francisco, com um toque de impaciência. "Esses troféus são de meu cunhado. Rosa não permite que fiquem em casa." Como se explicasse sua aversão à violência, ele apontou para o retrato de casamento de seu avô, de quem herdara o nome, e disse que três anos depois de a foto ser tirada, o avô fora baleado por um dos pelotões de fuzilamento de Franco, nos primeiros meses da Guerra Civil Espanhola. Os retratos da família continuaram, homens de fraque e mulheres com vestidos de baile, além de fotos de Francisco e Rosa crianças, e depois adolescentes.

Examinando-as, Francisco disse: "Rosa e eu sentimos que nossos antepassados nos deram o mandato. Eles estão nos dizendo: 'Vocês têm de fazer as coisas melhor do que nós fizemos'. Amamos este trabalho, mas nós dois concordamos que não queremos trabalhar tão duro, dia e noite, pelo resto de nossas vidas. Queremos ter condições de, algum dia, entregar a empresa à próxima geração. De alguma forma, sentimos que, se não conseguirmos isso, vamos ter muito o que explicar".

Então, como se continuasse seu pensamento anterior sobre o medo que paira sobre o negócio do azeite, acrescentou: "Suponho que temos medo, também. Nos últimos anos, a crise econômica e a crise oleícola na Espanha nivelaram por baixo a qualidade do óleo do mercado de massa, mas também forçaram os produtores de qualidade a diferenciar, a inovar. Não podemos nos dar ao luxo de parar de trabalhar, de parar de fazer o nosso azeite cada vez melhor, ou então seremos engolidos".

Bill Briwa, instrutor-chefe do Instituto de Culinária da América em Greystone, o *campus* de Napa Valley da maior escola de culinária do mundo, em pé junto a um fogão aceso, apontava uma arma para um pote de azeite. Briwa estava mensurando o calor do azeite com um termômetro infravermelho, até que a temperatura subiu para 220 °C, o ponto de fumaça da maioria dos azeites, em que eles começam a se desagregar e a produzir uma fumaça acre azulada. A cada 10 graus, ele colocava um pouco do azeite em um pires, marcava-o com a temperatura usando um *post-it* amarelo e colocava-o em um balcão adjacente. Desse modo, processou quatro diferentes azeites, três extravirgens de várias qualidades e um óleo refinado, tão metódico como os *chefs* mestres sabem ser. No final do experimento, havia quarenta pires em quatro fileiras retas sobre o balcão. Ele estava pronto para degustá-los e para aprender algo novo sobre cozinhar com azeite de oliva.

"Li todo tipo de opiniões contraditórias sobre fritar com azeite de oliva", disse Briwa. "Algumas pessoas dizem que é bom usá-lo porque tem um alto ponto de fumaça e se mantém bem quimicamente quando aquecido, outros dizem que é melhor usar óleo de amendoim ou de dendê. Muitas vezes, a única maneira de separar o fato da ficção é experimentando no fogão."

Ele me passou uma colher e experimentamos os quatro azeites em série, subindo a escala de temperatura, fazendo uma pausa de vez em quando para limpar nosso paladar com água mineral com gás. Depois de experimentar as primeiras poucas amostras, Briwa disse: "Este aqui tem gosto de pipoca!". Todos os outros também tinham – sem graça, amarronzado, ligeiramente amendoado – mesmo aqueles que tinham sido cozidos em calor moderado, incluindo o melhor extravirgem que ele usara, um azeite espanhol caríssimo. De fato, o óleo espanhol era o pior, pois o cozimento tinha retirado todos os seus sabores sutis e aromáticos, deixando um amargor dominante que o tornava quase intragável. O óleo que mudou menos, como era de se supor, foi o óleo refinado, pois os elementos aromatizantes dos azeites extravirgem, que sofreram no calor, já haviam sido removidos dele na refinaria. "Não posso falar sobre a química ou a nutrição, e precisaria testar muitos outros azeites para dizer algo definitivo", concluiu Briwa, "mas, por enquanto, cozinhar em fogo alto parece um desperdício de um bom azeite de oliva."

Briwa, que conheci em Verona, na conferência Além do Extravirgem, é como a maior parte dos cozinheiros, um grande fã das gorduras, que desempenham papéis tão importantes na cozinha. Elas dissolvem e ampliam sabores, amaciam alimentos, entrando dentro deles e enfraquecendo sua estrutura celular, criam texturas macias e cremosas e cozinham a temperaturas bem superiores ao ponto de fervura da água, o que deixa a superfície do alimento crocante e dourada. Mas, graças a seus sabores complexos e aromáticos, diz Briwa, "o azeite de oliva de primeira é o rei das gorduras, um multiplicador de sabores que cria um gosto de alegria duradouro". Ele gosta de brincar fazendo pares pouco usuais, como azeite de oliva cozido e despejado sobre doces. "Há uma enorme diferença entre comer um rico *ganache* de chocolate, e comer essa mesma sobremesa com um óleo de primeira por cima. O óleo confere profundidade e complexidade à doçura, e adiciona uma verde sensação de saúde, de frescor. O ganache ganha um perfil de sabor 'adulto', tornando-se algo para ser realmente saboreado, não apenas 800 calorias para ingerir sem pensar. As coisas devem ter bom sabor, mas também *pensar* bem."

Briwa admite ter muito a aprender sobre o azeite. "Ainda me descubro cozinhando e depois vou procurar o azeite certo para colocar nos pratos, em vez de considerar o óleo como uma parte integrante do prato, escolhendo-o antes de começar a cozinhar." Muitos *chefs* famosos sentem o mesmo, e ficam emudecidos em seu primeiro encontro com um excelente azeite. Paul Bartolotta, que também participou do Além do Extravirgem, em Verona, recorda vivamente sua iniciação à extravirgindade, durante uma refeição improvisada em uma caverna em Lucca, ao lado de uma prensa de azeitonas ativa. "Eles estão cozinhando *baccalà* grelhado, sopa de feijão e *fettunta*[13] bem ali, enquanto estão fazendo o azeite", lembra Bartolotta, "e estão derramando o azeite fresco em todo lugar: o óleo está escorrendo por toda parte, toda a sala cheira a isso, até que eu queira esfregá-lo em meu cabelo e em todo o meu corpo – estou tão apaixonado

[13] Nome dado à *bruschetta* na região de Florença, na Itália. (N.T.)

por esse momento! E estou pensando: 'Onde posso obter esse azeite? Como vou compartilhar essa experiência com meus clientes?'."

Se não for possível visitar a caverna Bartolotta, em Lucca, um bom lugar para aprender sobre azeite é um restaurante onde o *chef* tenha uma série de extravirgens de qualidade e saiba como combiná-los com os alimentos. Os grandes azeites, assim como os grandes vinhos, podem parecer ásperos e intimidadores para o degustador novato. "Como *chef*, posso pegar os clientes pela mão e assegurar-lhes que vão para um bom lugar," diz Briwa. "Começo com um pouco de azeite de oliva e eles tossem, mas em seguida lhes dou um pouco de *sorbet* de azeite de oliva e eles apreciam. Então os induzo a adicionar um pouco de azeite em cima do *sorbet*, e em seguida um pouco mais. Essas são lições que as pessoas vão levar para casa com eles, e as passarão adiante."

Em abril de 2010, para promover esse tipo de aprendizagem e experimentação guiada, o Instituto de Culinária instalou uma *oleoteca* (ou "bar de azeite"), que Briwa me levou para ver. Os visitantes sentam-se ao longo de um largo balcão de nogueira, degustando azeites que saem de uma versão ligeiramente melhorada da invenção de Paolo Pasquali. (Como em Villa Campestri, todos os azeites são certificados pela 3E e revezados regularmente para oferecer a máxima diversidade de estilos.) A gerente do bar, Patricia Donnelly, estava conversando com um casal de idosos de bermudas e camisas havaianas, explicando as características dos azeites e como usá-los no exibidor de alimentos que havia trazido.

No bar, juntou-se a nós Greg Drescher, diretor estratégico do Instituto de Culinária, pessoa perspicaz e de voz melodiosa, que agrada multidões, e que claramente pensara em azeite de oliva de maneiras estratégicas de longo alcance. "Parte de nossa missão no Instituto de Culinária é fornecer a melhor educação culinária do mundo, e um grande azeite de oliva é parte fundamental nessa educação", disse ele. Explicou que a culinária norte-americana está passando por uma transformação rápida – "o velho ditado 'americano como uma torta de maçãs' tem cada vez menos significado" – e que um grande desafio para o azeite de oliva nos Estados Unidos seria encontrar papéis nas gastronomias latina e asiática, que estão começando a definir a nova agenda culinária.

Escutei, enquanto observava as pessoas com camisas havaianas, admiradas – "Oh! Ah!" – com o bar de azeite. O Instituto é visitado por 300 mil pessoas por ano, tanto por californianos como por turistas, além de 4 mil *chefs* em treinamento. Muitas vezes, a experiência deles nesse balcão deve transformar seu entendimento sobre o azeite de oliva. Ainda assim, não pude impedir-me de pensar nos De Carlo na Apúlia, e nos milhares de olivicultores como eles, em torno do Mediterrâneo, que mal conseguem cobrir seus custos em um mercado inundado de imitações de azeites de baixo preço, e que provavelmente nunca venderão seu produto ali. E pensei em pessoas no centro-oeste dos Estados Unidos, e em todas as outras nações de consumo, para quem o Instituto de Culinária é tão inacessível como a caverna mágica em Lucca, onde Paul Bartolotta teve sua epifania sobre o azeite – pessoas que simplesmente não conseguem azeite bom, ou nem mesmo podem obter azeite que seja realmente feito com azeitonas.

Mencionei essas pessoas a Drescher: os agricultores que sofrem e os consumidores carentes de azeite, as massas não ungidas. E perguntei, tentando não ser sarcástico, como esse chamativo bar de azeite, em Napa, iria melhorar as coisas.

Drescher me olhou sem se alterar. Trabalhando com a Escola de Saúde Pública de Harvard, desempenhou um papel fundamental na codificação e na divulgação da dieta mediterrânea nos Estados Unidos no início dos anos 1990. Passou anos viajando pelo Mediterrâneo. Viu os infinitos olivais da Andaluzia e as antigas árvores de Creta ao lado do mar verde-claro. Esteve na Apúlia na época da colheita e compartilhou refeições com os colheiteiros.

Ele encolheu os ombros e simplesmente disse: "O que estamos fazendo aqui os ajudará lá. A excelência é contagiosa".

7

Novos mundos de azeite

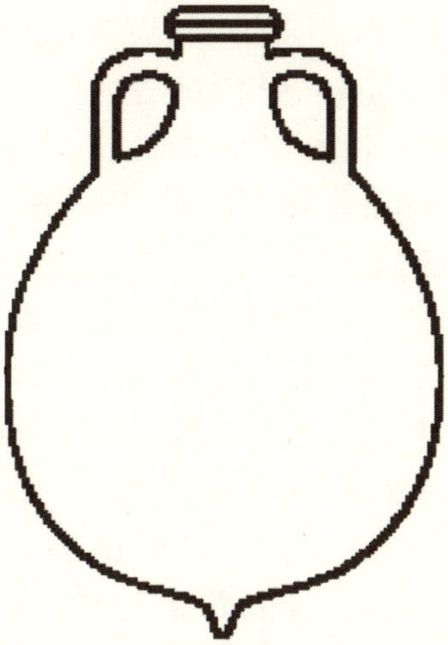

O vinho não é a única coisa a cantar
O azeite de oliva também canta
Ele vive em nós com sua luz madura
E entre as boas coisas da terra
Eu distancio
O azeite de oliva,
Sua inesgotável paz, sua essência verde
Seu tesouro repleto que descende
Das fontes abundantes da oliveira.
(Pablo Neruda, *Ode ao azeite de oliva*)

Os cangurus algumas vezes saltam pelos olivais da Nova Norcia, um mosteiro beneditino na Austrália Ocidental, ao norte e não muito distante de Perth, mas eles não prejudicam as árvores. Os papagaios são o verdadeiro problema, os grandes bandos barulhentos de cacatuas pretas, cor-de-rosa e cinzas que se precipitam sobre as plantações na época da colheita e devoram as azeitonas verdes. "É muito frustrante", diz Gordon Smyth, o chefe das plantações do mosteiro. "Dom Paulino costumava dizer que atirar em cinco aves por dia iria afetar sua quantidade, mas, pessoalmente, acho que são necessárias cinco espingardas disparando continuamente para fazer alguma diferença."

Smyth recentemente assumiu a responsabilidade pela cultura da oliveira e pela fabricação de azeite de Dom Paulino Gutierrez, monge espanhol que administrou os olivais por décadas até pouco antes de sua morte, em 2010, aos noventa e nove anos. Os irmãos da comunidade de Nova Norcia, que fica na planície seca e fértil de Victoria, na Austrália Ocidental, pouco mais de oitenta quilômetros para o interior a partir do Oceano Índico, têm cultivado azeitonas e feito um soberbo azeite por mais de um século. Foram liderados por uma longa série de espanhóis, chegando até os fundadores da missão, os bispos Rosendo Salvado e José Serra, que chegaram ao porto de Perth em uma fragata à vela em 1846 e ali se estabeleceram para trabalhar, convertendo a tribo aborígene noongar ao cristianismo. No primeiro ano de trabalho, Salvado e Serra viveram a vida nômade de seus anfitriões aborígenes. Às vezes, quando os mantimentos monásticos familiares terminavam, os padres se arranjavam com a "gororoba" do sertão – larvas, tubérculos, lagartos e, ocasionalmente, um gambá. Com a ajuda de um guia aborígene, eles finalmente encontraram um local promissor ao longo do rio Moore, onde hoje está o mosteiro. Começaram a limpar os diversos tipos de eucaliptos nativos e a utilizar culturas familiares mediterrâneas como figos, uvas para vinho, laranjas amargas e um olival. Logo, haviam criado uma comunidade cristã autossuficiente, à qual deram o nome de Norcia, o local de nascimento de São Benedito e de São Sanctulus, o sacerdote do século VI que ensinou aos lombardos moleiros pagãos como usar água benta (ou fervente) para extrair azeite.

O bispo Salvado mantinha três garrafas de azeite na igreja, que agora podem ser vistas no museu de Nova Norcia, cada uma delas abençoada para diferentes usos: azeite de catecúmenos para ungir convertidos antes que fossem batizados; azeite santo para o rito batismal em si; e azeite dos doentes para curar feridas e confortar os moribundos durante a extrema unção. O azeite dos doentes era particularmente famoso por seus poderes terapêuticos. Em seu diário, Salvado descreve como ele e o bispo Serra curaram um menino aborígene que encontraram deitado quase morto no sertão com uma lança atravessada no estômago – "um ferimento tão feio que a única coisa que podíamos fazer por ele era prepará-lo para a morte". Os bispos limparam as cavidades de entrada e saída com o azeite e o colocaram na cama. Para sua surpresa, depois de nove dias o menino se recuperara completamente, e rapidamente voltou para o interior. (Não que o azeite de oliva fosse a única cura à disposição dos monges – quando sofria de severas dores abdominais, o próprio Salvado se recuperou com uma dieta de sopa de papagaio e pão molhado no vinho da comunhão.)

Como em qualquer mosteiro beneditino, o azeite também serviu os monges de formas mais banais, como sabão, no cuidado dos cabelos e, acima de tudo, como alimento, para ser comido com pão. Desde os primeiros anos do mosteiro, o azeite feito em Nova Norcia era de primeira qualidade, recebendo grandes elogios na Feira Indiana e Colonial de Londres, em 1886, e logo depois suas qualidades foram exaltadas no *Western Australia Settler's Guide and Farmer's Handbook* [Guia do colono e manual do fazendeiro da Austrália Ocidental], publicado em 1897, cujo autor chamou as azeitonas de mesa dos monges de "um petisco" e escreveu sobre o azeite deles: "genuinamente puro... aqui não há caroço de algodão". Os monges de Nova Norcia importaram as oliveiras e sementes da Andaluzia e da Sicília: durante as viagens frequentes para o Mediterrâneo, estudaram os métodos agronômicos e técnicas de fabricação de óleo utilizadas nos mosteiros espanhóis, italianos e franceses, que mais tarde empregaram para melhorar o seu produto na Austrália.

Até o final do século XX, os espanhóis continuaram a administrar o mosteiro e a cuidar de suas azeitonas. Dom Paulino, o último deles, chegou em 1928, aos dezoito anos. "Ele era um homem notável, incrivelmente engenhoso, com o coração e a mente belos", lembra Gordon Smyth. "Você devia tê-lo visto gritando enquanto andava na moto de quatro rodas – ele realmente ficava frenético!" Dom Paulino ensinou a Smyth os métodos tradicionais de colheita e moagem do mosteiro, que frequentemente utilizavam equipamentos que já haviam sido usados por várias gerações. Apresentou Smyth às árvores de referência, gigantes veneráveis que, a partir da condição de seus frutos, sinalizavam quando começar a colheita. Os monges conheciam essas árvores pelo nome: Clarence, que Smyth descreve como "uma árvore de dura resistência, tipo 'escola pública', com uma atitude de 'não mexa comigo'"; e Rosa, que é "como uma senhora italiana, linda, graciosa e robusta".

Ninguém sabe que cultivares os monges espanhóis de Nova Norcia trouxeram de sua terra natal. Muitas árvores morreram durante a travessia do oceano e, como diz Gordon Smyth, as que sobreviveram ao ar salgado da viagem "estavam duras como botas velhas quando chegaram".

Ao longo dos últimos 150 anos, sob o sol australiano e as brisas do Oceano Índico, essas árvores se afastaram de suas ancestrais mediterrâneas, e agora são consideradas um cultivar separado, o *mission* Austrália ocidental. De modo semelhante, desde que assumiu o lugar de Dom Paulino, Gordon Smyth emprega uma nova abordagem australiana nativa para produzir azeite no mosteiro, com base não só nas sensibilidades antigas dos beneditinos espanhóis, mas em sua própria experiência nos olivais do sul da Austrália, onde cresceu. Para começar, Smyth pensou que as árvores tinham ficado difíceis de administrar por estarem altas e densas demais; e as podou vigorosamente. "Abri-as como copos de coquetel, para que a luz e o ar penetrassem. As pessoas quase desmaiavam quando caminhavam entre as árvores. Eles realmente estremeceram quando as podei. Mas disse a eles: 'Tente subir em uma plataforma elevatória a pelo menos sete ou oito metros acima do deque no vento invernal, meu amigo! Estou aqui para fabricar um excelente azeite'." Ele parou de usar a velha mó que havia no mosteiro, e começou a processar a fruta em instalações modernas na vizinha cidade de York. E começou a confiar em seus instintos. "Uso os sentidos que Deus me deu para dizer como as árvores estão. Fecho os olhos e corro a mão pela folhagem. A folha está ligeiramente invertida, querendo água? Está pegajosa, ou coberta de pó?"

Quando a colheita começa, em maio, no início do outono australiano, Smyth belisca e cutuca as azeitonas que chegam dos olivais em caixotes, rejeitando qualquer fruta que esteja amassada ou danificada pelos pássaros. De vez em quando, ele espreme o suco de uma azeitona, para examinar a cor e viscosidade, e experimenta azeitonas cruas para julgar o nível de amargor e pungência. Finalmente, coloca-as sobre uma mesa de classificação e, com o olhar de um pintor, tenta criar uma reunião de cores que fará o melhor azeite de Nova Norcia. "Quero a paleta correta na fruta, entre verde, mudando de cor e completamente madura. Se não estiver exatamente certa, digo para alguém: 'Vá e colha verdes, colha dez caixotes!'. Nós trabalhamos seguindo essa receita."

O perfeccionismo do Novo Mundo de Smyth está funcionando: no ano passado, o azeite do mosteiro ganhou quatro prêmios em competições nacionais de azeite, em diferentes lugares da Austrália. "Aperfeiçoar continuamente o produto é o que diz a Bíblia", diz ele. "Estou aplicando essa ideia fundamental na fabricação de azeite e em outros trabalhos agrícolas. Represento o mosteiro e sua longa história. Espero que alguém venha e leve adiante depois que eu me for, e que o faça até melhor."

Perguntei a Smyth se ele viajara pelo Mediterrâneo, coração da terra da oliveira, onde Dom Paulino e as gerações anteriores de monges de Nova Norcia haviam aprendido a fabricar azeite. Ele teria planos de visitar a Espanha ou a Itália, para estudar a olivicultura ou a produção de azeite?

Ele parecia já ter considerado essa questão. "Ouça, as estrelas são lindas à noite, aqui", disse ele. "Quão bom precisa ser o caviar? Não tenho vontade de ter uma experiência além-mar."

O azeite de oliva chegou à Austrália, exatamente como se espalhou por qualquer parte no mundo onde as oliveiras podem crescer, com uma série de viajantes oriundos do Mediterrâneo: missionários, exploradores e conquistadores do século XV ao XVIII e em séculos posteriores, chegando em onda após onda de imigrantes e mercadores. Essas pessoas inocentes, ambiciosas e solitárias, para onde quer que fossem, levavam azeite da terra natal e plantavam oliveiras, algumas vezes enxertando-as em resistentes árvores locais aparentadas à oliveira. As oliveiras agora sobem as encostas da montanha da Mesa na África do Sul, salpicam as planícies quentes do norte da Argentina e circundam o golfo de Hauraki, na Nova Zelândia, formas mediterrâneas familiares erguendo-se contra horizontes que outrora lhe eram estranhos.

As oliveiras crescem por toda a Austrália, das úmidas florestas subtropicais do nordeste de Queensland às frias planícies subárticas do sul da Tasmânia, e para além do árido Centro Vermelho aos campos de Karri da Austrália ocidental. Embora os monges de Nova Norcia tenham produzido azeite desde a década de 1850, o cultivo em larga escala na Austrália só começou na década de 1980, os anos da chamada "febre do azeite", quando o governo federal ofereceu substanciais concessões de terra, subsídios e isenção de impostos aos produtores. Logo, a demanda por óleo de oliva, originalmente baixa – exceto entre as numerosas populações de imigrantes gregos e italianos nas grandes cidades –, começou a crescer, graças às campanhas promocionais do COI, a programas televisivos de culinária que popularizaram a comida mediterrânea e a um interesse crescente em produtos naturais saudáveis. A crescente demanda, por sua vez, estimulou a produção. As empresas australianas hoje fabricam 18 mil toneladas de azeite, tornando a Austrália um dos países com maior produção fora do Mediterrâneo, e os australianos consomem mais óleo do que produzem. Os produtores australianos estão entre os mais avançados tecnologicamente no mundo, e desenvolveram novas práticas de cultivo e técnicas de fabricação. O maior produtor do país, a Boundary Bend, gerencia 2,5 milhões de oliveiras, exporta o carro-chefe de seus azeites para quinze países e constrói a Colossus, uma enorme colhedora mecânica de tecnologia avançadíssima. Os maiores produtores australianos estão fazendo excelente azeite a preços competitivos. Alguns têm nomes mediterrâneos como Mark Kailis e Felice Trovatello, mas sua concepção é completamente "Novo Mundo". E eles estão começando a questionar a ordem do Velho Mundo.

Como a indústria de azeite australiano cresceu em habilidade e tamanho, os produtores locais insistiram para que as leis existentes contra a concorrência desleal fossem aplicadas a alguns extravirgens de supermercado importados do Mediterrâneo, os quais, eles ressaltam, não atendem à definição legal da classificação extravirgem. Com algum apoio do governo, alguns fraudadores de óleo foram processados, enquanto a *Choice*

("Escolha"), a revista de uma associação independente de consumidores, realizou, em 2010, uma série de pesquisas de azeites de supermercado, cujos resultados revelaram que cerca de metade dos extravirgens de supermercado em todo o país foi etiquetada erroneamente. Alguns críticos vão além e questionam a definição básica da extravirgindade como é estabelecida nas orientações do COI. "Os requisitos químicos estabelecidos pelo COI são uma completa piada", diz Richard Gawel, químico e misturador de azeites que formou o primeiro júri de degustação certificado pelo COI na Austrália e que frequentemente julga competições internacionais de azeite. "Por exemplo, considere o nível de acidez de 0,8%. As azeitonas podem cair das árvores e ficar no chão por cinco meses antes de serem moídas e ainda ficar abaixo de 0,8%! Os níveis de peróxido – medida do estado de oxidação do azeite – foram estabelecidos em 20, mas os compradores de azeite extravirgem não tocariam nem com uma vara longa um produto com um nível de peróxido mais alto do que 12. Níveis como esses servem apenas a um propósito: para vender um monte de óleo velho ou de má qualidade e colocar dinheiro no bolso de certas pessoas, às expensas do consumidor."

O Modern Olives, um laboratório lipídico no estado de Victoria que se tornou um dos mais respeitados laboratórios de azeite de oliva do mundo, começou a aplicar novos testes, conhecidos na taquigrafia química como DAGS e PPP, para detectar óleos velhos e desodorizados ilegalmente. O COI reclama que esses métodos são defeituosos e se recusa a incluí-los nos protocolos oficiais de teste, mas Gawel diz que nunca viu um método de teste que rivalizasse com DAGS e PPP. "Acho tudo isso uma droga. Não há nada errado com esses testes, é apenas o fato de o COI querer manter domínio total sobre os testes do azeite de oliva. Eles propuseram um teste alternativo a esses, mas, de fato, aquele teste tinha tido menos embasamento científico do que esses que eles criticam. A União Europeia subsidia produtores para acumular estoques de muito azeite quando os preços estão baixos, e ele fica no tanque por um longo tempo. Testes sofisticados como aqueles propostos podem detectar essa prática. Eu ficaria surpreso se os fornecedores desses óleos misturados debaixo do pano não estivessem preocupados com a adoção desses testes robustos e sofisticados, que podem detectar a mistura de óleos velhos." Em 2011, a organização oficial de padronização australiana e neozelandesa elaborará um projeto de lei com severos novos padrões de qualidade para o azeite de oliva, que incluem DAGS e PPP, outro passo para que o país se afaste ainda mais do Mediterrâneo.

De onde vem a definição de "extravirgem"? Quem decide? Em todo o Novo Mundo do azeite, essas questões estão sendo feitas pelos produtores que começam a desafiar a hegemonia mediterrânea sobre o azeite. É verdade que eles só representam 2% da produção mundial de azeite de oliva, mas essa fatia está crescendo, especialmente no filão de mercado de alta qualidade. Além do mais, precisamente por causa de sua relativa inexperiência e do pequeno tamanho, esses recém-chegados estão livres de alguns antigos preconceitos e obrigações econômicas que sobrecarregam o negócio do azeite no Mediterrâneo, e podem examinar a questão da qualidade do óleo de oliva mais claramente. Eles estão por toda parte, e formam um coro crescente, cada país e região com sua própria história de azeite original, sua própria coleção de individualistas e excêntricos que sempre parecem ser atraídos para as azeitonas. Mas, potencialmente, o novo mundo mais importante para o azeite é a Califórnia. Hoje, o estado produz apenas 3 mil toneladas de azeite por ano, um sexto da produção da Austrália, e um sétimo da região da Apúlia italiana. Ainda assim, a Califórnia é a quinta economia agrícola do planeta e parte de uma nação de 300 milhões de pessoas, muitas das quais estão só começando a descobrir as alegrias de um grande azeite de oliva. Em 2009, os Estados Unidos ultrapassaram a Grécia como o terceiro maior consumidor de azeite de oliva do mundo, e o potencial para crescimento ainda é enorme, considerando que o norte-americano médio consome apenas 0,9 litro de azeite por ano – metade do consumo australiano e 4% do consumo dos gregos. Se os norte-americanos aprenderem a amar o azeite metade do que o fazem os italianos, seu mercado excederia de longe o da Grécia, o da Itália e o da Espanha – as três nações líderes de consumo no mundo – combinados. "A Austrália ajudou a estabelecer a nova agenda da qualidade, mas ali há apenas 23 milhões de pessoas", diz Paul Miller, da Associação Australiana da Azeitona. "Os Estados Unidos, com uma população de 300 milhões, tem um papel vital a desempenhar, pegando essa agenda global e fazendo com que seja aceita e obedecida."

Em *Life on the Mississippi*, publicado em 1883, Mark Twain conta uma conversação ao café da manhã, que ele ouviu por acaso a bordo de uma embarcação a vapor, entre dois caixeiros viajantes, os quais descreve como "homens vigorosos, enérgicos nos movimentos e no discurso; o dólar era o deus deles, e o modo de consegui-lo era sua religião".

Um dos caixeiros viajantes segura na ponta da faca uma fatia de manteiga e diz: "Olhe para ela – cheire-a – experimente-a. Teste-a como quiser. Leve o tempo que quiser – sem pressa – seja minucioso. Pronto – o que você diz? Manteiga, não é? De jeito nenhum – é oleomargarina! Não se consegue distingui-la da manteiga. Caramba, nem um especialista consegue!".

A empresa dele encontrou uma maneira de usar o excesso de gordura dos curtumes em uma imitação de manteiga que custa muito menos para fabricar que o artigo genuíno: "Podemos vendê-lo a um preço tão baixo que o país inteiro *vai ter* de comprar – não dá para evitar, veja bem. A manteiga não vai resistir – não há a menor oportunidade para a concorrência".

Seu companheiro, para não ficar para trás, puxa duas garrafas de azeite de oliva. "Aí estão, cheire-os, experimente-os, examine as garrafas, inspecione as etiquetas", diz ele. "Um dos *m's* da Europa, o outro nunca saiu deste país. Um é azeite de oliva europeu, o outro é óleo de semente de algodão norte-americano. Qual é qual? Claro que você não consegue. Nem você, nem ninguém... Nós produzimos a coisa toda – a partir do zero – em nossa fábrica de Nova Orleans: etiquetas, garrafas, óleo, tudo."

Ele explica que sua empresa está recolhendo óleo de algodão, extraído dos resíduos do descaroçador de algodão, alterando-o quimicamente e vendendo-o como azeite de oliva para os consumidores ingênuos: "Nós produzimos um azeite que é simplesmente perfeito – não detectável! Estamos vendendo aos montes, também – eu poderia facilmente lhe mostrar minha carteira de encomendas para esta viagem. Talvez você vá amanteigar o pão de todo mundo logo, logo, mas nós vamos temperar sua salada do Golfo até o Canadá, isso é absolutamente certo".

"As sementes de algodão eram relativamente sem valor no meu tempo", observa Twain, "mas agora valem 12 ou 13 dólares por tonelada, e nenhuma delas é jogada fora. O óleo feito com elas é incolor, insípido e quase, se não inteiramente, inodoro. Alega-se que ele pode, por meio de manipulação adequada, se tornar semelhante e desempenhar a função de qualquer um e de todos os óleos, e ser produzido a um custo mais barato do que o mais barato dos originais. Pessoas sagazes o enviaram para a Itália, o modificaram, o rotularam e o trouxeram de volta como azeite de oliva." Twain diz que esse ir e vir através do Atlântico fornecia carimbos de importação da alfândega norte-americana que emprestava um ar de autenticidade ao azeite falso, permitindo que os comerciantes ganhassem "dinheiro a rodo" com isso. Entretanto, subsequentemente, essas "pessoas sagazes" aperfeiçoaram ainda mais o sistema e encontraram uma forma de conseguir carimbos alfandegários sem passar pelo incômodo e pelas despesas de exportação e reimportação do óleo.

Em 1883, do golfo do México até a fronteira com o Canadá, a maior parte do azeite de oliva que os norte-americanos consumiam na salada era falsa, produto de fraudes sistemáticas.

Os primeiros importadores de azeite de oliva para o Novo Mundo foram os conquistadores, para quem (assim como ocorria na Espanha) esse produto era um alimento essencial, combustível para lamparinas e motores, e ingrediente ativo para a medicina e para os ritos religiosos. Os exploradores espanhóis embalavam porções de azeite de oliva juntamente com vinho, carne de porco salgada, sardinhas, uvas-passas, sandálias e armas em todos os navios destinados às Américas. Como nos tempos de Roma, quando as legiões plantavam azeitonas onde quer que estivessem estacionadas, as oliveiras cresciam nos sulcos abertos pelas espadas dos conquistadores, tornando-se um vívido símbolo da conquista. O azeite de oliva deslumbrava as populações indígenas com sua miríade de propriedades benéficas (os astecas, devotos do sol, admiravam o brilho das lanternas espanholas alimentadas com azeite de oliva), e se tornou, juntamente com o aço de Toledo e os garanhões árabes, um emblema de superioridade técnica e cultural. Pomares de oliveiras foram plantados em *encomiendas* e *reducciones* reais no México e no Peru e, logo depois, na Argentina e no Chile. Alguns desses primeiros imigrantes arbóreos do Novo Mundo ainda estão em pé, como *el olivo viejo* ("a velha oliveira") em Arauco, no nordeste da Argentina, uma das muitas árvores plantadas logo depois da conquista. Contudo, depois da rápida expansão inicial do cultivo da oliveira e da fabricação de azeite, o governo espanhol freou a produção de azeitonas nas colônias, para evitar que o azeite feito nas Américas competisse com o espanhol – para manter o Novo Mundo faminto pelo azeite do Velho Mundo. Como o azeite de oliva, ingrediente principal no batizado e na confirmação, também era um veículo para a expansão da doutrina cristã e da graça divina (tanto literal como alegoricamente), o óleo sagrado se tornou um símbolo da conversão das populações indígenas à fé cristã. As ordens religiosas plantavam oliveiras em seus povoados por toda a América do Sul. À medida que os missionários se moviam para o norte, o mesmo ocorria com as árvores. Em 1769, Frei Junípero Serra e um grupo de companheiros franciscanos introduziram as azeitonas na América do Norte, quando fundaram uma missão com um pomar de oliveiras na baía de San Diego. No meio século seguinte, os franciscanos fundaram mais vinte e uma missões ao longo da costa da Califórnia, cada uma com seu próprio olival de um cultivar que mais tarde se tornou conhecido como "*mission*", e que ainda se encontra entre os mais cultivados na Califórnia. As oliveiras também eram plantadas nos Estados Unidos pelas ansiosas mãos de um *Founding Father.*[14] Thomas Jefferson viu oliveiras pela primeira vez em uma viagem em lombo de mula através dos Alpes, em 1788, e ficou encantado, fascinado, ao observar como elas "conferem personalidade a aldeias inteiras", e chamou-as de "o mais rico presente dos céus", bem

---

14 "Pai Fundador" – expressão criada para designar líderes políticos patriotas à época da independência dos Estados Unidos. (N.T.)

como de "a planta mais interessante que existe". Jefferson prontamente começou um olival na Carolina do Sul. Importou muitos galões de "azeite virgem de Aix" – todos os anos, pelo resto da vida – e certificou-se de que um ramo de oliveira, carregado de frutas, fosse colocado nas garras da águia no Grande Selo dos Estados Unidos.

No final do século XIX, novos embaixadores do azeite de oliva chegaram aos Estados Unidos. Ondas de imigrantes fugiram do empobrecido sul da Itália para o Novo Mundo, só para descobrir que sua nova pátria não tinha um de seus alimentos mais queridos. Alguns entraram no comércio do azeite de oliva para corrigir essa falha, e terminaram obtendo bons lucros como importadores. Giuseppe Profaci nascera em Villabate, Sicília, em 1897. Emigrou para os Estados Unidos em 1921 e, por fim, fundou a Mamma Mia Importing Company, no Brooklin, em Nova York. Nos anos 1950, a companhia era a importadora líder na produção de azeite de oliva nos Estados Unidos e Joseph Profaci, como ele passou a se chamar, era conhecido como o Rei do Azeite de Oliva. Mas Profaci na verdade parece ter feito a maior parte de sua fortuna de maneiras menos saborosas: tráfico de drogas, agiotagem, extorsão, prostituição e, quando necessário, assassinato. Joseph Profaci era um líder da Cosa Nostra[15] e foi descrito pelo procurador-geral Robert F. Kennedy como "uma das mais poderosas figuras do submundo dos Estados Unidos". (Mario Puzo, autor de *O Poderoso Chefão*, usou Profaci como modelo do gângster protagonista Vito Corleone, e deu a Corleone seu próprio negócio de azeite de oliva, "Genco Pura".) Profaci foi um dos muitos mafiosos ítalo-americanos que usaram a importação e a exportação de azeite de oliva como fachada para atividades criminosas.

Um de seus filhos, John J. Profaci, fundou a Colavita USA, a subsidiária norte-americana da empresa de azeite de oliva que tem sede na Itália, administrada por Leonardo Colavita, que é uma das marcas líderes

---

[15] Também conhecida como "Máfia", a Cosa Nostra é uma sociedade criminosa secreta que se desenvolveu na primeira metade do século XIX na Sicília, Itália. No final desse mesmo século, desenvolveu-se também na costa leste dos Estados Unidos, seguindo as ondas de imigrantes do sul da Itália. (N.T.)

de azeite de oliva nos Estados Unidos. John Profaci ainda é presidente emérito da empresa, a qual ele administra juntamente com seus quatro filhos. (Profaci assinala que o pai morreu mais de uma década antes que a Colavita USA fosse fundada, e diz que nunca houve qualquer conexão entre a empresa e o pai.)

Na Itália do século XIX, as empresas de comércio apareciam para financiar os riscos corajosos dos milhões de italianos que emigraram para os Estados Unidos. Uma dessas empresas era a Francesco Bertolli Bank and Exchange, fundada por Francesco Bertolli em Luca, em 1875. Logo após a chegada de seus primeiros clientes ao país, estes começaram a lhe enviar postais cumprimentando a ele e à sua família, e fazendo tristonhos pedidos de um ou dois caixotes de azeite de oliva, o sabor de sua terra natal. Bertolli os atendeu e, nos anos 1890, estava fazendo mais dinheiro com azeite de oliva do que na área de finanças. Seu negócio se espalhou de Nova York, Filadélfia e Chicago para o oeste, cruzando os Estados Unidos, e para o sul, na América Latina, aliviando a saudade culinária de inúmeros imigrantes mediterrâneos. O filho de Francesco Bertolli, Giulio, abriu o mercado brasileiro, viajando em lombo de mula de aldeia em aldeia na região de Minas Gerais, carregando um fornecimento de vassouras de sorgo e azeite de oliva. No início, ele vendia as vassouras e dava uma lata de óleo gratuita com cada compra. Depois de seis meses, abandonara inteiramente as vassouras e estava vendendo quantidades crescentes de azeite de oliva.

Para Twain, azeite de oliva e manteiga falsos simbolizavam a crescente artificialidade da vida norte-americana: ele observava as pessoas que os faziam e vendiam, considerando-as a personificação dos velhacos vigaristas das embarcações fluviais que frequentemente surgem em seus romances. De fato, os fabricantes de óleo de semente de algodão tinham encontrado uma maneira astuta de fiar palha e convertê-la em ouro: em 1894, a revista *Popular Science Monthly* observou que as sementes de algodão tinham sido lixo em 1860, fertilizante em 1870, alimento para o gado em 1880 e "alimento à mesa, e muitas outras coisas" em 1890. Na verdade, a *Popular Science* estava atrasada: já em 1879, conscientemente ou não, os homens e o gado comiam grandes quantidades de óleo de sementes de algodão. Apenas naquele ano, 73.782 barris deixaram o porto de Nova Orleans para a Europa, e o fluxo de transatlânticos cresceu nas décadas seguintes. Grande parte dele ia para a fabricação de oleomargarina, inventada onze anos antes pelo químico francês Hippolyte Mège-Mouriès, cujo uso rapidamente se espalhou por todos os Estados Unidos. Na época em que Mark Twain ouviu os dois caixeiros-viajantes contando vantagem na embarcação na qual ele viajava pelo Mississippi, já operavam nos Estados Unidos 15 fábricas de margarina, com um faturamento conjunto de US$ 7 milhões em vendas – quase US$ 10 bilhões em dólares de hoje.

Entretanto, nem todas as exportações de óleo de sementes de algodão de Nova Orleans iam para a fabricação de margarina. Mais da metade do carregamento de 1879 se destinava à Itália, onde foi amplamente utilizado para adulterar o azeite de oliva. O cônsul britânico em Livorno informou que os comerciantes de óleo frequentemente completavam os frascos de azeite de oliva com óleo de sementes de algodão, e o jornal *Atlanta Constitution* ironicamente observou que os fabricantes italianos de óleo aumentaram sua produção colocando um barril de óleo de sementes de algodão ao pé de cada oliveira.

Os substitutos do azeite de oliva e da manteiga convergiam, à medida que mais produtores substituíam a gordura animal em seus produtos por óleo de sementes de algodão mais barato e, mais tarde, com outros óleos vegetais – milho, girassol, amendoim, canola, colza. Esses produtos se tornaram comestíveis graças a novos avanços tecnológicos e químicos no refino de óleo vegetal, que permitiram que os fabricantes de alimentos descolorissem, desodorizassem e desnaturassem de outras maneiras o que antes tinha sido impalatável – ou mesmo simplesmente substâncias não comestíveis, que serviam apenas para fazer sabão, lubrificar eixos, para combustível em lamparinas e para alimentar os porcos. Logo em seguida veio a hidrogenação, o que transformou óleos líquidos em pastas semissólidas à temperatura ambiente, abrindo caminho para o uso ainda maior de óleos vegetais em margarina e muitos outros alimentos.

Não é de se admirar que os dois vendedores de Mark Twain estivessem contando vantagem em 1883, com a perspectiva de obter margens de lucro ainda mais gordas sobre os substitutos da manteiga e do azeite de oliva, que eram baratos e fáceis de fabricar. Ainda assim, por razões industriais e políticas, os dois negócios encararam futuros bem diferentes. O poderoso *lobby* agrícola, reconhecendo que a margarina representava uma ameaça séria ao meio de vida dos lacticultores, adotou a causa da manteiga. Objetavam às etiquetas da margarina com termos atraentes como "manteiga refinada" e "manteiga pura" e reclamavam que lojistas desonestos estavam misturando a manteiga deles com margarina barata. A feroz batalha legal que se seguiu durou mais de um século e viu o *lobby* da manteiga tentando limitar a possibilidade de os fabricantes de margarina competirem com a manteiga, enquanto o *lobby* da margarina lutava contra cada uma dessas medidas sob os argumentos de liberdade de expressão, livre-iniciativa, defesa dos pobres – e sustentando que a margarina era mais saudável que a manteiga. Os estados começaram a legislar contra a margarina. Em 1881, o Missouri declarou ilegais a fabricação, a venda ou a posse de margarina com a intenção de vender, enquanto outros estados proibiam que se colorisse a margarina de amarelo para que parecesse manteiga, ou mesmo exigiam que fosse tingida de cor-de-rosa.

As audiências no Congresso sobre a margarina começaram no início dos anos 1880 e continuaram até 1950. Em 1886, o Congresso promulgou um "Ato da Margarina", aplicando impostos rígidos e restrições sobre as margarinas. Quando transformou o ato em lei, o presidente Grover Cleveland comentou que um de seus principais benefícios era "a defesa concedida ao consumidor contra a fraudulenta substituição e venda de uma imitação do artigo genuíno de uso muito geral. Atrevo-me a dizer que dificilmente meio quilo de oleomargarina jamais entrou na casa de um homem pobre sob seu nome real e em seu caráter real". Por volta da virada do século, a Suprema Corte ouviu vários casos relativos à margarina. "Precisamos do reconhecimento insistente da interdependência entre o animal humano e seu gado", disse Herbert Hoover. "A raça branca não pode sobreviver sem laticínios, e nenhuma criança pode se desenvolver com o fornecimento de leite reduzido ou de má qualidade."

As guerras mundiais e o racionamento de manteiga impulsionaram a indústria de margarina, mas permaneceram os fortes limites na forma como o produto poderia ser comercializado e vendido: na década de 1950, os impostos federais sobre o produto permaneceram e, em muitos estados, a margarina só podia ser vendida como um bloco branco, com um *pellet* de corante amarelo que o consumidor tinha de amassar dentro dela. No Wisconsin, ainda era ilegal vender margarina amarela até 1968 e, em Quebec, a substância só foi legalizada em 2008, após a Unilever haver processado o governo provincial.

Contudo, nenhum presidente norte-americano ou juiz da Suprema Corte jamais falou em defesa do autêntico azeite de oliva. A indústria não tinha interesse especial em defendê-lo, à exceção de alguns produtores em pequena escala na Califórnia e de uma multidão de importadores altamente competitivos na Costa Leste – que, muito frequentemente, lucravam com o óleo falso. Portanto, a adulteração do azeite de oliva com óleo de algodão e outros óleos vegetais prosseguiu praticamente incontestada. Já em 1863, o *New England Journal of Medicine* reportou como "fato bem conhecido que o azeite de oliva vendido nos Estados Unidos e em outros lugares muito raramente é puro, sendo a maior parte adulterada com outros óleos vegetais baratos", como o óleo de faia, de papoula, de gergelim e de amendoim. Duas décadas mais tarde, relatando a conversação que ouvira entre os dois caixeiros-viajantes, Mark Twain descreveu o uso difundido da adição de óleo de algodão ao azeite de oliva. Em 1903, uma investigação levada a cabo pelo Departamento de Agricultura dos Estados Unidos revelou que a adulteração continuava, mesmo nos óleos domésticos: "A fiscalização de óleos domésticos tem sido tão frouxa que o óleo de algodão é trazido para cá sem pagar frete duas vezes através do Atlântico", disseram os fiscais do departamento. A adulteração do azeite de oliva contribuiu para que fosse aprovado o Ato de Alimento Puro e Medicamentos, em 1906, uma lei federal inovadora que pretendia remover os alimentos adulterados, as drogas venenosas e os medicamentos de patentes prejudiciais do comércio e que deu à FDA – Food and Drug Administration (Administração de Alimentos e Medicamentos) – novo destaque e autoridade. Ainda assim, o comércio de azeite falso continuou imperturbado. Em 1922, dois anos depois da Lei Seca, o Comissário da Saúde Real dos Estados Unidos, S. Copeland, observou que "há mais lucro na adulteração de azeite de oliva do que na fabricação de bebidas alcoólicas. A prática de adulterar esse óleo cresceu até que se tornou uma ameaça para os importadores honestos". Testes contínuos, realizados pelo Departamento da Agricultura e pelo Departamento da Saúde e, mais tarde, pela FDA, revelaram adulteração extensa nos anos de 1930, 1940, 1950, 1960, 1970, 1980 e 1990, não somente pelos importadores de azeite, mas também por certos produtores californianos. No final dos anos 1990, não tendo conseguido dar um fim à adulteração do óleo, a FDA parou de testá-lo.

A despeito dos resistentes problemas com fraudes, o mercado do azeite de oliva nos Estados Unidos é grande, está crescendo, e mostra sinais estimulantes de renovação. Estão sendo abertos bares de azeite em locais sofisticados como o Instituto de Culinária da América, em Napa, e na Eataly Nova York, a "*hiperdelicatessen*" na Quinta Avenida, bem como em um número crescente de *delicatessens* e lojas de alimentos que compram e vendem azeites de alta qualidade. Franquias de azeite de oliva como a Oil & Vinegar e a We Olive abriram em dezoito estados; também surgiram excelentes fontes *on-line*, como o Olive Oil Times (www.oliveoiltimes.com) e a Olive Oil Source (www.oliveoilsource.com). Grandes empresas de azeite, que tradicionalmente produziram óleos com um número limitado de perfis de sabor, estão começando a prestar atenção a diferentes cultivares e terrenos. No final de 2011, a Colavita USA apresentará uma nova linha de azeites regionais feitos com azeitonas cultivadas em olivais da Califórnia, Austrália, Espanha e Grécia, cada um deles embalado de maneira distinta para realçar seus sabores e aromas únicos. "Não estou me aposentando!", diz John J. Profaci, fundador e presidente da empresa, aos 74 anos. "Estou entusiasmado. É como se eu estivesse começando tudo de novo."

O ambiente regulatório também está evoluindo. Em outubro de 2010, o Departamento de Agricultura dos Estados Unidos finalmente atualizou o padrão anterior para o comércio do azeite, que datava de 1948, substituindo palavras pitorescas da época de Truman, como "escolha", "fantasia" e "superior", por terminologias e requisitos químicos que seguem as diretrizes do COI. O Conselho de Azeite de Oliva da Califórnia e a Associação de Azeite de Oliva Norte-Americana, dois grupos comerciais, estão tomando parte ativa no debate sobre a qualidade. Talvez quem o faça ainda mais significativamente seja o Centro da Azeitona da Universidade da Califórnia, em Davis, fundado há três anos, e que parece prestes a se tornar um fórum vital de conhecimentos químicos, sensoriais, agronômicos e nutricionais sobre azeitonas e azeite. Os Estados Unidos, ao que parece, estão desenvolvendo um bom apetite pelo azeite.

Além disso, embora os Estados Unidos atualmente importem 98% do azeite de oliva que consomem, dentro de suas fronteiras há uma área de produção de enorme potencial. Se as oliveiras pudessem escolher onde enraizar-se para produzir azeitonas, muitas se mudariam para a Califórnia. O estado é a quinta maior economia agrícola da terra por uma razão muito boa: tudo ali cresce em profusão, quatrocentas safras, incluindo mais que a metade da produção nacional de hortaliças, frutas e frutos secos. As azeitonas, altamente adaptadas a climas quentes e secos, vicejam ali. De fato, foram cultivadas na Califórnia desde que os missionários espanhóis começaram a cultivar suas azeitonas *mission* no século XVII. Nos últimos quinze anos, os californianos começaram a levar muito a sério a fabricação de azeite de primeira qualidade, usando vários graus de inovação do Vale do Silício e grãos usados em épocas passadas. "A relação da indústria do azeite de oliva da Califórnia com o Mediterrâneo é um pouco como a de uma criança com os pais", diz Alexandra Kicenik Devarenne, uma consultora de azeite de oliva independente e educadora com base em Petaluma. "No início, adotamos práticas e preconceitos do Mediterrâneo sem questioná-los, mas agora estamos amadurecendo e nos tornando mais como 'adolescentes', com aquela desconfortável mistura de rebelião e confiança." Como pioneiros em outros campos, muitos homens e mulheres envolvidos com o azeite californiano têm personalidades fortes e independentes. A despeito do comércio comum, com frequência eles desconfiam uns dos outros, e algumas vezes se detestam. Mas, de maneiras bem diferentes, cada um deles compartilha uma ambição unicamente norte-americana: ser o melhor no que fazem.

Dino Cortopassi sempre sonhou ser fazendeiro, embora o pai, que imigrou da Itália nos anos 1920 e trabalhou durante a Depressão ganhando salários mínimos, tenha tentado convencê-lo a não fazer isso. Enquanto criança, Cortopassi fez tratores de brinquedo com chuteiras e discos de brinquedo com velhas molas de válvulas, usando-os para cultivar sua caixa de areia. Seus heróis eram agricultores, como o bisavô Serafino, um meeiro nas colinas perto de Luca que, por volta de 1855, viu um debulhador de grãos em uma feira agrícola, obteve um empréstimo para comprar dois deles e, finalmente, fez dinheiro suficiente para comprar terras e tirar sua família da pobreza. À medida que Cortopassi cresceu, desenvolveu um corpo de fazendeiro – um metro e noventa de altura, de peito forte e braços longos – e parecia talhado para a profissão. Mas, em seu último ano de escola secundária, ele contraiu febre reumática, que lhe prejudicou o coração e os médicos proibiram a agricultura e o trabalho manual por dois ou três anos. "Senti-me como se tivesse recebido cartas ruins", lembra ele. "Mas, algumas vezes, as piores coisas acabam por ser as melhores."

Cortopassi cresceu em Stockton, no Vale Central da Califórnia, em um ambiente italiano, onde as pessoas compravam carros, pão e seguros de italianos, e a maioria deles falava o dialeto genovês que a família de sua mãe usava. (O pai, que era de Luca, aprendeu *genovese* para se encaixar.) Cortopassi estava sentado em casa cuidando do coração, desejando a agricultura que não podia exercer e observando seus amigos indo para a faculdade, quando um amigo da família sugeriu que ele experimentasse o programa agrícola de dois anos na UC Davis, a cerca de 96 km dali. Cortopassi imediatamente agarrou – até certo ponto – a oportunidade. "Na verdade, especializei-me em pôquer. E o pôquer me deu as habilidades de que eu precisava para me estabelecer na agricultura mais tarde: números e probabilidades, disciplina, administração financeira e como julgar as pessoas. Acima de tudo, ensinou-me como era importante obter uma vantagem e, quando se tem uma, como é importante aproveitá-la bem. Se um dia eu escrever o livro da minha vida, este vai ser o título: *Conseguir uma vantagem*."

Cortopassi tem cabelo ondulado grisalho e sobrancelhas expressivas pretas, e a cabeça de um estadista italiano do século XIX – colocada, de maneira incongruente, sobre o corpo de um lenhador. Frequentemente está em companhia de Tank, seu igualmente forte cão labrador, e sua conversa, alta e rápida, é salpicada de obscenidades esplêndidas e genuína sabedoria de vida. Em 2005, Cortopassi recebeu o prestigioso prêmio Horatio Alger por sua história de sucesso "dos trapos à riqueza". Ele e a esposa, Joan, gastam uma parte substancial de seu tempo e dinheiro ajudando crianças carentes nas vizinhas Stockton e Lodi. O resto de suas energias é dirigido a afinar os negócios da família para obter a máxima eficiência. "Ele está constantemente experimentando diferentes métodos, sempre perguntando: 'Por quê? Por quê? Por quê?'", diz Brady Whitlow, seu genro, que administra a operação de azeite de oliva da família. "Ele nos pressiona bastante."

Cortopassi encontrou sua primeira vantagem na agricultura pouco depois de se formar na UC Davis, quando se empregou em uma empresa de comércio de grãos, a Pillsbury, e começou a dirigir seu VW branco por todo o Vale Central para comprar grãos dos agricultores. Seu coração gradualmente se curou e, à medida que viajava pelo campo, convenceu-se de que poderia competir na agricultura. Não tinha dinheiro suficiente para comprar terra, então começou alugando. E, com safra dupla de trigo no inverno, juntamente com feijão vermelho, começou a lucrar. "As pessoas diziam que eu era louco, que o feijão plantado tão tarde se perderia com a chuva, que era o risco que eu corria todo ano. Algumas vezes eu perdia a safra, e isso era como uma péssima mão em Texas Hold'em. Porém, mais frequentemente, conseguia fazer dinheiro, enquanto todos os outros estavam apenas se defendendo." Logo, ele estava comprando terras menos produtivas, as quais nivelou e melhorou.

Sua próxima grande vantagem veio dos tomates, no início dos anos 1960, quando, como seu bisavô Serafino, ouviu falar de uma nova máquina, dessa vez para a colheita de tomates, exatamente quando começou uma crise de mão de obra causada pela escassez de colhedores. Enquanto outros agricultores estavam "arrancando" as suas safras, Cortopassi investiu pesadamente na nova tecnologia, e finalmente se tornou um dos maiores fabricantes de conservas de tomate do estado. Continuou se diversificando, passando a produzir uma variedade de culturas de sucesso e árvores frutíferas, bem como uvas e feijão. Em determinado momento, ele chegou a ser o maior produtor de feijão do mundo.

Finalmente, em 2004, Cortopassi abordou azeitonas. Estava voando sobre a Califórnia, perto da cidade de Gridley, onde fica o California Olive Ranch [Rancho Californiano da Azeitona], o maior produtor de azeitonas do estado, que usava o super sistema de alta densidade (SHD), que fora inventado havia pouco. Nos olivais tradicionais, onde o fruto é colhido à mão – ou com ancinhos simples, ou mesmo com dispositivos de agitação –, são plantadas cerca de cem árvores por acre. Nos olivais SHD, por sua vez, encontra-se, em geral, um mínimo de setecentas árvores, que são colocadas em sebes retas como as de uvas ou milho. As oliveiras SHD são colhidas por colheitadeiras mecânicas de seis metros de altura, que passam sobre as fileiras, envolvendo árvore após árvore, devorando a fruta e cuspindo-a em uma rampa para um reboque que segue a colheitadeira em linha paralela.

"Quando vi aqueles olivais, eu disse: 'Maldito filho da puta, Cortopassi, essa é a coisa! Essa é a vantagem em azeitonas! Mas eu precisava saber mais! Preciso saber seus custos!'." Ele e uma equipe de trabalhadores alugaram um Flexijet e fizeram um *tour* pelas áreas pioneiras no sistema SHD na Espanha. "Eu queria falar com os próprios agricultores", diz ele. "Agricultores falando com agricultores são francos." Tendo se convencido de que o sistema SHD tinha vantagens competitivas sobre os métodos convencionais de produção de azeitonas, Cortopassi se atirou no negócio com sua resolução característica, plantando 1.200 acres de oliveiras e construindo um lagar de alta tecnologia, com capacidade de processamento de 250 toneladas de azeitonas por dia.

Hoje, a Corto Olive Company, administrada por Brady Whitlow, fabrica mais de 2.270 m^3 de azeite de oliva extravirgem de primeira linha por ano. As oliveiras, com quase 3 metros de altura e plantadas em linha reta, como ciprestes-anões, perderam a poesia, mas a operação inteira cintila com eficiência e funciona dia e noite. Ver uma colheitadeira gigantesca mover-se por uma fileira no escuro, iluminada e soando como uma unidade mecanizada da cavalaria, faz pensar sobre a colheita de azeitonas de modo bem diferente. Alguns concorrentes objetam que os poucos cultivares apropriados para o SHD são clones especializados que não podem produzir o amplo espectro de estilos de azeite feito com os métodos de cultivo tradicionais. Outros dizem que a *arbequina*, o cultivar SHD mais popular, é deficiente em ácido oleico, em polifenóis e em sabor. "É o Chablis rosado do azeite de oliva", disse-me um pequeno produtor.

Quando repeti isso para Brady Whitlow, ele deu de ombros. "Veja, é o início desse sistema, e nós ainda estamos aprendendo. Muitas outras inovações agrícolas que se veem na Califórnia levaram alguns anos para serem resolvidas, e aí levantaram voo. Além disso, estamos tentando competir em sabor com os óleos de supermercado, os Bertollis e Colavitas deste mundo, e já estamos fazendo isso muito bem." Ele me passou uma xícara de azeite Corto fresco, verde-jade, que comprovou o ponto de vista dele melhor do que qualquer palavra.

O que falta mesmo é lucratividade. Quando perguntei a Dino Cortopassi sobre suas margens de lucro, ele fez uma cara azeda. "Graças às fraudes nas etiquetas europeias, não há uniformidade nesta indústria, e é difícil competir com os preços de azeites inferiores camuflados de extravirgens. Mas nosso produto, o azeite de oliva real, faz outras coisas terem melhor sabor, e o centro do prato é sempre o centro da consciência do consumidor. No final, vamos vencer o jogo do azeite de oliva, com base no sabor superior a preços razoáveis."

Se Dino Cortopassi é a personificação da eficiência norte-americana no ramo do azeite, o prêmio para a visão mais global sobre o óleo vai para Mike Bradley, um produtor e comerciante de azeite independente, estabelecido em Oakland. Bradley, juntamente com a esposa, Veronica, e os dois filhos, administra a Veronica Foods, empresa fundada em 1924 pelo imigrante italiano Salvatore Esposito, avô de Veronica Bradley. A matriz da empresa é um depósito industrial de pouco menos que 15 mil m², perto do estaleiro de Oakland, onde os guindastes do porto se recortam no horizonte. No escritório de Bradley, no segundo andar, podem-se ouvir música latina e o zumbido de empilhadeiras provenientes do andar de baixo, a loja, onde os funcionários preparam *pallets* de diferentes azeites para enviar a lojas especializadas em azeite de oliva, *delicatessens* e restaurantes em todo o país. No dia de minha visita, a escrivaninha dele estava cheia de amostras de azeite de produtores tentando lhe vender seus produtos: uma elegante garrafa vermelha de Castillo de Canena, latas rústicas da Itália, Grécia, Portugal, Turquia e Síria, e uma garrafa PET com tampa de rosca cheia de óleo feito em um olival parcialmente abandonado nas colinas vizinhas, a Sierra, cujas azeitonas são colhidas e prensadas pelo time de futebol da escola secundária local. "Há algumas grandes árvores naquela área, até em torno de Copperopolis: *missions*, *manzanillas* e *arbosanas* plantadas no final do século XIX e no início do século XX pelos imigrantes italianos que vieram trabalhar nos campos dourados e nas minas", disse Bradley. "Estamos pensando em montar um pequeno lagar ali. Esses pequenos agricultores estão pagando mais de US$ 800 por tonelada colhida e prensada, o que é três a quatro vezes o preço na Europa, e torna o azeite deles caríssimo – em alguns casos, quase 300% acima do preço de mercado mundial para o azeite de oliva extravirgem."

Bradley tem 62 anos, o queixo quadrado, cabelo curto e pequenos óculos redondos que realçam o brilho de seus olhos azuis, olhos de um verdadeiro crente. Ele me serviu uma dose do que chamou de "*koroneiki* radioativo", um de seus favoritos nessa temporada, proveniente do vale de Asopos, no sul da Grécia. Nós dois o degustamos, ele fazendo seu *stripaggio* único, uma sucção ruidosa em dois tempos que soa como pesados equipamentos hidráulicos funcionando. Nós dois tossimos, forte. Bradley tirou os óculos para enxugar os olhos úmidos e sorriu. "Tenho amor pelos chicotes e correntes!"

Bradley conhece a economia do comércio internacional de óleo como ninguém. Em uma calculadora de mesa (de que ele parecia não precisar), ele picotou linha por linha o impacto que os subsídios agrícolas aos fabricantes de azeite europeus tem sobre o preço do azeite deles, o que representa uma vantagem econômica injusta sobre o azeite norte-americano. Detalhou as restrições de importação impostas pelo governo central europeu, que prejudica os olivicultores na Califórnia, na Austrália, no Chile e em todas as outras nações produtoras fora da União Europeia. "É realmente um vento contrário muito forte para enfrentarmos", concluiu. "Os produtores mais eficientes no mundo fora da Europa mal estão sobrevivendo nesse mercado disfuncional, e mesmo os europeus recebendo subsídios da União Europeia mal conseguem fazer lucro, caso estejam fazendo um azeite de oliva decente."

Mas, além de cálculos, a afinidade de Bradley com o azeite tem profundidade poética e histórica. Com óbvia alegria, ele conta a história de Tales de Mileto, o legendário filósofo e matemático da Grécia antiga, que fez uma fortuna com o azeite de oliva predizendo corretamente uma grande colheita e alugando vários moinhos para processá-la. Recita com admiração as linhas de *Édipo em Colono* em que Sófocles elogia a oliveira, chamando-a "o alimentador cinza-esverdeado das crianças". O próprio Bradley escreveu odes à azeitona, como o poema que se aglutinou em sua mente depois de anos viajando pelas estradas secundárias do Mediterrâneo na época da colheita, observando aldeias inteiras de mulheres e crianças colhendo azeitonas verdes, vermelhas e pretas e voltando ao moinho com elas em velhos caminhões surrados.

ESMAGANDO FRUTAS VERDES

Mesmo o faminto Estorninho não vai pegar
O que sofremos para reunir;
Esmagar é mais heroico que curar
O fruto verde verdadeiro,
O fruto que adere ao caroço.

Pele justa, inflexível;
Mais firme que uma dor matutina.
Muscular demais para chorar.

Eles dirigem a carroça instável
Coberta de juta,
Indo ao moinho.

A canção do Moleiro é fragrante,
Precioso é o suco esmeralda,
Doce é o fruto amargo,
Um presente da Deusa
À Cidade da Luz.

Mas nem tudo é fragrância e luz no óleo norte-americano. No início dos anos 1990, Bradley perdeu um cliente de longa data para um atacadista de azeite que lhe ofereceu preços mais baixos por uma ampla margem de lucro, e cuja identidade o cliente não revelou. "Nós estávamos produzindo azeite extravirgem *prime* em nosso próprio lagar na Tunísia, bem como comprando frutas na árvore, em diferentes partes do mundo. Nós o fazíamos personalizado, esmagado segundo nossas especificações", lembra ele. "Então, sabíamos muito bem o que custava produzir azeite extravirgem *prime*. E nossa margem de lucro já era apertada naquela conta importante. O azeite extravirgem simplesmente não poderia ser produzido em qualquer lugar do mundo com os preços oferecidos por nosso concorrente misterioso, sem que se assumissem prejuízos substanciais." Ele explicou isso ao cliente, mas perdeu a conta assim mesmo. Outros clientes começaram a desertar para os baixos preços da concorrência.

Bradley ouviu relatos de experientes vendedores de óleo etiquetado como "extravirgem italiano", que estava sendo vendido a preços incrivelmente baixos em grandes cadeias de fornecimento para restaurantes. "Mais e mais, começamos a sentir que estávamos sendo atacados por concorrentes ocultos, mas poderosos, que tinham uma vantagem de preço incrível sobre nós e sobre o resto do mercado."

Finalmente, Bradley descobriu, da maneira mais difícil, a identidade de um desses concorrentes e a natureza do produto que estavam passando como azeite de oliva extravirgem. Para ajudar um cliente com um súbito déficit de azeite de oliva orgânico, ele telefonou a um importante comerciante de óleo em Los Angeles, um dos poucos na Califórnia que poderia entregar a quantidade necessária a curto prazo. Quando oitenta tambores de óleo chegaram do sul rebocados por um trator, Bradley tomou o que pensou serem grandes precauções para assegurar-se de sua autenticidade, degustando e analisando quimicamente numerosas amostras, e todas estavam em ordem. Entretanto, mais de um ano depois, seu cliente o notificou sobre o fato de que certos lotes do azeite estavam adulterados. Bradley checou uma amostra que retivera consigo e, é claro, descobriu que o extravirgem tinha sido misturado com óleo refinado. Quando o azeite chegara de Los Angeles, Bradley só tinha testado o primeiro e o último tambor de óleo da remessa. Especula agora que os tambores no meio do carregamento continham o azeite adulterado. "Tínhamos revendido o próprio óleo muito antes. Tudo o que restara era a amostra que retivemos, e a percepção desagradável de que tínhamos sido enganados."

Bradley ficou obcecado com a fraude do azeite. Começou a testar os azeites de oliva e as misturas no mercado, gastando dezenas de milhares de dólares em despesas de laboratório e identificando vários produtores desonestos. Com a ajuda de um investigador contratado que frequentemente se fazia passar por comprador de azeite, ele descobriu as conexões entre esses produtores e seus clientes, empresas de alimentação grandes e pequenas que, por sua vez, estavam vendendo grandes quantidades de azeite de oliva falsificado ou com etiquetas incorretas às indústrias de ingredientes e de panificação, a restaurantes, hospitais, clínicas de repouso, escolas e ao governo norte-americano.

Ainda assim, ninguém estava interessado em suas descobertas. Ele falou com funcionários do FDA em Oakland e no Departamento de Agricultura da Califórnia em Sacramento, mas ninguém fez nada. Nenhum advogado aceitaria o caso, porque os principais fraudadores supostamente mantinham seus lucros em contas bancárias de paraísos fiscais, que seriam difíceis de acessar, mesmo se fossem processados com sucesso. Mais desanimadora foi a descoberta de Bradley sobre o fato de que muitos clientes dos negociantes de óleo desonestos, quando informados de que estavam comprando azeite adulterado, diziam que não estavam nem aí. "Está bem, nós sabemos, mas é barato, e é isso que nossos clientes querem", disse-lhe o comprador de azeite de uma cadeia nacional de supermercados. "Não estou aqui para mudar o mundo." Alguns compradores se tornaram agressivos com Bradley, aconselhando-o a cuidar de sua própria vida. "Toda essa história antifraude começou a me consumir", lembra Bradley. "Minha mulher disse que estava preocupada com minha sanidade."

Mesmo ainda convencido de que alguma coisa tinha de ser feita a respeito da fraude, Bradley redirecionou suas energias para a qualidade. Ele já tinha cumprido missões ao Mediterrâneo para descobrir fatos. Em 1995, durante uma viagem à Tunísia, formara uma sociedade com Habib Douss, um químico tunisino-americano. Juntos, eles compraram um olival em Monastir, na costa tunisiana central, próximo à antiga cidade romana de El Djem, e construíram um lagar tecnologicamente avançado, com silos de armazenagem movidos a nitrogênio. Agora Bradley intensificou suas viagens ao Mediterrâneo, fazendo viagens extensas, que ele chama de "peregrinações", às regiões produtoras mais importantes de Espanha, Itália, Grécia e norte da África na época da colheita, algumas vezes permanecendo meses inteiros por lá. Visitou olivais e observou colheitas, moagens e armazenamentos, e degustou tantos azeites quanto pôde obter. "Eu queria descobrir de onde vinha o produto bom", diz. "Queria saber 'onde', o 'quê', o 'quando' e o 'como' do azeite de oliva de primeira – onde as azeitonas são cultivadas, quais cultivares e que química elas têm, quando e como são processadas."

Depois de muitos anos de viagens e experiência, Bradley imaginou que finalmente tinha decifrado o código de qualidade. Mas o azeite reservava para ele outra grande surpresa. "Então eu tinha construído uma grande rede de fornecedores, cujo trabalho eu vira, testara e no qual confiava. Finalmente sabia o que a expressão 'extravirgem' significava – ou devia significar – e compreendia o que era essencial para a fabricação de azeite de primeira classe: frutas saudáveis, processadas imediatamente depois da colheita em instalações limpas, armazenadas adequadamente e engarrafadas no último minuto, logo antes da venda. Eu sabia que aparência tinha a produção eficiente." Ele começou a identificar o que considerava como os grandes óleos-arquétipos da área do Mediterrâneo, e a formar alianças com lagares que poderiam entregar esses azeites em grandes quantidades.

No entanto, assim que criou esse mundo arrumadinho do azeite, este foi demolido pela chegada de uma grande caixa de madeira de Mildura, Austrália, enviada por uma empresa recém-formada de que ele nunca tinha ouvido falar, a Boundary Bend, que queria que ele comprasse seu óleo. As experiências anteriores de Bradley com os azeites australianos tinham sido tranquilas, por isso ele protelou a abertura da caixa por vários dias. Finalmente, quando o fez, descobriu uma variedade de ampolas contendo uma dúzia de diferentes azeites, cada uma rotulada ordenadamente com as características do cultivar, a composição química e o gosto. "Era final de maio ou início de junho", lembra Bradley, "e a maioria dos óleos da União Europeia e os californianos estavam começando a amolecer, a perder o aroma de recém-amassado e o perfil frutado. Experimentei um daqueles óleos australianos, que tinham sido feitos só uma semana antes. Experimentei outro, e outro. Eram surpreendentes, todos eles: brilhantes, frescos, crocantes e verde-grama, com acabamentos de pungência forte. Eu passara oito ou dez anos tentando descobrir onde comprar os melhores óleos no Mediterrâneo, e ali estava aquela coisa ruidosa no aposento, que era melhor do que qualquer azeite que eu tinha. Eu estava literalmente tremendo – no início não queria aceitar o que estava vendo e experimentando."

Até aquele momento, Bradley tinha ignorado o que poderia ser chamado de "vantagem australiana": estando seis meses defasadas em relação ao hemisfério norte, as azeitonas corretamente colhidas e esmagadas na Austrália em maio e junho, o outono australiano, dão origem a azeites no melhor ponto, exatamente quando os óleos do norte estão começando a perder a graça. Logo, ele viajou para Austrália, Nova Zelândia, Chile, Argentina e África do Sul, para completar sua educação oleícola. "Uma vez que compreendi completamente a questão dos hemisférios, vi que frescor é a chave para o grande azeite. A partir do momento em que as azeitonas são esmagadas, o envelhecimento começa e o azeite começa a perder sua magia. O sabor e a essência do que está na garrafa é tudo em que estou interessado, e não o que está escrito no rótulo. A proveniência frequentemente é utilizada como um dispositivo de *marketing*." Finalmente, Bradley estava pronto para compartilhar com o mundo sua visão global sobre a qualidade do azeite de oliva.

Hoje, Bradley importa pouco menos do que quatro mil litros de azeite de oliva extravirgem *prime* de um único cultivar por ano, provenientes de vinte países ao redor do mundo, um portfólio de cerca de setenta óleos que muda com cada colheita, que ele vende por atacado em caixas de dez litros (como Paolo Pasquali, ele insiste em armazenar a granel por ser a melhor maneira de minimizar a oxidação e preservar a qualidade do azeite). Bradley agora é fornecedor exclusivo de um crescente número de lojas especializadas em alimentos e de bares de óleo em todo o país, e regularmente faz seminários sobre o azeite de oliva extravirgem para gerentes de loja. Todo ano, pelos últimos três anos, o seu negócio dobrou. Muitos de seus clientes não fazem publicidade, confiando no boca a boca – e no poder de venda do grande azeite. "Nós virtualmente insistimos para que os compradores experimentem os azeites antes de comprá-los e os ensinamos a fazer as perguntas certas", diz Bradley. "Quando eles o colocam na língua, a luz se acende, eles percebem imediatamente. Estamos testemunhando uma mudança de paradigma no negócio do azeite de oliva. É como experimentar o renascimento do produto. Finalmente, os consumidores estão começando a perceber que o azeite é feito de azeitonas frescas, e que as datas de vencimento medidas em anos, em vez de meses, são uma piada cruel."

Em janeiro de 2011, Bradley e sua família abriam a Amphora Nueva, sua própria loja de azeite, em Berkeley, onde as paredes são revestidas com ânforas romanas antigas e réplicas daquelas do monte Testaccio, além de exibirem fotos panorâmicas dos olivais onde Bradley adquire suas azeitonas e fileiras de *fusti* de aço inoxidável brilhante contendo cinquenta grandes óleos de casta única de todo o mundo, cada um deles identificado com o nome do cultivar, o perfil de sabor e a análise química. Eu estava com ele na inauguração, enquanto uma multidão de recém-chegados ao azeite, curiosos, liam as palavras desconhecidas nos *fusti* em voz alta, tomavam um gole de óleo, tossiam, riam e questionavam

Bradley e sua equipe. "Há um renascimento acontecendo aqui, que nem mesmo a fraude galopante pode parar", disse ele.

Ed Stolman, inventor do bar Dove, gosta de dizer que teve quatorze carreiras e fez dinheiro em todas, menos em uma. Stolman é empresário no molde clássico norte-americano, sociável, bem relacionado, sorriso contagiante, e não pode se impedir de ganhar dinheiro. Trabalhou em gestão hospitalar, investiu em imóveis, administra um serviço voluntário de ambulância, renovou os centros de cidades históricas no Tennessee, onde cresceu, fez sorvete e prosperou todas as vezes. Assim, quando o Imposto de Renda notou uma série de prejuízos por quinze anos, que ele imputou à Olive Press, o lagar que possui com muitos sócios no campo, não longe de Sonoma, eles desconfiaram. "Eles me chamaram e no início foram bem duros comigo", lembra Stolman com um sorriso alegre. "Aí contei a eles minha história. No final da reunião, os agentes tinham lágrimas nos olhos." Este ano, o décimo sexto no negócio, ele finalmente lucrou com o azeite de oliva, embora ainda pudesse estar no vermelho se não fosse por uma ajuda que Oprah Winfrey lhe deu.

Encontrei Stolman na Olive Press, que fica em um falso *palazzo* toscano de propriedade da Jacuzzi Wineries, próximo da sala de degustação de vinho. O Mediterrâneo, particularmente a Toscana e a Provença, são temas recorrentes da conversação por ali, e os destinos favoritos para viagens longas de lazer. (O próprio Stolman vive em outra *villa* inspiradora na Toscana, nas colinas acima da vizinha Glen Ellen, cercado por suas duzentas oliveiras.) Assim, em 1995, Stolman e um grupo de outros residentes de Napa Valley, a maioria dos quais tinha acumulado fortunas confortáveis, procurava alguma coisa para fazer e decidiu fazer azeite de oliva, aquele ícone mediterrâneo. Viajaram juntos para o sul da França em uma viagem de exploração para aprender sobre a prensagem e visitaram Pistoia, não muito longe de Florença, para encomendar mil oliveiras, que chegaram ao porto de San Francisco um mês depois, embrulhadas em rolos enormes de juta úmida. Naquele dia, fizeram uma grande festa em gazebos na propriedade de Stolman – nessa região, as casas são chamadas de "propriedades", não de "casas", e a maioria merece o termo – completa por música de ópera, *prosecco* e bandeiras italianas. Em seguida, os parceiros pegaram sua parte das árvores, voltaram para suas propriedades e as plantaram.

Em algum lugar ao longo dessa trajetória, Stolman e vários outros do grupo, que também incluía Nan McEvoy, herdeira de um jornal, apanharam o vírus do azeite e começaram a fazer um óleo que inicialmente era bom, e depois se tornou soberbo. Os azeites da Olive Press ganharam mais prêmios nacionais e internacionais que qualquer outro óleo nos Estados Unidos. Mas a empresa ainda não era rentável. "Não acho que exista um produtor no estado que esteja fazendo dinheiro com azeite de oliva, pelo menos de modo honesto", diz Stolman. Ele está tentando organizar ações governamentais para tornar as leis mais rigorosas e fazer que sejam cumpridas, por meio de seus diversos contatos na capital do estado e em Washington. Até agora, teve pouco sucesso.

Em uma série de eventos fortuitos que parecem acontecer para empresários sociáveis e bem relacionados como Ed Stolman, a guru financeira da TV Suze Orman começou a comprar da Olive Press. Logo, ela mencionou o azeite à amiga Oprah Winfrey e ele imediatamente foi para a Lista O, o catálogo de recomendações de presentes que Oprah compila todo Natal e de que faz publicidade em seu programa e em sua revista. O crescimento das vendas resultante disso finalmente tirou a Olive Press do vermelho.

Stolman me acompanhou numa volta pelo *showroom*. A Olive Press é um lugar onde instintivamente se quer passar horas a fio: com iluminação quente e júris de madeira, com uma profusão de objetos atraentes e interessantes e murmúrios de alegre curiosidade. O bar de azeite contém uma dúzia de azeites prontos para degustação arranjados em fila, indo do mais *light* ao mais encorpado, além de azeites aromatizados com limão, manjericão, parmesão e pimenta picante. As garrafas são aerodinâmicas e as etiquetas memoráveis. Também há azeites em delgadas latinhas de alumínio feitas na Áustria especialmente para a empresa. Nas prateleiras e nas mesas ao redor, há outras coisas feitas com e para o azeite –

sabonetes, *tapenades*, galheteiros, *fusti* e sorvete de azeite de oliva –, todas cuidadosamente posicionadas pela diretora de *marketing*, Christine Harrison, que trabalhou anteriormente na Victoria's Secret, para evocar um sentido de fartura, mas também de ordem.

Degustei os azeites, um por um, começando por um leve *mission* e terminando com um *coratina* de pungência gritante. Eu estivera esperando uma decepção depois do *marketing* de alto nível da Olive Press, mas esses azeites eram sublimes, todos eles tão frescos, condimentados e singulares que faziam meus dentes doer. Quem tinha feito esse azeite?

Na parede do fundo da sala, havia uma porta com uma janela de acrílico através da qual o lagar era visível – um brilhante Pieralisi de duas toneladas. A colheita estava a todo vapor, e a maquinaria funcionava vinte e quatro horas por dia. Cinco pessoas trabalhavam duro carregando azeitonas, checando o malaxador, mensurando temperaturas, ajustando válvulas e desempenhando as centenas de outras tarefas de que a prensagem é feita, que juntas determinam se o azeite vai ser excelente ou medíocre. No meio delas, estava uma mulher esbelta, com um rosto bonito e pálido, parecido com o de uma boneca de porcelana. Enquanto eu a observava, ela chamou um dos trabalhadores. Nenhum som veio através do acrílico, mas ela claramente estava corrigindo um pequeno erro que ele havia cometido. Algo no trejeito de sua boca, os lábios um pouco apertados e a forma como o trabalhador se inclinou em direção a ela atentamente enquanto ela falava, com uma leve reverência, fazia-a parecer ligeiramente intimidadora.

"Essa é a Deborah", disse Ed Stolman. "Quando se trata de fazer azeite, aprendi simplesmente a fazer o que ela diz."

Passamos pela porta, indo da fragrante serenidade do *showroom* para o rugido e a agitação do "esmagamento", como os californianos chamam a estação de moagem. (Esse termo, que captura o ato e a intensidade da moagem, é muito mais apropriado do que o verbo "pressionar", que está ultrapassado, uma vez que praticamente todo azeite de qualidade é feito com centrífugas, não com mós.) Deborah Rogers, a moleira-mestre da Olive Press, não gosta de deixar a fábrica durante os quase quatro meses em que ela funciona em plena capacidade, nem mesmo à noite.

E, embora ela às vezes se arraste para fora, até o final da temporada está realmente carente de sono. "Deborah é muito apaixonada por sua casa, pela família e por fazer comida saudável", diz o marido, Doug, "mas, durante a temporada de moagem, ela se torna algo como um fantasma. Mesmo quando está de pé bem à sua frente, geralmente está a um milhão de quilômetros mentais de distância." Rogers diz que confia em sua equipe, mas está sempre preocupada com a possibilidade de que algo dê errado e estrague um lote de azeite, ou de um ajuste imediato que exija seu conselho. "Isso é como viver quatro meses em uma panela de pressão", ela meio que grita acima do ruído. Entretanto, sua expressão era feliz.

Rogers estudou horticultura, mas sua verdadeira paixão era por comida, desde que aprendera a cozinhar, quando menina, com a avó polonesa, preparando *kielbasa*[16] e *kapusta*[17] e fazendo a massa para *pierogi*[18] caseiro, ao lado dela na cozinha. "O cheiro de nossa casa era incrível, perfumado com cebolas cozidas, repolho e cogumelos secos enviados pela família de minha avó da Polônia", diz ela. "Ela me contava histórias sobre a imigração para os Estados Unidos e os vários trabalhos que conseguiu para se sustentar. Ela era quieta, estoica e muito austera. Aprendi tanto com ela – minha prematura paixão por jardinagem e por cultivar minha própria comida, não desperdiçando nada, e a alegria de cozinhar a partir do nada usando apenas os ingredientes mais frescos." Mesmo quando estudante, ela estava tão fascinada por comida que fingia estar doente para ficar em casa assistindo a *The Galloping Gourmet* [O gourmet galopante].

Ela descobriu o azeite de oliva em uma pequena loja em Santa Helena, perto de Napa, onde cresceu. "Era minúscula, lindinha, uma loja familiar do Velho Mundo como eu nunca tinha visto. Os proprietários enchiam

---

16 Tipo de embutido do leste europeu. (N.T.)

17 Prato feito de repolho preparado como *sauerkraut*, ao qual se acrescentam cogumelos e cebolas. (N.T.)

18 Tortas de massa, primeiro cozidas e depois assadas ou fritas na manteiga com cebolas, tradicionalmente recheadas com batata, chucrute, carne moída, queijo ou frutas. (N.T)

um jarro de 1,5 litro e colocavam uma etiqueta, muitas vezes um pouco torta. Eu me sentia bem só de ir àquela loja comprar azeite. Decidi fazer alguma coisa agrícola e culinária ao mesmo tempo: fazer azeite de oliva."

Em 1993, ela vendeu a casa e usou a maior parte do dinheiro para comprar 20 mil m^2 de terra em Glen Ellen para plantar oliveiras. Então, não querendo atrasar sua entrada na fabricação de azeite de oliva em cinco a sete anos – tempo necessário para que as árvores deem frutos –, ela contatou dois vendedores de óleo a granel e comprou um tambor de 200 litros de cada um, colocou-os no chão da sala de visitas de seu minúsculo apartamento novo e começou a engarrafar sua própria mistura de azeites. "Era uma bagunça. Eu não tinha uma bomba de tambor, então a sifonagem do azeite era feita com a boca, e eu fazia isso sentada em um banquinho de leite entre os tambores. Então eu os engarrafava à mão, mas, na primeira vez, comprei as rolhas de tamanho errado, então tive de pingar cera para selar as garrafas." Mas o sistema funcionou, porque na próxima feira a banca de azeite dela, situada entre mais ou menos uma dúzia de outras com gente que realmente fabricava azeite com suas próprias azeitonas, atraiu mais gente, e ela esgotou o estoque inteiro de misturas de marca arrolhadas com cera ao preço de US$ 18 para cada meio litro. O negócio cresceu rapidamente e logo ela conseguiu sair do emprego que tinha e dedicar-se ao azeite. (Ela nunca plantou oliveiras nas terras de Glen Ellen.) "Mas eu ainda não sabia como era o gosto do azeite bom", admite.

Isso começou a mudar em 1995, quando ela viajou para o sul da França com Ed Stolman e um grupo de outros moradores do norte da Califórnia, os futuros sócios da Olive Press. Significativamente, ela se lembra menos do azeite que degustou que dos moinhos que viu. "Entrei em um moinho e fiquei admirada de ver como a maquinaria estava limpa, uma grande e moderna Pieralisi. O ar também cheirava a limpeza, não havia traço de cheiro rançoso. Aquilo foi um despertar."

De volta à Califórnia, ela continuou a fazer suas misturas, embora ocasionalmente se lembrasse de que comprar azeite de terceiros tinha seus riscos. Num óleo que comprara de um de seus fornecedores, de quem tinha acabado de comprar vinte tambores, ela notou partículas vermelhas e gotas pretas. Mandou testar o produto. O laboratório encontrou *chips* de tinta, bárbulas de pena e fezes de rato, embora a identidade das gotas pretas nunca tenha sido determinada.

Logo os sócios da Olive Press importaram as mil oliveiras de Pistoia, compraram um moderno moinho a martelo e começaram a fabricar azeite, inicialmente com azeitonas que adquiriam de olivicultores locais e então, depois que suas oliveiras frutificaram, com suas próprias azeitonas. Como tinha aprendido a cozinhar com a avó, Rogers dominou a moagem, ficando por longas horas ao lado de muitos mentores, os poucos autodidatas do ofício na Califórnia daquela época. Ela acha que algumas pessoas têm jeito para a coisa, e outras não. "Os *restaurateurs* sabem disso. Eles sabem como agir sob pressão, e realmente se realizam com isso. De fato, a satisfação da moagem é um pouco como cozinhar rapidamente. Quando se está ocupadíssimo na cozinha e consegue colocar todos os pratos na janela, e todos os clientes estão felizes – é uma satisfação, e vicia de verdade."

Roger me acompanhou até o malaxador para que eu pudesse verificar o progresso do último lote. A pasta vermelho-amarronzada brilhava com minúsculas gotículas de azeite, que estavam começando a se unir em poças verdes maiores nas dobras da pasta. O calor e o aroma subiam invisíveis, aromas e aromáticos dançando como anjos no meu nariz. Eu quase sentia o verde no rosto.

"Isso é *leccino*", disse ela, fitando a pasta. "Vê a compactação, como está se armando? E o brilho do azeite? *Leccino* é o sonho do moleiro."

Rogers disse que trabalhara tanto e por tanto tempo na Olive Press, com o nariz na mó, que não tivera tempo de viajar muito. Ainda assim, o azeite de oliva a tinha unido a tantas pessoas talentosas e intrigantes de terras distantes, que tinham ido até ali ou a quem ela encontrara em degustações de azeite e competições. "O azeite é como uma linguagem universal, não importa para onde se vai."

De fato, disse-me ela, ela se "semiaposentaria" depois dessa colheita, para poder viajar o mundo e visitar esses amigos distantes. Considerando sua inconfundível paixão pela moagem, isso me surpreendeu. Perguntei para onde iria e ela listou os destinos, nomeando primeiramente os amigos e depois onde viviam. Havia muitos australianos e neozelandeses, e muitos chilenos e argentinos também. Ela não mencionou ninguém do Mediterrâneo.

"É claro que ainda vou continuar a administrar a moagem da Olive Press em todas as colheitas", acrescentou. "Só vou para o sul quando as coisas ficarem sossegadas por aqui."

Então vi. Ela estava indo para o sul para acompanhar a colheita das azeitonas. Estava, na verdade, caçando a moagem.

Provavelmente o único pequeno produtor na Califórnia a desafiar a máxima de Ed Stolman e fazer um lucro honesto a partir do azeite de oliva é Mike Madison, e ele fez isso sem a ajuda de Oprah. Educado na Philips Andover e em Harvard, onde obteve um PhD em botânica, ele se empregou como colecionador de plantas do Museu Botânico de Harvard, perambulando pelas florestas tropicais da América do Sul, algumas vezes por um ano inteiro. Finalmente, quando o que fora uma grande aventura começou a parecer-se demais com trabalho duro, ele voltou para sua cidade nativa, Davis, e comprou 80 mil m^2 de excelentes terras cultiváveis em Putah Creek, perto de uma fazenda onde vivera quando criança.

Madison, de 63 anos e nervoso, com uma barba castanha curta e um boné de beisebol, afirma que seu *modus operandi* em cultivo é "tentativa e erro seguida de erro e erro", e que seu lema é "mire baixo". Ainda assim, enquanto eu caminhava com ele pela fazenda em Putah Creek, seu objetivo parecia cada vez mais ser "mire certo".

Madison fez dinheiro com o azeite em todos os anos desde 1991, quando plantou as primeiras árvores, mantendo seus custos incrivelmente baixos. Em lugar de contratar um empreiteiro para fazer uma nova construção para a moagem das azeitonas, comprou um celeiro abandonado por um dólar, desmanchou-o com uma motosserra e um pé-de-cabra e o reconstruiu em sua fazenda. Em lugar de comprar um moinho luxuoso de um fabricante famoso, contratou três homens em um galpão em Perugia, que também gostavam de trabalhar com as mãos, para que construíssem um moinho sob medida para ele. "Esse moinho tem treze motores", disse ele, colocando a mão sobre o moinho como um criador com um garanhão campeão. "Se o som mudar em qualquer um deles, sei que alguma coisa está errada." E, enquanto a maior parte dos olivicultores contratam uma equipe para colher as azeitonas, ele as colhe sozinho durante o dia, e trabalha na moagem à noite. "Essa é estritamente a operação de um homem só", declara. "Leva dez ou onze semanas de dias de trabalho de dez horas para colher as azeitonas de 1.500 oliveiras."

No que se refere às vendas do azeite, Madison é igualmente frugal. Não tem *site*, não embarca o produto, não faz propaganda, nem mesmo tem telefone. Vende a maior parte do azeite na feira, na vizinha Davis, a preços modestos, e dá o resto ao banco local de alimentos. Seu investimento total para as árvores – um sistema de irrigação a gotejamento, um moinho de meia tonelada por hora, uma construção e muitos tanques de aço inoxidável para armazenar o azeite – foi de US$ 98.000. "A maior parte das pessoas montando esse pacote gastaria oito ou dez vezes essa quantia. E se foram gastos 750 mil dólares para estabelecer uma operação pequena, nunca se terá lucro com azeite de oliva."

As azeitonas e o azeite combinam com a aspiração maior de Madison, que é cultivar e viver a um ritmo e em uma escala anteriores à Revolução Industrial. "Estabeleço o preço do meu azeite baixo o suficiente para que as pessoas não fiquem inibidas ao usá-lo com liberdade. Vendo a maior parte num raio de 16 km daqui. Esse estilo de trabalho é um retrocesso ao século XVIII, quando a maior parte do comércio tinha lugar entre pessoas que se conheciam, e sabiam o que esperar um do outro. Hoje, tudo o que se compra é feito virtualmente por estranhos, que precisam impressioná-lo com garrafas pretensiosas, etiquetas decorativas e *marketing* de alto custo, e com todos os prêmios que ganharam. Mas, se estiver vendendo para pessoas que conhece, não precisa disso tudo."

Madison escolhe suas safras com cuidado e só cultiva aquelas que lhe parecem certas. Ele não cultiva milho com o novo gene sh-2, que estimula o conteúdo de açúcar dos grãos, porque, como diz, gosta que seu milho tenha gosto de milho, não de Cap'n Crunch.[19] Todas as outras coisas que ele cultiva – marmelo, amêndoas e maçãs azedas Wickson do tamanho do punho de uma criança de cinco anos – se encaixam nesse padrão de sabor complexo, azedo, até mesmo amargo, em lugar de doce. As azeitonas e seu azeite também funcionam. "O amargor do azeite de oliva fresco é rico e interessante, e persiste no paladar. Como música em um tom menor, estabelece um clima de contemplação e pesar."

Ainda assim, Madison também reconhece e curte sinceramente o lado escorregadio do azeite. Enquanto estávamos entre as oliveiras carregadas de azeitonas *taggiasca* como aquelas que cresciam na velha árvore perto de minha casa na Ligúria, ele contou a história de um fabricante de azeite que conhece, bondoso mas confuso, que administrava um deteriorado moinho a norte de Davis e, de alguma maneira, conseguiu ganhar o maior prêmio em uma competição importante.

"Logo depois, dois cavalheiros sicilianos apareceram com um excelente contrato de venda e lhe ofereceram duas vezes o que o moinho valia. Ele agarrou a oferta, porque, afinal, realmente não gostava de fazer azeite. Os sicilianos pegaram aquela etiqueta do prêmio ganho e começaram a colá-la em garrafas de óleo rançoso, mofado e de origem duvidosa. Eles nem mesmo usaram o moinho, que abandonaram. Por algum tempo, ele foi usado para abrigar carros velhos. O problema é que, enterrada bem fundo naquele contrato de venda, havia uma cláusula que lhes permitia anular a venda e restituir o moinho ao vendedor no prazo de dois anos, o que fizeram prontamente. Deixaram o homem com um moinho quebrado e um pátio coberto de carcaças de carros!"

Ele ria à medida que se lembrava da história, sacudindo a cabeça. "Quando um produto é vendável por 26 dólares o litro ou mais, a tentação para a fraude deve ser quase irresistível."

---

[19] Marca de uma linha de produtos de cereais para o desjejum de aveia e milho adocicado. (N.T.)

Todo mundo no negócio do azeite na Califórnia, e nos Estados Unidos, conhece uma história de fraude, porque todo mundo conhece um fraudador. Os Estados Unidos, cujo consumo de azeite é o terceiro do mundo e está crescendo a 10% ao ano, um mercado que vale mais que US$ 1,5 bilhão e continua subindo, há muito tempo tem algumas das leis mais frouxas da Terra no que concerne à pureza do azeite de oliva e aos novos padrões do Departamento de Agricultura dos Estados Unidos, aprovados em outubro de 2010, que espelham as regulações relaxadas do COI, cujo cumprimento permanece voluntárias, sem cláusula que garantam que sejam cumpridas. Os Estados Unidos são o sonho do criminoso do azeite.

Uma pesquisa recente com os extravirgens de supermercado, realizada pelo Davis Olive Center da Universidade da Califórnia em cooperação com o Australian Oils Research Laboratory (Laboratório Australiano de Pesquisa do Azeite), revelou que 69% dos azeites testados tinham defeitos de gosto, como ranço, bolor e mofo, o que significava que absolutamente não eram azeites extravirgens e que as etiquetas estavam erradas. (Os azeites californianos pesquisados também não eram perfeitos.) Tais casos de "fraude legal" são comuns nos azeites de supermercado norte-americanos, assim como em muitas partes do mundo: descobertas similares foram feitas por Andreas März na Alemanha, pela revista *Choice*, na Austrália, pelo governo regional da Andaluzia e por documentários televisivos nas televisões suíça e alemã sobre a qualidade do extravirgem naqueles países. "Tiramos os azeites de oliva da prateleira", diz Paul Vossen, especialista em azeite de oliva na UC Davis que, a partir de 1997, treinou e depois conduziu o primeiro júri de degustação reconhecido pelo COI dos Estados Unidos. "E eu diria que muito raramente encontramos um que passa como extravirgem." Em geral, o mesmo se aplica a varejistas e *sites gourmets*. "O preço certamente não é um indicador de qualidade", diz Vossen. "Os produtos de alto preço podem ser igualmente ruins."

No mercado de atacado, grande quantidade de óleo é adulterada diretamente com óleos vegetais baratos. Depois de anos de testes de laboratório e observação, Mike Bradley conclui que "o mercado está inundado de azeite de oliva falso, a ponto de a maioria dos vendedores legítimos terem desistido de tentar vender o produto real para fornecedores de atacado ou restaurantes. É raro encontrar azeite de oliva extravirgem autêntico em um restaurante nos Estados Unidos, mesmo em restaurantes finos. Em alguns lugares, como no sul da Califórnia, onde falsificadores de grande escala produzem misturas de azeite de oliva de baixa qualidade e óleo de soja tingido de verde vivo e o vendem aos montes, é quase impossível usar a importante palavra 'legítimo' atacadista". John J. Profaci, presidente da Colavita USA, diz que tais compradores são motivados apenas pelos baixos preços, não pela qualidade, e são "tão responsáveis como os adulteradores" pela prevalência do azeite de oliva falso no mercado norte-americano. "Porque se estou oferecendo meu azeite de oliva extravirgem a US$ 5 a garrafa e alguém aparece com US$ 3, o comprador deve dizer: 'Sabe o que parece? Alguma coisa está errada. Não pode existir essa grande diferença no preço se a qualidade é a mesma'. Mas eles fecham os olhos para isso."

A maior parte do azeite de oliva falso vendido nos Estados Unidos é importada. Em 2006, em uma rara intervenção das autoridades, funcionários federais confiscaram cerca de 61 mil litros do que supostamente seria azeite de oliva extravirgem e 26 mil litros de óleo de bagaço em um armazém em New Jersey. Parte do óleo, que consistia quase inteiramente de óleo de soja, era destinada a uma empresa chamada Krinos Foods. Transferindo a responsabilidade, que lembra casos de fraude de azeite na Itália, Krinos culpou seu fornecedor, a DMK Global Marketing, que dizia ter garantido a qualidade do óleo. Por sua vez, a DMK culpou os engarrafadores da Itália de quem tinha comprado o óleo, que, segundo um documento da FDA, eram Fabio Mataluni & Co. e Oleificio Fratelli Amato. Os funcionários federais destruíram o óleo, mas nem Krinos, nem as outras empresas foram acusadas de nada. (Este não foi o primeiro encontro da Krinos com as autoridades. Em 1997, os funcionários federais confiscaram um lote de óleo de bagaço importado e distribuído pela Krinos, que, na verdade, consistia parcial ou totalmente de óleo de semente de girassol, e, em 1988, o fundador da empresa, John Moschalaidis, declarou-se culpado em uma corte federal em Nova Jersey por conspirar para importar queijo feta contaminado com hexacloreto de benzeno, um pesticida carcinogênico.)

Grandes quantidades de azeite falso também estão sendo misturadas em solo norte-americano, onde os fraudadores se aproveitam do ambiente regulatório frouxo. Na Califórnia, o centro da fraude é a grande Los Angeles, onde muitas empresas estão misturando soja, óleo de sementes ou óleo de sementes de algodão com azeite de oliva de segunda e vendendo-o como extravirgem. "Há um rio de óleo ruim fluindo aqui", diz Mustafa Altuner, importador turco de azeite de oliva e alimentos especiais estabelecido em Long Beach, que lutou por anos para vender o extravirgem real no mercado de Los Angeles. "O volume é fenomenal. Até o produtor do óleo de bagaço na Apúlia acha que o problema é nacional." De fato, Michele Rubino, produtor de azeite e óleo de bagaço da Apúlia, considera essa possibilidade. Ele estima que 50% do óleo vendido no país é fraudulento, com problemas particularmente agudos na indústria de serviços alimentares. "Nos Estados Unidos, as pessoas podem colocar o que quiserem na embalagem", diz. E Leonardo Colavita concorda: "As [autoridades] norte-americanas me dizem: 'Desde que o produto não seja tóxico, pode-se vendê-lo do jeito que quiser' – desde que não seja tóxico. Porque se puser [óleo de] sementes dentro do extra [virgem], não se envenena ninguém. Assim, afirmam: 'É escolha do consumidor comprá-lo ou não'." Leonardo Marseglia acredita que a abordagem da FDA, no final, é mais prática do que a das autoridades italianas. "Eles fazem checagens mais inteligentes do que as nossas. O que eles fazem? Eles checam para certificar-se de que [o azeite] não está envenenado, que não prejudica a saúde de ninguém. Mas, em relação à qualidade, o comprador tem de se defender... E dizem: 'Se comprar um extravirgem e depois verificar que é *lampante*, o problema é inteiramente seu'."

A FDA considera que a adulteração de azeite de oliva é de baixa prioridade. "Estamos inclinados a gastar nosso dinheiro em coisas em que há um claro benefício à saúde pública", disse-me Martin Stutsman, um especialista em adulteração de alimentos da FDA. Ele me contou que a FDA não tem nenhum programa em andamento para testar a qualidade do azeite de oliva e acredita que não tenha havido nenhum desses programas no passado. Em vez disso, a agência se apoia em produtores importantes, bem como em associações comerciais como a NAOOA – North American Olive Oil Association (Associação do Azeite de Oliva Norte-Americana), a contrapartida americana à Assitol, para alertá-los sobre produtos suspeitos. Com a indústria funcionando como cão de guarda, diz ele, "não se desperdiçam recursos em pesquisas que provavelmente tornarão alguém confortável, mas que não fazem grande coisa para proteger a saúde pública".

A fé de Stutsman parece imerecida. Os membros da NAOOA incluem a própria Assitol, bem como a Krinos e Bertolli, que tem tido problemas com óleo falso ou óleo de bagaço no passado. Portanto, a NAOOA nem sempre pode ser a fonte mais objetiva de informação sobre fraudes – afinal, é uma organização comercial, não uma agência regulatória. Não obstante, a NAOOA é a única organização nos Estados Unidos que faz testes difundidos de azeite e regularmente notifica a FDA e outras autoridades federais e estaduais quando os resultados dos testes apontam para a fraude. Segundo uma carta recentemente enviada pela NAOOA à FDA, em abril de 2010, a NAOOA analisou amostras do azeite de oliva extravirgem Genco (nome evidentemente copiado da empresa de azeite de oliva de *O Poderoso Chefão*), que é comercializado pela Coachella Valley Edibles em Rancho Cucamonga, um subúrbio de Los Angeles. Os testes revelaram que o produto fora adulterado com óleos mais baratos. A NAOOA escreve que fez testes semelhantes em 2005 e 2007, com resultados também semelhantes. "Isso significa que, por pelo menos cinco anos, essa empresa demonstrou um modo de fraudar os consumidores", conclui a carta, "e os priva dos benefícios de saúde delineados na declaração de saúde para o azeite de oliva e produtos que contenham azeite de oliva da FDA." A NAOOA escreveu cartas semelhantes em relação a outras companhias. Enviou à FDA resultados de testes de azeite de oliva extravirgem produzido pela Gourmet Factory, uma empresa de Glendale, Nova York, mostrando que o produto na verdade consistia na maior parte de óleo de bagaço. A carta termina com um pedido para que a FDA "dê os passos necessários possíveis para proteger os consumidores e empresas legítimas dessas práticas inescrupulosas".

A NAOOA também escreveu ao promotor público de Orange County para reportar as atividades da Italcal Trading (também conhecida como Gemsa Enterprises), que tem sede em La Mirada, outro subúrbio de Los Angeles. A carta cita seis das etiquetas da empresa, inclusive o azeite de oliva Di Stefano, o azeite de oliva extravirgem La Dolce Vita e o azeite de oliva extravirgem Angela, cujos testes revelam que eles "contêm grandes quantidades de óleo de sementes" e pede à Promotoria Pública que "realize uma investigação sobre a Italcal Trading."

Outras fontes informam sobre a adulteração feita pela Italcal Trading. Mustafa Altuner e outras empresas de azeite de Los Angeles mandaram analisar os azeites de oliva daquela empresa por laboratórios bem conceituados, obtendo resultados que apontam para a adulteração com óleos mais baratos. Mike Bradley fez o mesmo, especialmente porque a Italcal era a empresa estabelecida em Los Angeles da qual ele comprara os oitenta barris de azeite orgânico (testes posteriores revelaram que parte desses barris foi adulterada). Um antigo empregado da Italcal, que no momento está em conflito com a empresa, informa ter observado extensa adulteração na companhia. Ele afirma que a Italcal mentiu sistematicamente a respeito da natureza e da origem dos azeites que vende e ignorou a rastreabilidade e outros procedimentos exigidos pela FDA. Ele fala de um trabalhador no armazém da Italcal, o qual apelidou de "Gondoleiro", que misturou óleos adulterados usando um remo de metal de 1,5 metro, adicionando um corante obtido pelo chefe da companhia, Emilio Viscomi, cuja receita Viscomi mantinha como segredo bem guardado. "Quer que ele seja mais verde, menos verde?", perguntou o antigo empregado. "Quer verde-esmeralda? Não importa como o queira, ele o faz." Ele também descreve a ilustre lista de clientes da Italcal que, segundo ele, incluía algumas das companhias de distribuição de alimentos mais importantes dos Estados Unidos. Ele declara que essas empresas devem ter conhecimento da verdadeira natureza do "azeite de oliva" que estão comprando, visto que este estava sendo vendido por um preço bem inferior ao preço de mercado.

Tentei contatar Emilio Viscomi, chefe da Italcal, numerosas vezes por telefone e *e-mail* para pedir uma entrevista, mas ele nunca respondeu.

Inclusive fui ao armazém da Italcal em La Mirada sem ser anunciado, e lá a recepcionista me disse que Viscomi acabara de sair. Perguntei se podia falar com alguma outra pessoa da empresa, ou visitar o armazém, mas ela cordialmente recusou. Portanto, não posso dizer como Viscomi responderia às acusações de seu antigo empregado, ou às afirmações da NAOOA e de outros comerciantes de óleo que dizem que ele vende azeite de oliva falso. Entretanto, posso dizer que, enquanto estava sentado no estacionamento do armazém da Italcal, uma série de tratores a reboque de caminhões com os nomes de importantes companhias alimentares norte-americanas pintadas nas laterais estacionaram no local apropriado, carregaram mercadorias e partiram em seguida. Eram os mesmos nomes que o antigo empregado da Italcal disse terem comprado os produtos da empresa, e os mesmos que Mike Bradley meticulosamente documentou durante suas investigações – companhias que, como os dois homens ressaltam, dificilmente desconhecem a natureza real do produto que estão comprando.

Até agora, entretanto, a despeito dos repetidos relatórios da NAOOA e de negociantes independentes, nem a FDA nem outras autoridades parecem ter tomado qualquer iniciativa contra supostos fraudadores de azeite. Além disso, a FDA realizou seus próprios testes, com resultados nada animadores. David Firestone, químico da FDA de 1948 a 1999 que trabalhava como o especialista da agência em azeite de oliva, instituiu um programa de inspeção em 1983 para frear o que chama de "implacável adulteração do azeite de oliva" nos Estados Unidos. De 25 produtos coletados aleatoriamente, quase metade era adulterada. Dois anos mais tarde, uma inspeção de acompanhamento de 61 azeites de oliva encontrou 32% de adulteração. Alguns dos produtos adulterados eram de produtores importantes, cujos nomes Firestone não revelou. "Minha experiência em um período de cerca de cinquenta anos sugere que sempre podemos esperar adulteração e etiquetas erradas no azeite de oliva na ausência de vigilância das fontes oficiais", diz ele. Mais recentemente, em 1997, a Canadian Food Inspection Agency (Agência Canadense de Inspeção de Alimentos), a equivalente canadense à FDA, começou a testar a adulteração de azeites de oliva no varejo. Desde então, mais de 20% dos azeites testados provaram ser fraudulentos. Hoje, nos Estados Unidos, onde as companhias de óleo sabem que não existem testes sistemáticos, a incidência da fraude certamente é mais alta.

Martin Stutsman, da FDA, diz que sua agência hesita em comprometer os recursos para lutar contra a adulteração do azeite de oliva porque tal atividade, embora errada, não representa um risco sério para a saúde pública. Isso também é discutível. É verdade, o azeite de oliva misturado com um óleo vegetal mais barato não se compara em perigo ou virulência com o antraz, o botulismo ou a salmonela. Ainda assim, quanta gente com alergia a amendoim ou soja ficou doente depois de ingerir azeite de oliva adulterado com óleo de amendoim ou de soja? Os investigadores italianos encontraram resíduos de hidrocarbonetos, pesticidas e outros contaminantes em falsos azeites de oliva e o óleo de bagaço, um adulterante comum, algumas vezes contém óleo mineral, bem como HAPs – hidrocarbonetos aromáticos policíclicos, cancerígenos comprovados que também podem danificar o DNA e o sistema imunológico. Mais tarde, em 1981, houve o caso da síndrome do óleo tóxico na Espanha, quando óleo de colza adulterado com um aditivo industrial e vendido como azeite de oliva matou 800 pessoas e lesou outras 20 mil.

Em 2008, Mike Bradley importou azeite de oliva extravirgem orgânico em uma *flexi-bag*, uma embalagem flexível de polímero com capacidade para 24 mil litros que, quando cheia, se parece com uma pequena baleia verde. Quando chegou, a equipe de controle de qualidade de Bradley descobriu que o azeite tinha um cheiro químico peculiar e se recusou a descarregá-lo. O produtor insistiu que o cheiro não estava lá quando carregara o azeite, enquanto a empresa de transporte negava qualquer conhecimento e exigia que o contêiner fosse devolvido vazio. Bradley se recusou e, a despeito das crescentes taxas de atraso pelo contêiner, consultou proeminentes laboratórios químicos e fabricantes de *flexi-bags* tentando determinar a origem do problema. Finalmente, ele descobriu que o azeite, bem como a pintura no interior do contêiner, estava contaminada com naftaleno, o pesticida que é o ingrediente ativo da naftalina: o óleo continha 390 mil vezes o limite permitido. O contêiner evidentemente fora dedetizado antes de um embarque anterior, e o inseticida passara pela membrana plástica da *flexi-bag*, contaminando o óleo. Bradley chamou as autoridades sanitárias de âmbito estadual e federal para reportar o incidente e perguntou o que deveria fazer com o óleo, mas eles lhe disseram que não tinham jurisdição sobre produtos importados e o instruíram a levar a questão para alguma outra instância. Apesar das inúmeras tentativas, ele não conseguiu localizar um órgão governamental, em qualquer lugar do país, que estivesse disposto a lidar com o problema. Finalmente, frustrado, Bradley alertou as autoridades sanitárias que estava prestes a devolver a carga de azeite contaminado, ainda dentro da embalagem original, para a empresa de transporte, e que não seria responsável pelas consequências. No dia seguinte, conta ele, chegaram a seu armazém autoridades federais, estaduais e municipais em massa. Um deles leu a Bradley seus direitos, enquanto os outros colocaram o recipiente e o conteúdo sob embargo. Mais de seis meses depois, o contêiner foi transportado, sob supervisão do estado, a uma refinaria, onde todos os vestígios de naftaleno foram removidos. (A responsabilidade final pelo incidente ainda está sendo decidida em um processo entre a empresa de seguros de Bradley e a transportadora, que está sendo ouvida em um tribunal de Tel Aviv, em Israel.)

Em vez de enfrentar tais complicações, alguns comerciantes nessa situação poderiam ter deixado o cheiro do óleo contaminado desvanecer, misturando-o com óleo bom, e vendido a mistura, sem uma palavra para as autoridades. Para começar, muitos outros não teriam detectado o problema, especialmente se o nível de contaminação não tivesse sido tão elevado. "Até onde sei, a prática de tratar os contêineres vazios com naftaleno continua, e as *flexi-bags* que a maioria dos importadores de azeite de oliva usa não impedem esse tipo de contaminação", declara Bradley. "É alarmante quando se dá conta de que milhões de toneladas de produtos agrícolas e alimentares são transportadas em contêineres que foram tratados com pesticidas e nem transportadoras, nem destinatários, nem as autoridades governamentais com que conversei tinham conhecimento do potencial problema." Bradley considera esse incidente sintomático de uma desconfiança difundida em relação à supervisão oficial. "As pessoas sofreram uma lavagem cerebral para acreditar que todas as regulações e descuidos governamentais atrapalham a livre iniciativa, e são a maldição da indústria. Elas não desejam pagar o custo imediato da vigilância efetiva."

De fato, a própria FDA é vítima de um preconceito generalizado contra as regulações governamentais. As mesmas atitudes de *laissez-faire* lamentadas por Jonathan Swift, que, após a Revolução Industrial, ajudaram a transformar a Grã-Bretanha em um paraíso da adulteração, têm prejudicado a capacidade do órgão de proteger o fornecimento de alimentos dos EUA. Em novembro de 2007, em uma revisão interna daquele órgão, o próprio Subcomitê de Ciência e Tecnologia da FDA lamentou a "taxa de inspeção espantosamente baixa" dos alimentos:

> A FDA não pode monitorar suficientemente nem o tremendo volume de produtos fabricados no país, nem o crescimento exponencial de produtos importados. Durante os últimos 35 anos, a diminuição do orçamento da FDA para a inspeção de nosso suprimento de alimentos forçou a agência a impor uma redução de 78% em inspeções alimentares, em uma época em que a indústria alimentar tem passado por uma rápida expansão e a importação de alimentos aumentou exponencialmente. A FDA estima que, no máximo, inspeciona os fabricantes de alimentos a cada 10 anos, e fabricantes de cosméticos com frequência ainda menor. O órgão não realiza inspeções nos estabelecimentos de varejo alimentar ou nas fazendas de produção de alimentos.

"A FDA não tem a capacidade de garantir a segurança dos alimentos para a nação", conclui o relatório. "A incapacidade da FDA de acompanhar a evolução científica significa que vidas americanas estão em risco."

Há sinais de que esse risco está sendo abordado. Em 2009, o presidente Barack Obama formou um Grupo de Trabalho para a Segurança Alimentar para aconselhá-lo sobre como melhorar o sistema de segurança alimentar norte-americano. No final de 2010, depois de uma série de incidentes de intoxicação alimentar envolvendo ovos, espinafre e manteiga de amendoim, tanto o Senado como a Câmara dos Deputados aprovaram novos projetos de lei de segurança dos alimentos, que tinham por objetivo expandir os poderes da FDA para inspecionar e recolher alimentos contaminados. Pela autenticidade do azeite de oliva, a ajuda pode estar vindo também do setor privado. Em agosto de 2010, respondendo ao estudo da UC Davis que relatava a rotulagem errônea generalizada na classificação extravirgem, o escritório de advocacia de Callahan & Blaine, no Orange County, entrou com uma queixa contra os fabricantes e os distribuidores de muitos dos óleos citados no estudo, incluindo a Unilever, a Carapelli e a Sysco. A querela acusava essas empresas de fraude, declarações negligentes, publicidade enganosa, rompimento de garantia e enriquecimento ilícito, e de "induzir a erro e fraudar os consumidores da Califórnia por anos" (Callahan & Blaine mais tarde decidiram não prosseguir com a causa). Mustafa Altuner diz que, pelo menos em Los Angeles, a atmosfera na área oleícola parece estar melhorando. "No momento, os bandidos estão dormindo com um olho aberto."

Ainda assim, até agora, nada concreto foi realmente feito para reforçar a FDA, e nenhuma prisão foi realizada nos negócios relacionados ao azeite de oliva. Os bandidos podem estar descansando um pouco menos folgadamente, mas ainda estão misturando óleo ruim.

Epílogo

Mitologias

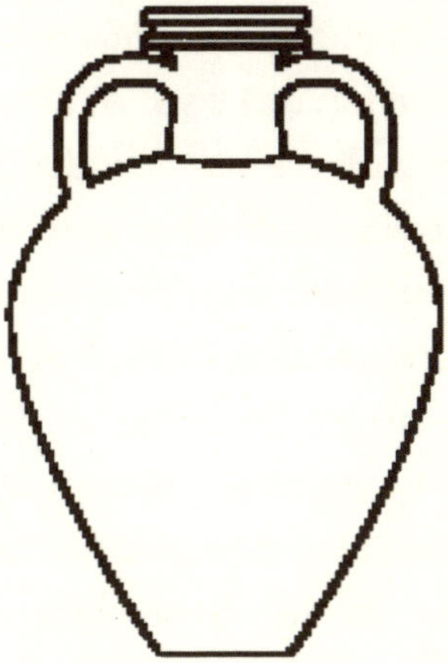

Estamos testemunhando um renascimento no azeite de oliva ou a morte de uma indústria? Será que o azeite de oliva extravirgem vai se tornar o próximo fenômeno de alimento *prime* – a próxima cerveja de microcervejaria, café Starbucks ou chocolate de qualidade – ou vai se afogar na massa de gordura anônima que é o legado de nosso suprimento alimentar pós-industrial? Por que não respeitamos os grandes azeites como respeitamos os grandes vinhos? E por que o azeite e o vinho se desenvolveram de modos fundamentalmente divergentes nos últimos cinquenta anos?

Por muitos anos, estive fazendo essas perguntas a pessoas que encontrei em pomares, restaurantes, mosteiros, armazéns e palácios de justiça, em lugares cada vez mais distantes de minha casa na Itália, onde meu interrogatório começou. Algumas de suas respostas – mais conjecturas e reflexões do que respostas – compõem este livro. Em muitas de minhas conversas, o vinho, companheiro e rival muito antigo do azeite, foi o tácito ponto de comparação. Recentemente, de volta ao oeste da Ligúria, onde vivo, vi como a duradoura dialética com o vinho pode, se não explicar o enigma do azeite, pelo menos fornecer pistas para a real natureza do óleo. Aprendi isso com meu vizinho Gino Olivieri, agricultor de 85 anos, que é o homem mais sábio que conheço, enquanto eu o observava produzindo azeite e vinho em meio aos campos em socalcos e falésias de calcário da nossa aldeia.

Todo ano ajudo Olivieri com dois antigos ritos do outono: a colheita das uvas para vinho e das azeitonas. Desde o início, fiquei surpreso pelas diferenças nessas duas atividades, e nas atitudes subjacentes de Olivieri em relação ao vinho e ao azeite. Colhemos as uvas no final de setembro, e todo o clã Olivieri aparece, incluindo primos distantes que raramente se veem durante o ano. É um trabalho fácil, alegre, sociável. O sol quente de outono brilha através das gordas folhas verdes, e enxames de mosquinhas-das-frutas, vespas e varejeiras azuis zumbem em comemoração. Cortamos as uvas das vinhas em cachos pesados, uma centena ou mais de uma vez, cacho após cacho, até que nossos braços fiquem cansados. De vez em quando comemos algumas uvas, sua doçura e seu calor enchendo nossas bocas e escorrendo pelos braços que, como os nossos tesourões de poda, estão pegajosos com o suco das uvas.

Ao contrário, a colheita das azeitonas é amarga. Começa em uma manhã no início de dezembro, quando o ar frio tem cheiro de fumaça de madeira e um vento forte sopra por entre as árvores. Agasalhados contra o frio, Olivieri e eu e alguns dos membros mais resistentes da família dele andamos em seus olivais carregando escadas e bengalas longas. Subimos até os ramos úmidos das árvores, tiramos as azeitonas que podemos alcançar com as mãos e derrubamos as outras com os bastões, para redes espalhadas pelos pés das árvores. Ao contrário do calor e da facilidade da *vendemmia*, esse é um trabalho difícil e cansativo, com o constante risco de queda – preocupam-me os joelhos artríticos de Olivieri naquelas escadas bambas. As oliveiras não têm cachos de frutos pendurados para a colheita. Eles cedem seus frutos "de má vontade", muitas vezes temos de arrancá-los um por um dos caules mais difíceis. As oliveiras não oferecem sustento enquanto se trabalha: a maior parte das azeitonas frescas é amaríssima por causa dos antioxidantes naturais que contêm.

Mas as maiores diferenças vêm depois da colheita. O próprio Olivieri faz o vinho. Ele fez cursos de enologia oferecidos pelo governo italiano e pela União Europeia, e conhece os métodos mais atuais para a filtragem, a fermentação malolática, o tratamento do mosto e os outros mistérios da arte de fabricar vinho. Pratica a sua arte na adega abobadada sob sua antiga casa de pedra, em meio ao gotejamento macio e ao ruído de fermentação do vinho, um lugar de silêncio onde ele pode parar, bebericar e meditar sobre o trabalho, pois o tempo todo o tempo trabalha no vinho, ajudando-o a torná-lo melhor.

Sua abordagem com as azeitonas é diferente. Ele nunca estudou olivicultura ou fabricação de azeite e emprega os mesmos métodos que aprendeu com o pai e o avô, como bastões para derrubar a fruta, que agrônomos romanos já desaconselharam, porque sabiam que machuca as azeitonas. Ele também não faz seu próprio azeite. Em vez disso, leva as azeitonas a um moinho local, onde ocorre uma cena que se repete por toda a Itália, desde a Antiguidade: no barulho e na agitação da prensa, como as pessoas se apressam para processar a maioria das azeitonas no menor tempo possível, Olivieri acompanha seus frutos por todo o processo de extração, de azeitonas para pasta, de pasta para óleo, para assegurar-se de que o moleiro não está usando truques – parte do toque amargo do engano que a fabricação de óleo muitas vezes contém.

O vinho de Olivieri é um vinho de mesa branco respeitável e honesto, mas medíocre, e ele sabe disso: ele o chama de seu *vinello*, o seu "vinhozinho", e, para celebrar o Ano Novo ou um batizado, ele compra uma garrafa de melhor qualidade. Mas nunca compraria o azeite de oliva de outra pessoa. Não tanto porque pensa que o seu seja o melhor azeite do mundo, mas porque, para ele, em algum nível, é o *único* azeite. E, apesar das dificuldades da colheita da azeitona, que são consideráveis para um velho fazendeiro cujas articulações e cuja coluna vertebral já trabalharam bastante, Olivieri o ama mais do que a *vendemmia*. Recentemente, após nossa décima colheita juntos, perguntei-lhe por quê. Ele balançou a cabeça, como se tentasse se lembrar de alguma coisa, e então disse: "Porque é mais difícil".

Essa dificuldade traz uma afeição pelas azeitonas que não vem com o vinho. As uvas são devassas, dando o seu suco em enormes quantidades com uma leve pressão dos dedos. As azeitonas frescas, de uma árvore que conhece a economia e a paciência do deserto, se agarram a seu óleo – para arrancá-lo, deve-se moer e esmagar as azeitonas sob imensa pressão, quase como um ato de sacrifício. A afeição de Olivieri pela colheita da azeitona, e o respeito pelo fruto e pela árvore, continua no azeite. A colheita mais recente foi boa, e o azeite novo de Olivieri é o mais brilhante e o mais complexo desde que comecei a degustá-lo, há dez anos. Eu lhe disse que era algo de que se orgulhar.

"Estou feliz, mas não orgulhoso", respondeu simplesmente. "Não fiz isso. As azeitonas fizeram o azeite." Isso sugere outra diferença fundamental entre vinho e azeite. As uvas não contêm vinho, mas suco de uva, que deve ser transformado pela arte do vinicultor. O azeite já está lá na azeitona, se pudéssemos apenas extraí-lo dela. Numa análise final, o vinho é feito pelo homem, enquanto o azeite é feito pela natureza, por intermédio da estranha árvore – o que é misterioso, porque vem de alguma coisa maior do que nós mesmos. O vinho numa refeição é o solista, colocado de lado em seu copo brilhante, enquanto o azeite permeia o alimento, perdendo-se, mas mudando tudo sutilmente. Os efeitos do vinho sobre nós são vívidos e rápidos, enquanto o azeite trabalha no corpo de modos ocultos, lento, persistindo nas células e na mente, como os mitos. O vinho é o alegre Dionísio; o azeite é Atena, solene, sábia e incognoscível.

O vinho é como gostaríamos que a vida fosse, mas o azeite é como a vida é: frutado, pungente, com um traço de amargor complexo – a tríade indefinível da extravirgindade.

Glossário

Para um glossário (em inglês) mais completo de termos do azeite de oliva, ver o *site* www.extravirginity.com.

Ácido linoleico – Um dos principais **ácidos graxos** do azeite de oliva. O ácido linoleico é poli-insaturado, e constitui entre 4% e 21% da maioria dos azeites de oliva.

Ácido linolênico – Um dos principais ácidos graxos do azeite de oliva. O ácido linolênico é poli-insaturado e constitui até cerca de 1,5% da maioria dos azeites de oliva.

Ácido oleico – O ácido graxo primário no azeite de oliva, que é monoinsaturado e constitui entre 50% e 80% da maioria dos azeites de oliva. Por causa de um perfil lipídico relativamente resistente a oxidação, o ácido oleico confere uma vida de prateleira mais longa do que a maioria dos outros óleos. O ácido oleico foi associado com alguns dos principais benefícios à saúde da dieta mediterrânea, como a uma reduzida incidência de doenças coronárias e de câncer. Um estudo de 2005, feito na Escola de Medicina da Northwestern University Feinberg, mostrou que o ácido oleico pode inutilizar um gene que causa de 25% a 30% dos cânceres de mama.

Ácido palmítico – Um dos principais **ácidos graxos** em óleo de oliva, o ácido palmítico é saturado e constitui entre 8% e 20% da maioria dos azeites de oliva.

Ácidos graxos – Membros de um grande grupo de ácidos orgânicos, especialmente aqueles encontrados em gorduras animais e óleos vegetais, que consistem em um grupo carboxila (COOH) e uma cadeia de átomos de carbono e hidrogênio, a maioria dos quais varia de quatro a vinte e oito átomos de carbono de comprimento. A fórmula química geral dos ácidos graxos é CnH2n+1COOH. Quando não estão ligados a outras moléculas, os ácidos graxos são chamados de **ácidos graxos livres**, que podem ser saturados ou insaturados. Por sua vez, os ácidos graxos insaturados são divididos em monoinsaturados e poli-insaturados. A composição dos ácidos graxos do azeite de oliva varia de acordo com vários fatores, incluindo o cultivar da oliveira, o clima e a maturação dos frutos. Os ácidos graxos primários presentes no azeite de oliva são o ácido oleico, que constitui entre 50% e 80% da maioria dos azeites de oliva, juntamente com o ácido linoleico e o ácido palmítico.

Ácidos graxos livres, acidez livre – Parâmetro químico importante para determinar a qualidade de um azeite de oliva, que faz parte do sistema de classificação do azeite do COI, da União Europeia, do Departamento de Agricultura dos Estados Unidos, da Associação Australiana da Azeitona e de muitos outros organismos que supervisionam a qualidade do azeite. A acidez livre mede a percentagem, em peso, do ácido oleico livre (ver também **Ácido oleico**) contida numa amostra de azeite. Em termos gerais, indica a quebra da estrutura básica de gordura de um óleo, seja por causa da má qualidade do fruto (devido a contusões, infestação pela mosca da azeitona, ataque de fungos) ou, mais comumente, por atrasos entre a colheita e o esmagamento. Embora uma baixa acidez livre não seja garantia de boa qualidade, como regra geral é possível dizer que, quanto maior é a acidez livre, maior é a probabilidade de que o azeite seja de má qualidade. O nível de 0,8% de acidez livre definido pelo COI e por outros órgãos reguladores para o azeite extravirgem é muito elevado para garantir um bom óleo: o extravirgem excelente com frequência tem acidez livre de 0,2% ou menos, e é provável que qualquer coisa acima de 0,5% seja de nível inferior.

Amargor – Uma das três características, juntamente com "frutado" e "pungente", mencionadas como desejáveis na definição do azeite de oliva extravirgem endossada pelo COI, pela União Europeia, pelo Departamento de Agricultura dos Estados Unidos e muitas outras instituições. O amargor muitas vezes é associado com a presença de antioxidantes – e outros constituintes do azeite – que promovem saúde. Uma pesquisa recente junto a consumidores de azeite de oliva no norte da Califórnia, realizada por cientistas sensoriais da UC Davis, revelou que a maioria dos consumidores não gostava de óleos com amargor ou pungência marcados, bem ao contrário dos especialistas em azeite de oliva.

Antioxidante – Substância que inibe a oxidação, ou seja, uma reação química com o oxigênio. A oxidação, embora vital para os sistemas biológicos, também pode produzir radicais livres e causar danos celulares. Portanto, plantas e animais tipicamente empregam antioxidantes para reduzir o estresse oxidativo. O azeite de oliva extravirgem contém vários antioxidantes, inclusive o tocoferol (vitamina E) e uma série de polifenóis.

Azeite de oliva – Termo de *marketing* para **azeite de oliva refinado**, aquele que foi misturado com uma pequena quantidade de azeite de oliva extravirgem para lhe conferir sabor. Ver também **Azeite puro**, **Azeite de oliva light**.

Azeite de oliva light – Termo de *marketing* para **Azeite de oliva refinado**. Ver também **Azeite de oliva**, **Azeite puro**.

Azeite de oliva refinado – Azeite que passou por um processo de refinamento (ver **Refino**) químico e físico, tornando-o insípido, inodoro e incolor. No jargão de vendas, "azeite de oliva refinado" é uma mistura de azeite refinado com uma pequena porção de azeite de oliva extravirgem, o que confere à mistura resultante sabor, aroma e cor. Ver também **Refino**, **Azeite de oliva**, **Azeite de oliva light** e **Óleo de oliva puro**.

Azeite desodorizado, desodorização leve – Azeite de oliva, normalmente de baixa qualidade, que passou por um processo de refino para remover odores e sabores desagradáveis. Por lei, tal óleo só pode ser vendido como azeite de oliva refinado, mas frequentemente é vendido, ilegalmente, como azeite de oliva extravirgem. Mundialmente, muitos óleos de supermercado baratos consistem, em grande parte, de óleo desodorizado. Um dos métodos mais populares de desodorização é o sistema de refino SoftColumn da Alfa Laval, o produtor líder de equipamentos de extração de azeite de oliva e outros óleos vegetais. A empresa comercializa SoftColumn para óleos de sementes, mas sabe-se que o processo é amplamente utilizado para desodorizar azeite de oliva. Como a desodorização é feita a temperaturas bem mais baixas (40 °C a 60 °C) do que no refino normal, e como existem várias técnicas diferentes de desodorização, muitas vezes é difícil detectar a desodorização com testes químicos. Novas análises químicas foram introduzidas recentemente – um teto para a quantidade de ésteres alquílicos pela União Europeia, a mensuração de DAGS (diacilglicerol ou diglicéride, um tipo de molécula importante na fisiologia e usado como aditivo alimentar) e PPP (sigla originada da denominação em inglês da pirofeofitina) pela Associação de Azeitonas Australiana – que deveria ajudar a reduzir a prevalência de óleo desodorizado, ou, pelo menos, forçar os produtores inescrupulosos a desenvolver novos métodos de desodorização.

Azeite puro – Termo de *marketing* para o **azeite refinado**, que foi misturado com uma pequena quantidade de azeite extravirgem para lhe dar sabor. Ver também **Azeite de oliva**, **Azeite de oliva light**.

Azeites de oliva virgem – Óleos feitos de azeitonas apenas com métodos mecânicos, tais como a lavagem e o esmagamento das azeitonas, a malaxação e centrifugação da polpa e a filtragem do óleo resultante. Nenhum produto químico, térmico ou outros métodos não físicos, como a reesterificação, são permitidos na produção de óleos virgens. Dentro da categoria de azeites virgens, o azeite **extravirgem** é o mais alto grau, **virgem** é o próximo mais alto e ***lampante*** é o mais baixo.

Bagaço, azeite de bagaço – Óleo extraído do bagaço da azeitona – a sobra de resíduos sólidos do processo de extração, composto principalmente de caroços de azeitona, pele e polpa – usando hexano ou outro solvente industrial, depois altamente refinado. Embora frequentemente vendidos de modo a levar os consumidores a acreditar que é azeite de oliva, o óleo de bagaço é uma substância muito diferente, com menos benefícios para a saúde e vários riscos potenciais (as autoridades de segurança alimentar encontraram certos lotes de óleo de bagaço de azeitona contendo óleo mineral e PAHs). A supervisão da produção de óleo de bagaço é, muitas vezes, limitada. Na Itália, por exemplo, o óleo de bagaço pode ser produzido em instalações que não são oficialmente designadas para a produção de alimentos.

COI – Conselho Oleícola Internacional, organização intergovernamental instituída pelas Nações Unidas em 1959 com o objetivo de fornecer ajuda e conselhos aos produtores e moleiros, financiar pesquisas em qualidade e química do azeite e promover o consumo do azeite de oliva em todo o mundo. O COI atualmente tem 43 nações membros (contando a União Europeia e os países da União Europeia), países que cultivam azeitonas e produzem azeite de oliva primariamente localizados em torno do Mediterrâneo, responsáveis por 98% da produção mundial de azeite de oliva.

Cultivar – Variedade distinta de azeitona (ou outro fruto ou vegetal) e de oliveira, que surgiu por meio de cultivo seletivo, muitas vezes ao longo de muitos séculos. Há aproximadamente setecentos cultivares de azeitonas no mundo, que com frequência têm propriedades agronômicas fortemente divergentes e produzem azeites com propriedades sensoriais, químicas e nutritivas distintas. Os vinte cultivares mais cultivados, em ordem alfabética, são: *arbequina*, *ascolana*, *barnea*, *cobrancosa*, *coratina*, *cornicabra*, *empeltre*, *frantoio*, *hojiblanca*, *koroneiki*, *leccino*, *maurino*, *manzanillo*, *mission*, *pendolino*, *picual*, *picudo*, *sevillano*, *souri* e *taggiasca*.

Decantação – Depois que o azeite é extraído das azeitonas (ver **Extração**), geralmente é deixado no tanque durante um período de semanas para permitir que os minúsculos pedaços da polpa da azeitona, da pele e do caroço, que estão em suspensão no óleo, desçam. Durante esse processo, o fabricante decanta o azeite muitas vezes e remove o sedimento no fundo do tanque, que poderia dar ao óleo sabores indesejáveis.

Defeitos, defeitos no gosto – Sabores (e odores) indesejáveis do azeite de oliva, listados na legislação do azeite e em protocolos de qualidade e que, se presentes, ajudam a determinar o grau de qualidade do óleo. Eles indicam a má qualidade de um óleo, muitas vezes causada por frutos insalubres ou maduros demais, por técnicas de moagem falhas, pelo armazenamento defeituoso ou por outros erros na cadeia de produção. Os dezesseis defeitos oficiais listados pelo COI e na legislação da União Europeia são: "tulha" (ou *atrojado*), "mofo"/"umidade", "sedimento enlameado", "avinhado"/"avinagrado", "metálico", "rançoso", "aquecido" ou "queimado", 'feno"/"madeira", "áspero", "gorduroso", "água vegetal", "salmoura", "esparto", "terroso", "sujo" e "pepino".

DOP (Denominação de Origem Protegida) – Uma designação legal da União Europeia, semelhante ao *Appellation d'origine contrôlée,* designação de vinhos de origem francesa, para os alimentos que são produzidos ou processados em uma região específica, usando métodos de produção tradicionais. Um desses produtos alimentares é o azeite de oliva extravirgem. Vários azeites DOP foram designados na Itália, na Espanha, na Grécia e em outros lugares do sul da Europa. O processo de produção dos azeites DOP é estabelecido por um protocolo específico e supervisionado por um comitê de controle de qualidade, que ajuda a garantir a qualidade do óleo. O status DOP é juridicamente vinculativo dentro da União Europeia, e está gradualmente sendo estendido a partir de acordos bilaterais para áreas fora da União Europeia.

Drupa – Termo botânico para um fruto carnudo, que geralmente contém um único caroço duro, no interior do qual há uma semente. As drupas incluem azeitonas, cerejas, ameixas e pêssegos.

Esmagamento – Primeira parte do processo de extração de óleo, quando as azeitonas são moídas ou esmagadas utilizando uma de várias máquinas diferentes. Os moinhos tradicionais usavam mós de diversas maneiras, originalmente movidas por tração animal ou hidráulica e, mais tarde, por motores. Ainda são amplamente utilizadas as mós motorizadas, embora elas estejam sendo substituídas por dispositivos de esmagamento que moem o fruto com martelos, discos e outros dispositivos de aço inoxidável, que causam menos oxidação do azeite.

Esmagar – Ver **Esmagamento** e **Extração**.

Extração – Processo pelo qual o óleo é removido das azeitonas (bem como de outras frutas, nozes e sementes). Existem dois tipos principais de extração para o azeite de oliva, a extração mecânica e o solvente, dos quais apenas o processo mecânico é permitido para azeite extravirgem. Na extração mecânica, as azeitonas são esmagadas (ver **Esmagamento**), a pasta resultante é agitada para permitir que as microgotículas de azeite se unam (ver **Malaxação**), após o que o óleo é separado da pasta com uma centrífuga ou prensa. Nos sistemas de extração modernos, as centrífugas têm substituído as prensas hidráulicas, pois são mais eficientes e mais fáceis de manter limpas. Hoje, poucos dos óleos de qualidade são feitos com prensas (ver também **Prensado a frio**). A extração com solvente é amplamente utilizada para fazer óleos de sementes e de bagaço.

Extravirgem – A classificação de qualidade mais alta do azeite de oliva, que, de acordo com as normas estabelecidas pelo COI, pela União Europeia e por outros órgãos governamentais, deve cumprir uma série de requisitos químicos (ácidos graxos livres de 0,8% ou menos, peróxidos a menos de 20 miliequivalentes por quilo, etc.), e precisa ser capaz de passar por um **júri de teste** que demonstre que o azeite possui um certo nível detectável de frutado de azeitona e que está livre de **defeitos** de sabor.

Filtragem – Processo que remove sedimentos – pequenos pedaços de polpa de azeitona, de caroços e de pele – em suspensão no óleo, além de tornar o azeite mais brilhante, por meio de sua passagem através de um pano ou filtro de malha. Existe considerável discordância, mesmo entre os produtores, sobre a importância da filtragem: se for inadequada, pode atenuar certos sabores e aromas, e muitos fabricantes de óleo de primeira preferem simplesmente drenar repetidamente o azeite recém-prensado. Outros fabricantes de azeite de primeira juram que a filtragem pode aumentar significativamente a vida de prateleira do produto e que ela parece melhorar a estabilidade do azeite durante a armazenagem.

Frutado – Na terminologia do azeite, essa palavra se refere a um sabor ou aroma que lembra o de azeitonas frescas. Um azeite de oliva deve demonstrar algum nível de aroma frutado para que tenha legalmente qualificações para o grau extravirgem.

***Fusti* (do italiano *fusto*, "tanque" ou "barril")** – Recipientes de aço inoxidável usados para armazenar azeite (bem como vinho e outros produtos). Tipicamente, têm uma tampa grande fechada com parafusos.

Gordura – Composto orgânico derivado dos tecidos adiposos de animais e frutos, nozes e sementes de plantas, que é feito principalmente de **triglicérides**, **ácidos graxos livres** e grupos orgânicos associados. Os termos "gordura", "óleo" e "lipídios" são, em grande parte, intercambiáveis, embora no uso comum uma gordura seja sólida à temperatura ambiente, um óleo seja líquido à temperatura ambiente e um lipídio compreenda tanto a gordura como o óleo.

Gordura trans – Gordura que contém um ou mais ácidos graxos insaturados que tenha um isômero trans, produzido (com poucas exceções menores, de ocorrência natural) por meio do processo industrial de **hidrogenação**. As gorduras trans são amplamente utilizadas em alimentos processados, por serem fáceis de se trabalhar e terem maior vida de prateleira se comparadas às gorduras e óleos de ocorrência natural. As autoridades de saúde de todo o mundo reconhecem que o consumo de gorduras trans aumenta o risco de doenças nas coronárias, porque elevam o nível de LDL ("mau colesterol") no sangue e baixam o HDL ("bom colesterol"). Segundo a Academia Nacional de Ciências dos Estados Unidos, não há nível seguro para o consumo de gordura trans.

Hidrogenação, hidrogenados, parcialmente hidrogenados – Refere-se a um **óleo** vegetal que passou pelo processo industrial da hidrogenação, durante o qual o óleo é aquecido até 120-200 ºC; adiciona-se um metal catalisador e o hidrogênio é passado por ele. O resultado é que as cadeias de ácidos graxos no óleo são artificialmente saturadas com átomos de hidrogênio, que endireitam as cadeias, removendo as dobras que ocorrem naturalmente nos locais dos vínculos duplos. A hidrogenação completa produz uma gordura que é dura demais para o uso na produção de alimentos, de modo que, em geral, o processo é interrompido quando a gordura está apenas parcialmente hidrogenada, resultando em um produto que é firme, mas maleável à temperatura ambiente e se derrete quando cozido ou comido. A gordura parcialmente hidrogenada (ou hidrogenada) resultante é uma **gordura trans**, e oferece riscos de saúde significativos quando ingerida.

Hidroxitirosol – Polifenol e poderoso antioxidante contido nas azeitonas, no azeite de oliva e nas folhas de oliveira. Sua utilização como suplemento ou conservante está sendo explorada por nutracêuticos, cosmecêuticos e na indústria alimentícia. Experimentos recentes sugerem que o hidroxitirosol, graças à sua poderosa atividade antioxidante, ajuda a evitar danos ao DNA e a oxidação prejudicial do LDL ("mau colesterol"). As pesquisas médicas também sugerem que ele funciona contra as doenças cardiovasculares, inibindo a agregação plaquetária e enzimas pro-inflamatórias.

IGP (Indicação Geográfica Protegida) – Designação legal definida pela União Europeia, semelhante à **DOP**, embora menos rigorosa. O status IGP exige que pelo menos uma fase da produção de um produto deve ocorrer em determinada região geográfica. (No caso do azeite de oliva extravirgem, por exemplo, as azeitonas podem ser cultivadas na região IGP, mas processadas em outro lugar.)

Invaiatura – Termo italiano para a fase da maturação da azeitona e de outros frutos, durante a qual a coloração verde dos frutos jovens imaturos passa a ser mais escura, ganhando os tons laranjas, vermelhos e roxos de frutas mais maduras. Muitos olivicultores usam a *invaiatura* como sinal para começar a colheita, porque ela marca um equilíbrio entre os sabores e aromas marcados das frutas jovens colhidas cedo e o maior teor de óleo dos frutos colhidos posteriormente.

Lampante – Literalmente, "óleo de lamparina", do italiano *lampa* ("lâmpada"). *Lampante* é o grau mais baixo do azeite de oliva no sistema de classificação de qualidade do COI. Por lei, é inadequado para o consumo humano e deve ser refinado antes de ser vendido como alimento.

Malaxador, malaxação – A segunda principal fase do processo de **extração** do azeite de oliva, após a moagem, durante o qual a pasta feita de azeitonas trituradas é misturada ou agitada para permitir que as microgotículas de óleo se aglutinem formando gotas maiores, extraídas mais facilmente. O malaxador moderno é uma calha de aço inoxidável com uma haste em forma de parafuso girando ao longo do fundo. A malaxação dura de vinte a quarenta minutos, dependendo do cultivar, da condição e do amadurecimento das azeitonas e de outros fatores. Tempos de malaxação mais curtos ajudam a minimizar a oxidação e a acidez livre, enquanto tempos mais longos aumentam a quantidade de azeite produzido e podem melhorar seu sabor, mas, tipicamente, reduzem sua vida de prateleira. (O termo é derivado do grego antigo *malassein*, "suavizar".)

Óleo – De modo geral, um óleo é uma **gordura** que fica em estado líquido à temperatura ambiente.

Óleo não filtrado – Azeite que não sofreu **filtragem**. A escolha entre óleo não filtrado e filtrado é principalmente uma questão de gosto. Enquanto a filtragem prolonga a vida de prateleira e parece melhorar a estabilidade durante o armazenamento, ela pode reduzir ligeiramente a intensidade dos sabores e aromas de certos azeites. Entre os azeites extravirgens de primeira linha, a principal escolha do consumidor está entre a transparência e o brilho dos azeites filtrados e a nebulosa densidade dos não filtrados.

Oleocantal – Polifenol que ocorre naturalmente em azeite de oliva extravirgem de qualidade, forte **antioxidante** e poderoso anti-inflamatório, com propriedades que se assemelham às do ibuprofeno. A pungência na garganta causada pelo oleocantal – descoberto pela primeira vez por uma equipe de cientistas da Unilever e, mais tarde, estudada em detalhe por Gary Beauchamp e colegas do Centro Monell Chemical Senses – é também muito semelhante àquela causada por ibuprofeno. A pesquisa revelou que muitos azeites contêm quantidades relativamente grandes de oleocantal e sugere que a substância possa ter efeitos terapêuticos contra doenças coronárias, câncer, doença de Alzheimer e outras.

Óleos aromatizados – Azeites de oliva aromatizados com extratos de uma variedade de frutas, legumes e outros produtos agrícolas. Os melhores são feitos pelo esmagamento de frutos inteiros ou cascas (comumente de cítricos), juntamente com as azeitonas, em um processo chamado de *agrumato*. Outros azeites aromatizados são feitos embebendo-se as cascas de frutos em azeite de oliva ou adicionando-se extratos ao óleo, este último sendo o método "rápido e sujo" de produção de óleos aromatizados.

PAHs (hidrocarbonetos aromáticos policíclicos) – Família de compostos químicos formados durante a combustão incompleta de substâncias orgânicas. Causam câncer e danos genéticos e neurológicos. Traços ou quantidades de PAHs estão presentes em muitos alimentos, e níveis ilegalmente elevados de PAHs foram detectados pelas autoridades de saúde europeias em certos óleos de bagaço de oliva.

Júri de gosto – Equipe de oito provadores e um líder que realizam o **júri de teste** sobre o azeite de oliva. Todos os provadores, bem como o líder do júri, são treinados para reconhecer as características oficiais do azeite, tanto as positivas como as negativas, e para avaliar as intensidades relativas dessas características.

Júri de teste – A análise oficial sensorial do azeite, realizada por um **júri de provadores** que, juntamente com uma bateria de análises químicas, é parte do método legal para determinar o grau de qualidade de uma determinada amostra de azeite.

Peróxidos – Importante parâmetro químico para a qualidade do azeite de oliva, que é parte do sistema de graduação de azeite do COI, da União Europeia, do Departamento de Agricultura dos Estados Unidos, da Associação Australiana da Azeitona e de muitas outras organizações de azeite. De modo geral, o valor do peróxido de um óleo indica em que medida ele foi oxidado, normalmente por efeito da degradação causada por radicais livres ou pela exposição à luz. Os níveis de peróxido para o grau extravirgem estabelecido pelo COI e por muitas outras organizações – menos de 20 miliequivalentes por quilo – são altos demais para garantir um azeite bom, que frequentemente tem peróxidos bem abaixo de 10 meq/kg.

Polifenóis – Termo genérico para uma série de fitoquímicos contidos no azeite de oliva e outras substâncias naturais, muitas dos quais demonstram propriedades antioxidantes e anti-inflamatórias. Os médicos pesquisadores consideram que os polifenóis têm uma gama de efeitos positivos sobre a saúde contra patologias como doenças cardiovasculares, câncer e doença de Alzheimer. Devido ao fato de também protegerem contra a oxidação, os polifenóis impedem que o azeite de oliva se estrague.

Ponto de fumaça – A temperatura em que o óleo de oliva ou qualquer outra gordura ou óleo começa a produzir uma fumaça acre e azulada. Isso sinaliza a degradação das características de sabor e nutricionais do óleo. Ao cozinhar com um determinado óleo, deve-se tomar cuidado para manter a temperatura inferior ao seu ponto de fumaça. De modo geral, quanto mais alta é a qualidade de um azeite extravirgem – e, em particular, quanto menores forem seus **ácidos graxos livres** –, mais alto será seu ponto de fumaça. Óleos finos têm o ponto de fumaça a cerca de 210 ºC, enquanto azeites quase extravirgens "começam a soltar fumaça a cerca de 185 graus Celsius.

Prensado a frio – Um termo de produção já fora de moda, agora usado para o *marketing* e em grande parte destituído de significado. Até cinquenta anos atrás, quando o azeite era feito com prensas hidráulicas, depois que a primeira prensagem removera o melhor azeite, a pasta quase seca era encharcada com água quente (como ensinou São Sanctulo de Nórcia) e prensado novamente, rendendo um azeite de segunda prensagem de qualidade inferior. Hoje em dia, quase por definição, o azeite de oliva extravirgem passa pela "primeira prensagem" e pela "prensagem a frio". (As regulamentações da União Europeia estabelecem que a expressão "prensagem a frio" só pode ser usada quando a pasta de azeitonas é mantida a 27 ºC ou abaixo dessa temperatura durante o processo de malaxação – um nível respeitado por praticamente todos os produtores sérios – e quando o azeite é realmente feito com uma mó, o que hoje raramente ocorre.)

Primeira prensagem – Termo ultrapassado, agora utilizado apenas para o *marketing* e desprovido de significado. Há cinquenta anos, quando o óleo era feito com prensas hidráulicas, depois da primeira prensagem a pasta quase seca era umedecida com água quente e repressionada, produzindo na segunda prensagem um azeite inferior. Hoje, praticamente fazem parte da definição de azeite de oliva extravirgem sua passagem pela "primeira prensagem" e o fato de ser "prensado a frio".

Pungente (ou picante) – Uma das três características, juntamente com o frutado e amargo, mencionadas como desejáveis na definição do azeite extravirgem endossada pelo COI, pela União Europeia, pelo Departamento de Agricultura dos Estados Unidos e por muitas outras instituições. A pungência é frequentemente associada à presença de vários componentes que promovem a saúde. Uma recente pesquisa com consumidores de azeite, realizada por cientistas sensoriais da UC Davis no norte da Califórnia, revelou que a maioria dos consumidores não gostava de azeites com pungência ou amargor marcados, em contraste com as preferências dos experientes provadores de azeite.

Rançoso, rancidez – Odor ou gosto desagradável de um azeite (ou outro óleo ou gordura) que sofreu oxidação extensiva. Veja também **Defeitos**.

Refino – O refino de óleo vegetal é a série de passos químicos e físicos pelos quais odores, sabores, cores e outras características tipicamente desagradáveis são removidos do azeite de oliva ou de qualquer outro óleo feito com sementes, frutas ou nozes. Esses passos em geral incluem o refino alcalino, o refino de água (ou "degomagem"), o branqueamento, o ato de destearinar (remover os componentes do ponto de fusão mais baixo do óleo), e a desodorização (ver também **Óleo desodorizado**). Durante o refino alcalino, o óleo é aquecido e misturado com uma substância alcalina, como o carbonato de sódio ou hidróxido de sódio, que faz com que os ácidos graxos livres (ver **Ácidos graxos livres**) e outros elementos indesejáveis se assentem fora do azeite, sob a forma de sabão. A degomagem envolve o tratamento do óleo com água quente, vapor ou água misturada com ácido, seguido de centrifugação, que remove os fosfolipídios gomosos contidos no azeite. Durante o processo de branqueamento, os pigmentos do óleo são eliminados com agentes de filtragem (como argila esmectita ou carvão ativado). Ao destearinar, o óleo é rapidamente esfriado e filtrado, chegando à temperatura sob a qual ele vai começar a se solidificar. A desodorização envolve o aquecimento de um óleo (tipicamente sob temperaturas entre 175 e 250 °C), sua colocação sob vácuo intenso, e o sopramento do vapor através dele para que perca os gostos e aromas desagradáveis. O azeite de oliva é um dos poucos óleos vegetais que não requer refino. Uma vez que o processo remove sabores, aromas e muitos atributos que promovem a saúde, nenhum azeite de oliva pode ser vendido legalmente como azeite de oliva extravirgem.

Strippaggio – O gole ruidoso feito por um provador de óleo depois de colocar uma amostra de óleo na boca: isso permite uma impressão sensorial mais completa do óleo do que seria possível provando-o de modo mais tradicional. Durante o *strippaggio*, o ar aspirado rapidamente nos cantos da boca cria uma emulsão de ar, óleo e saliva, e a distribui uniformemente sobre as papilas gustativas. O *strippaggio* também leva as moléculas aromáticas do óleo para as passagens nasais onde, por meio de um processo conhecido como "olfato retronasal", pode ser percebida uma gama de aromas mais ampla do que na própria boca – e com precisão muito maior (a um nível de uma parte por trilhão com determinados aromas). A palavra *strippaggio* deriva do inglês *stripping*, que, no contexto da química, é um processo de separação pelo qual uma substância líquida é transferida para sua fase de vapor por meios físicos.

Super-alta-densidade (SHD) – Sistema de cultivo de oliveira em que são plantadas setecentas a novecentas árvores por acre, as quais são colocadas em sebes como culturas enfileiradas, e as azeitonas são colhidas por grandes colheitadeiras que passam por cima das fileiras. (Olivais tradicionais, que são colhidos à mão ou pela simples agitação ou dispositivos para "pentear", contém cerca de cem árvores por acre, enquanto a densidade média de olivais fica entre duzentas e quatrocentas árvores por acre.) Atualmente, apenas alguns poucos cultivares de oliveira são compatíveis com o modelo SHD, de modo que o leque de azeites que podem ser feitos dessa maneira é limitado. Alguns críticos sugerem que a irrigação extensiva, os fertilizantes usados na SHD e a violência do próprio sistema de colheita mecânica podem prejudicar a qualidade do azeite. Entretanto, depois dos altos custos iniciais necessários para montar um olival SHD, as colheitas são rápidas se comparadas àquelas feitas em olivais tradicionais, reduzindo custos e minimizando o tempo entre a colheita e o esmagamento.

Tocoferóis – Grupo de compostos orgânicos que, em conjunto com os compostos relacionados chamados "tocotrienóis", são coletivamente chamados de "vitamina E". Os tocoferóis têm pronunciadas propriedades antioxidantes e têm sido utilizados na indústria de cosméticos para proteger a pele contra os danos do sol.

Triglicérides (ou triacilgliceróis) – Principal componente das gorduras vegetal e animal, e uma fonte de armazenamento de energia vital para as plantas e os animais. Os triglicérides são compostos por três ácidos graxos ligados a uma molécula de glicerol.

Virgem – Grau de qualidade intermediária do azeite de oliva entre o superior extravirgem e o inferior ***lampante***, os três sendo tecnicamente conhecidos como **azeites de oliva virgens**. Outrora comum nas lojas, o azeite de oliva virgem praticamente desapareceu nos últimos anos, uma vez que a qualidade do azeite extravirgem caiu (bem como seu preço), e muitos virgens são agora rotulados como extravirgens.

Apêndice

Como escolher um bom azeite

- Ver o site www.extravirginity.com para informações complementares e para obter fontes atualizadas para comprar e usufruir um bom azeite.
- Encontre uma loja onde se possam degustar azeites de oliva antes de comprá-los e onde os funcionários tenham condições de responder algumas questões básicas sobre como, onde e por quem eles foram feitos. Lojas de azeite de oliva especial e bares de azeite estão se tornando mais comuns, e um número crescente de *delicatessens*, mercados e supermercados já têm um bar de azeite. Quatro instituições-modelo são: a Olive Press, em Sonoma, na Califórnia; a Amphora Nueva, em Berkeley, Califórnia; a Eataly, em Manhattan; e a Zingerman's Delicatessen, em Ann Arbor, Michigan. Cadeias de franquias nacionais como a Oil & Vinegar (www.oilandvinegarusa.com) e a We Olive (www.weolive.com) precisam continuar a concentrar-se na manutenção da alta qualidade de seus azeites, mas já oferecem uma vasta seleção deles e vendedores entendidos.
- Quando tiver de comprar azeite sem poder degustá-lo antes, escolha uma loja que realize controle de qualidade severo na produção e na seleção de azeites, como a Olive Press (www.theolivepress.com), a Zingerman's Delicatessen (www.zingermans.com), a Beyond the Olive (www.beyondtheolive.com) ou a Corti Brothers (www.cortibros.biz).

- Ao contrário de muitos vinhos, que melhoram com a idade, o azeite de oliva extravirgem é perecível: como todos os sucos de fruta naturais, seu sabor e aroma começam a se deteriorar alguns meses depois da extração, declínio que pode se acelerar quando o azeite é engarrafado. Para conseguir o azeite mais fresco e evitar intermediários que frequentemente degradam a transparência e a qualidade do azeite, compre o mais perto possível do lagar. Se não puder comprar num lagar, encontre um comerciante que compra excelente azeite no atacado em lugar de garrafas ou latas, e que o armazena em recipientes limpos, de aço inoxidável, com temperatura controlada, cobertos por um gás inerte, como o nitrogênio, para manter o oxigênio longe. Se isso não for possível, procure por fornecedores de azeite de oliva que armazenam seu azeite engarrafado em um armazém escuro e frio, de alta rotatividade, o que ajuda a assegurar que o azeite é fresco.
- Ao escolher azeite engarrafado, prefira garrafas de vidro escuras ou outros recipientes que protejam contra a luz e compre uma quantidade que usará rapidamente. Mesmo um excelente azeite pode ficar rançoso depressa, se metade da garrafa estiver preenchida por ar.
- Não preste muita atenção à cor de um azeite. Os azeites bons vêm em todas as cores, do verde vívido a dourado, ou palha-claro, e os degustadores oficiais na verdade usam copos coloridos para evitar preconceitos em favor de azeites mais verdes. Tanto no sabor como no aroma, os azeites extravirgens genuínos têm um frutado marcante que lembra azeitonas frescas e tipicamente possuem algum nível de amargor e pungência. Em grandes azeites, essas características são harmoniosamente equilibradas, juntamente com aromas, sabores e retrogostos complexos, que florescem gradualmente sobre os sentidos.
- Não se desestimule pelo amargor ou pela pungência – lembre-se de que essas características normalmente indicam a presença de saudáveis antioxidantes –, a menos que uma delas seja exagerada e seja desproporcional em relação às outras.
- Acima de tudo, procure frescor, escolhendo azeites que cheiram e têm gosto vibrante e vívido: evite gostos e odores que pareçam bolorentos, rançosos, cozidos, gordurosos, carnudos, metálicos ou de papelão.

- Rótulos: se não puder degustar o azeite ou obter a ajuda de um vendedor entendido, vai ter de confiar no rótulo para obter informações sobre o produto. Para começar, certifique-se de que seu azeite traz o rótulo "extravirgem", pois outras categorias – "puro", "light" ou "azeite de oliva", para não mencionar "óleo de bagaço de azeitona" – passaram por refino químico, que despoja a azeitona de seus sabores e de muitos dos benefícios que ela traz à saúde.
- Para certificar-se do frescor, procure garrafas com data de validade ou, melhor ainda, a data da colheita. Tente adquirir azeites apenas da colheita do ano atual. Em geral, a data de validade é de dois anos depois que o azeite foi engarrafado: portanto, se tiver uma data dois anos adiante, o azeite muito provavelmente é fresco. Isso posto, muitos azeites de oliva, particularmente na União Europeia, são armazenados por anos antes de serem engarrafados, e ainda assim a data de validade é determinada (de maneira errônea) pela data de engarrafamento, e não de colheita. De fato, a maior parte dos extravirgens de supermercados são misturas de azeite mais fresco e de colheitas mais recentes com azeites mais enfadonhos, de colheitas anteriores. Até hoje, nenhum sistema foi encontrado para calibrar a data de validade e o frescor químico do azeite quando é embalado.
- Frases como "embalado na Itália" ou "engarrafado na Itália" não significam que o azeite foi feito na Itália, muito menos que foi feito com azeitonas italianas. A Itália é um dos maiores importadores de azeite de oliva do mundo, grande parte do qual é originário da Espanha, da Grécia, da Tunísia e de outros lugares. Portanto, não se entusiasme com bandeiras italianas ou cenas do interior da Toscana na embalagem. Parte do azeite importado pela Itália é consumido pelos italianos, mas grande parte dele é misturado, embalado e reexportado. De modo geral, evite os azeites cujo ponto de produção preciso – o lagar específico – não seja especificado na etiqueta.
- Algumas vezes, parâmetros químicos como ácidos graxos livres (FFA – da expressão inglesa *free fatty acidity*) e peróxidos são mencionados nas garrafas de azeite de oliva. De modo geral, o FFA indica o rompimento da estrutura lipídica básica de um azeite, seja ele devido à

má qualidade da fruta (machucada, infestada por moscas, atacada por fungos) ou, mais provavelmente, por demora entre a colheita e a extração do azeite. Um baixo FFA não garante alta qualidade, mas um alto FFA quase sempre significa azeite ruim. O valor de peróxido de um azeite indica até que ponto um azeite jovem foi oxidado, tipicamente a partir do desdobramento de radicais livres ou pela exposição à luz. Os níveis estabelecidos pelo COI e pela União Europeia (e recentemente seguidos pelo USDA – Departamento de Agricultura dos Estados Unidos) para o azeite extravirgem – 0,8% de FFA e valor de peróxido menor do que 20 miliequivalentes por quilo – nem de longe são rigorosos o bastante para garantir um bom azeite, que frequentemente tem 0,2% ou menos de FFA e peróxidos a bem menos que 10 meq/kg.

- Os polifenóis presentes em um azeite contribuem significativamente para suas propriedades antioxidantes e, portanto, são um importante indicador de uma série de características benéficas à saúde, qualidade de sabor e vida de prateleira (os polifenóis trabalham para preservar o azeite, bem como os corpos daqueles que os consomem). O COI (Conselho Oleícola Internacional) recentemente aprovou um método de mensurar o conteúdo de polifenol de um azeite. Portanto, esse indicador pode ser tornar cada vez mais comum nas etiquetas de azeite de oliva. Pelo menos em termos de saúde, quanto mais alto o conteúdo de polifenol, melhor. Números inferiores a 300 são considerados baixos, e provavelmente esse óleo será amargo demais, pungente, ou as duas coisas, para muitos consumidores. (Alguns azeites contêm até 800 em polifenóis.)
- Embora nem sempre sejam garantia de qualidade, muitas certificações mencionadas nas etiquetas do azeite de oliva podem fornecer um nível de confiança que um azeite foi fabricado adequadamente.
  - » Estados PDO e PGI (ver Glossário);
  - » Organicamente cultivado;
  - » Azeites de oliva certificados por associações nacionais e estatais de azeite de oliva como a Associação Australiana de Azeitonas, o Conselho de Azeite de Oliva da Califórnia e a Associação 3E. A

Associação Norte-americana do Azeite de Oliva e o Conselho Internacional da Azeitona também possuem programas de certificação.

- Azeites que fizeram sucesso em recentes competições de azeite de oliva bem conceituadas frequentemente são uma boa escolha, especialmente quando o azeite que se está comprando é da mesma colheita que o azeite que venceu o prêmio (e não de uma década mais tarde). Entre as principais competições, podemos indicar:
  » Sol d'Oro (Verona, Itália): www.sol-verona.com
  » Mario Solinas: www.internationaloliveoil.org/estaticos/view/227-mario-solinas-quality-award-of-the-internationalolive-council
  » Ercole Olivario: www.ercoleolivario.org
  » Los Angeles International Extra Virgin Olive Oil Competition: www.fairplex.com/wos/olive_oil_competition
  » Yolo County Fair Olive Oil Competition: www.yolocountyfair.net/html/olive_oil_competition.html
  » The National Extra Virgin Olive Oil Show, administrada pela Associação Australiana da Azeitona: www.australianolives.com.au/web/index.php?option=com_content&task=blogcategory&id=61&Itemid=321
- Para informações sobre algumas das mais importantes competições de azeite de oliva em todo o mundo, ver www.oliveoiltimes.com/reviews-opinions/extra-virgin-olive-oil-competitions e www.oliveoilsource.com/competitions.
- Comece prestando atenção aos cultivares das azeitonas usadas para fazer os azeites de que mais gosta, como faz com as castas das uvas de seus vinhos preferidos (ver, no Glossário, o verbete **Cultivar**.)
- Certos termos comumente usados nas etiquetas dos azeites de oliva são anacrônicos e algumas vezes indicam que o produtor está prestando mais atenção à imagem de um azeite do que ao que efetivamente está dentro da garrafa. Veja as expressões "Primeira pressão" e "prensado a frio", por exemplo. Como muitos azeites extravirgem hoje em dia são feitos com centrífugas, ele não é "prensado" de maneira nenhuma, e todo verdadeiro azeite extravirgem vem exclusivamente da primeira pressão da pasta de azeitonas. Os regulamentos da União

Europeia afirmam que "prensado a frio" pode ser usado apenas quando a pasta de azeitonas é mantida a 27 °C, ou abaixo disso, durante o processo de malaxação, nível respeitado por praticamente todos os produtores sérios – e quando o azeite é realmente extraído com uma prensa, e não com uma centrífuga.

- Azeite não filtrado e filtragem: alguns consumidores consideram mais autêntico e saboroso o azeite não filtrado, contendo pequenos pedacinhos de polpa de azeitona e pele flutuando. A filtragem não apropriada ou excessiva pode atenuar certos sabores e aromas, e a maioria dos fabricantes de azeite de qualidade prefere simplesmente escorrer o azeite que acabou de prensar repetidamente, removendo os sedimentos, em lugar de filtrá-lo. Contudo, outros fabricantes de azeite de primeira preferem a filtragem, que pode aumentar significativamente a vida de prateleira do azeite. Em qualquer caso, procure uma camada de sedimentos no fundo da garrafa, que frequentemente se estraga mais depressa do que o próprio azeite e pode produzir o defeito no gosto de sedimentos de lama.
- Escolha um estilo de azeite que se adéqua ao papel que vai desempenhar em suas refeições, como faria com um vinho. Escolha um azeite poderoso – que pode ser descrito de várias formas, como "robusto", "colheita prematura" ou "bem encorpado" – para acompanhar alimentos com sabores fortes ou distintivos, como filé *au poivre*, *bruschetta* ou *fett'unta* (pão tostado com azeite e sal, frequentemente esfregado com alho); vegetais frescos e saborosos, como *rugbetta*; ou polvilhe sobre sorvete de baunilha (experimente antes de torcer o nariz!). Escolha um azeite mais fraco – frequentemente chamado de "suave", "fruta delicada" ou "colheita tardia" – para alimentos como peixe, frango ou batatas.
- Os azeites de oliva podem ser aromatizados com uma série de frutas, vegetais e outros extratos. Alguns dos mais populares são feitos com limões, laranjas sanguíneas e outras frutas cítricas. Enquanto muitos especialistas em azeite de oliva (e a maior parte dos europeus) torcem o nariz para essas variedade de azeite, elas têm muitos seguidores nos Estados Unidos e na Austrália. Os melhores são feitos com a

fruta inteira ou com suas cascas sendo amassadas juntamente com as azeitonas, em um processo chamado *agrumato*. Certifique-se de que o gosto do azeite-base não está rançoso e de que o próprio sabor é fresco e não artificial.

- Evite preços baratos demais, porque produzir azeite extravirgem genuíno é caro. Embora altos preços não garantam grande azeite, preços baixos – abaixo de US$ 10 por litro – sugerem fortemente que o azeite que se está comprando é de qualidade inferior. Tendo estabelecido essa orientação geral, vale a pena considerar duas exceções potenciais. Primeiro, os métodos novos, mecanizados, de cultivo e colheita (tais como cultivo SHD – super-alta-densidade – ver Glossário) estão reduzindo os custos de produção, e permitindo que sejam fabricados azeites excelentes a preços menores do que com os métodos tradicionais. Segundo, os subsídios governamentais aos olivicultores e fabricantes de azeite, na União Europeia e em outros países, permitem que os produtores subsidiados cobrem preços bem menores por seu óleo no varejo do que os produtores nos Estados Unidos e na Austrália, onde não existem subsídios.
- Depois de comprar o azeite, armazene-o em um lugar onde esteja protegido da luz, do calor e do oxigênio, os três inimigos do óleo bom, que aceleram sua deterioração. E não o acumule! Mesmo os grandes azeites se deterioram a cada dia, e logo se tornam ordinários, até rançosos, se não forem usados rapidamente.
- Há muitos desacordos e bastante desinformação em relação ao uso de azeite de oliva extravirgem, em vez do azeite de oliva refinado ("puro", "light") para fritar. O azeite de oliva extravirgem de qualidade é uma boa escolha para *sautés* e frituras rasas, desde que seu sabor não cubra o do alimento. Um azeite agressivo colhido cedo seria uma má escolha para saltear peixe, por exemplo. Usar o azeite de oliva extravirgem para mergulhar o alimento em muito óleo é pouco econômico e pode até ser contraproducente porque o processo de cozimento algumas vezes acentua os sabores ásperos do azeite e muitos dos sabores e aromas dos óleos de primeira qualidade se volatilizarão e desaparecerão. O óleo refinado é, provavelmente, uma

escolha melhor quando para a fritura por imersão, embora sem dúvida existam muitos azeites extravirgens mais suaves que se mantêm muito bem na fritura – quanto mais baixa a acidez livre de um azeite, mais alto é o seu ponto de fumaça (a temperatura em que ele começa a soltar fumaça e a produzir subprodutos desagradáveis e pouco saudáveis) e mais vezes pode ser reutilizado. (A cada vez que o azeite é aquecido, sua acidez sobe, o que indica que tanto seu ponto de fumaça como sua qualidade declinam.)

- Dependendo de sua composição, a maioria dos azeites de oliva endurece quando resfriada até cerca de 3 °C. À medida que esfriam, um sedimento céreo se estabelece. O congelamento não estraga um azeite – de fato, é uma boa maneira de preservá-lo –, mas pode reduzir sua vida de prateleira se ele produzir sedimentos substanciais. A ideia de que o ponto de congelamento de um azeite indica se ele é adulterado é um mito. Para mais detalhes, veja o excelente resumo em www.oliveoilsource.com/page/freezing-olive-oil.
- Ver www.extravirginity.com para uma série de recursos relativos ao azeite disponíveis na *web*. Entre os *sites* que contêm mais informações sobre azeite de oliva extravirgem, estão os seguintes:
  - » Olive Oil Times (www.oliveoiltimes.com): a melhor fonte para notícias diárias do mundo do azeite de oliva.
  - » Olive Oil Source (www.oliveoilsource.com): excelente e heterogênea variedade de fontes cobrindo muitos aspectos da química do azeite de oliva, de sua degustação e de sua produção.
  - » Teatro Naturale (www.teatronaturale.it, em italiano, e www.teatronaturale.com, em inglês. O sítio italiano é melhor e mais abrangente): notícias sobre o azeite de oliva a partir de muitas perspectivas europeias, algumas vezes defendendo grandes produtores e engarrafadores.
  - » UC Davis Oil Center (olivecenter.ucdavis.edu): novo centro de pesquisa sobre o azeite de oliva, em uma das mais importantes universidades agrícolas norte-americanas, que tem um júri de degustação reconhecido pelo COI e realiza pesquisas importantes na área de análise sensorial. O UC Davis Oil Center tem o potencial de

se tornar uma das principais vozes em relação ao azeite de oliva extravirgem.

» Slick Extra Virgin (www.aromadictionary.com/EV OO_blog/): *blog* muito divertido e informativo de Richard Gawel, químico australiano, degustador de azeite e consultor, que é tão meticuloso sobre fatos quanto é cáustico a respeito do comportamento não confiável em relação ao azeite. Gawel também vende uma roda plastificada engenhosa onde estão os termos usados na degustação de azeite, uma conveniente ferramenta de referência.

» ONAOO (www.oliveoil.org): bom *site*, em italiano e inglês, mantido por uma das associações *prime* de azeite de oliva no mundo, a Organização Nacional dos Degustadores de Azeite de Oliva, localizada em Impéria, Itália.

» Association 3E (www.super-premium-olive-oil.com): um olhar atento aos aspectos filosóficos e pragmáticos da qualidade no azeite de oliva, e uma introdução ao "azeite de oliva super premium", que a 3E propõe como a nova designação para azeite de primeira qualidade, para substituir a palavra "extravirgem", que vem perdendo significado.

» Modern Olives (www.modernolives.com.au): o melhor laboratório para a análise química do azeite de oliva na Austrália e no mundo.

» California Olive Oil Council (www.cooc.com): associação líder dos olivicultores e produtores de azeite nos Estados Unidos, que compila uma lista de produtores de azeite certificados (www.cooc.com/producers_certified.html) e oferece um leque de outras informações úteis. A COOC tem seu próprio júri de degustação.

» North American Olive Oil Association (naooa.org): associação comercial da indústria do azeite de oliva nos Estados Unidos, que organiza testes de qualidade e um programa de certificação, e que recentemente estimulou o Departamento de Agricultura dos Estados Unidos a melhorar seu padrão comercial para o azeite de oliva para ir ao encontro das normas internacionais.

» The Olive Press (www.theolivepress.com): *site* engenhoso do igualmente engenhoso lagar e loja Sonoma.

» Australian Olive Association (www.australianolives.com.au/web/): associação comercial da indústria de azeite de oliva australiana, cujo foco na olivicultura e cuja habilidade na fabricação do azeite, bem como seus testes químicos inovadores, levaram a questão da qualidade do azeite de oliva para o mundo todo.
» Merum (www.merum.info): soberbo, opinativo, altamente informado *site* de Andreas März, que considera um amplo leque de azeites e vinhos italianos (em alemão).
» Zingerman's Delicatessen (www.zingermans.com): uma das melhores seleções de azeites de oliva – e muitíssimas outras comidas exóticas – disponíveis por encomenda postal nos Estados Unidos.
» Harold McGee (news.curiouscook.com): viagens através da ciência dos alimentos, incluindo o azeite de oliva, conduzida por uma autoridade mundial na química do alimento e da culinária.
» International Olive Council (www.internationaloliveoil.org): histórica organização intergovernamental do azeite de oliva que representa olivicultores em países do Mediterrâneo, cujo protocolo de degustação ajudou a criar o novo moderno extravirgem.
» Corporazione Mastri Oleari (www.mastrioleari.it): grupo autorizado de produtores de azeite de oliva extravirgem (em italiano).
» Veronica Foods (www.evoliveoil.com): fonte de azeite de oliva de alta qualidade para um número crescente de lojas especializadas por todos os Estados Unidos, bem como seu próprio canal de vendas Amphora Nueva em Berkeley, Califórnia (amphoranueva.com).
» Marco Oreggia (www.marco-oreggia.com/default/htm): degustador de azeite de oliva independente, que escreve um dos mais importantes guias anuais sobre os melhores azeites de todo o mundo (em italiano e inglês).
» UCCE Sonoma (cesonoma.ucdavis.edu): recursos técnicos de alta classe para olivicultores e moleiros.
» Slow Food (www.slowfood.com): organização não governamental que oferece informações importantes sobre azeites de primeira categoria e produtores de azeite, e compila um guia anual (em italiano), leitura obrigatória para os aficionados do azeite de oliva.

» Gambero Rosso (www.gamberorosso.it): associação italiana líder nas áreas de vinho e alimentos, cujo novo guia de extravirgens italianos, atualizado a cada ano, é uma referência útil.

Agradecimentos

Embora o azeite de oliva tenha sido produzido por milênios, pouco se escreveu sobre produzir azeite de boa qualidade e, surpreendentemente, existem poucas verdades que sejam geralmente aceitas, mesmo entre os especialistas, sobre qualidade, produção, nutrição, química, regulamentações, etiquetagem, crime e punições relativas ao azeite. Portanto, a grande maioria dos dados sobre os quais este livro se baseia não veio de fontes escritas, mas de conversas nas linhas de frente do azeite, com agricultores, fabricantes de azeite, vendedores e acadêmicos. Por causa da ausência de conhecimento canônico sobre o azeite de oliva, essas mesmas autoridades muitas vezes discordam, até violentamente, sobre as verdades básicas referentes ao óleo. Muitas vezes, tive de navegar entre seus pontos de vista completamente desiguais, enquanto me empenhava para evitar as traiçoeiras multidões de opiniões, rumores e meias verdades. A satisfação de fazer um grande azeite (e mesmo um azeite ruim) normalmente vai muito além do dinheiro, pois subsistir com azeite de alta qualidade se tornou extremamente difícil em muitos países. O azeite de oliva se impregna nas histórias de família das pessoas, em suas raízes culturais, suas imaginações míticas e poéticas. É uma substância que provoca estranha intimidade, e fabricá-lo é uma ocupação muito pessoal.

Por todas essas razões, este *Extravirgindade* é tanto sobre as pessoas que produzem azeite de oliva, bom e ruim, como sobre o azeite propriamente dito. Enquanto escrevia este livro, tive a boa sorte de encontrar centenas de pessoas envolvidas com o azeite, alguns cheios de si, outros de fala mansa e tímidos, mas a maior parte com profundo orgulho e convicção sobre o que fazem. Andei com eles por olivais e lagares em quatro continentes, observei-os enquanto faziam análises químicas, ouvi-os explicar estratégias de *marketing* e implicar com os profundos mistérios legais. Acima de tudo, experimentei o azeite deles, algumas vezes modesto, outras vezes magnífico, enquanto olhavam para mim cheios de expectativa. Depois discutimos suas opiniões sobre esse misterioso alimento. Mesmo quando discordei fortemente de suas crenças sobre o azeite, ou objetei às suas atividades, eles me ensinaram muito. Desejo agradecer a algumas dessas pessoas aqui, de modo público e grato.

Muitos outros não posso identificar, porque falaram comigo sob a condição de anonimato, mas ainda assim meus profundos agradecimentos a eles – vocês sabem quem são!

Sou grato a numerosos funcionários dos Carabinieria, da Guardia Forestale, ao escritório de Repressão à Fraude e Controle de Qualidade do Ministério de Agricultura italiano, e a outras forças policiais e corporações investigativas italianas que deixaram de lado atividades e investigações mais urgentes para falar comigo. Em particular, seguem agradecimentos para a Guardia di Finanza: sem seu soberbo trabalho investigativo e sua ajuda frequente e generosa, tanto de cabos como de generais importantes, eu não teria tido condições de escrever grandes seções deste livro. Da mesma forma, Domenico Seccia, Pasquale Drago, Michele Ruggiero e vários outros magistrados investigativos na Itália me forneceram valiosíssimas informações e interpretações, e funcionários em diversos tribunais distritais e de recursos por toda a Itália, inclusive a Suprema Corte em Roma, ajudaram a localizar e analisar documentos legais. Funcionários do OLAF, o escritório antifraude da União Europeia, também ajudaram meu trabalho, notavelmente o impressionante Alessandro Butticé e a antiga diretora da unidade agrícola, Elisabeth Sperber. Em relação à generosa assistência que recebi de funcionários da União Europeia, desejo particularmente agradecer a Paulo Casaca, Vincenzo Lavarra, Michael Mann, Antonio Bellucci e Umberto Guidoni.

Obrigado a Rudy Filko e Mike Drewniak, do escritório do procurador da Justiça no distrito de Nova Jersey, por detalhes sobre casos de adulteração de azeite nos Estados Unidos, e a membros do FDA, passados e presentes, incluindo Martin Stutsman, David Firestone e Michael Herndon, por dados vitais sobre o descuido do governo norte-americano com relação ao azeite de oliva e, mais amplamente, ao fornecimento de alimentos no país. Recebi consultoria legal essencial de Ed Davis, da Davis Wright Tremaine; Alberto Russo, do Studio Legale Associato Russo; Giorgio Fontana, do Studio Legale Associato Avvocato Fontana Giorgio; Tim Macht, da Macht, Shapiro, Arato & Isserles; Marvin L. Frank, da Murray, Frank & Sailer; Bruno Cova, da Paul Hastings; e Mark Greenberg, da UCLA.

Em relação à história do azeite de oliva dos tempos clássicos aos atuais, vários acadêmicos me concederam o benefício de sua vasta erudição, inclusive David Mattingly, da Universidade de Leicester, Nigel Kennell, da American School of Classical Studies de Atenas, Thomas F. Scanlon, da Universidade da Califórnia, Riverside, Angelo Bartoli, do Centro di Archeologia Sperimentale "Antiquitates" di Blera, Giordano Sivini, da Universidade da Calábria, Massimo Montanari, da Universidade de Bolonha, e Andrea Brugnoli, do Centro di Documentazione per la Storia della Valpolicella. Henry Blackburn, da Universidade de Minnesota, contou-me anedotas divertidas e esclarecedoras sobre o trabalho de Ancel Keys no Mediterrâneo. Quando eu estava em Chipre, Maria Rosaria Belgiorno, do Consiglio Nazionale delle Ricerche italiano, foi uma inexaurível fonte de informações e esplêndidas imagens (para não mencionar *meze*), particularmente em relação às escavações que dirige no sítio da Idade do Bronze de Pirgos. Jean-Pierre Brun, do Centro Jean Bérard da Universidade de Nápoles e do Centre National de la Récherche Scientifique francês, além do tesouro de sua história do azeite de oliva e do vinho em quatro volumes, generosamente forneceu imagens para o meu livro, assim como José Remesal, da Universidade de Barcelona, autoridade de destaque no assunto relativo às ânforas do monte Testaccio. Mais ajuda sobre as ânforas veio de David Williams, da Universidade de Southampton, e do impressionante Projeto Amphora, recurso da rede que ele ajuda a administrar. Tina Mirra, Paolo Imperatori, Denise Gavio, Simonetta Serra e o resto da equipe da American Academy, em Roma, local que frequentei regularmente, colaboraram com minha pesquisa nesse projeto, assim como o fizeram em muitos outros, e me serviram café espresso e azeite de boa qualidade quando minhas energias desabaram.

Várias eminentes organizações de azeite de oliva me ajudaram e me guiaram. Entre elas, gostaria de agradecer à Corporazione Mastri Oleari, em Milão, e a seu indomitável diretor, Flavio Zaramella, *sine qua non*. A Dan Flynn e seu pessoal na Universidade da Califórnia, Davis; o Olive Center me auxiliou a compreender as extravagâncias do mercado de azeite norte-americano e da cultura de azeitonas da Califórnia. Bob Bauer, da North American Olive Oil Association, compartilhou comigo informações importantes sobre o mercado norte-americano e seus diversos personagens. Agradecimentos também ao International Olive Council, em Madri, especialmente a Francesco Serafini e ao antigo diretor, Fausto Luchetti, e a Fabrizio Vignolini e aos funcionários do ONAOO em Impéria.

Agradeço a Marco Mugelli e Lamberto Baccioni, dois consultores independentes sobre fabricação de azeite (Mugelli também fabrica um azeite soberbo), por *insights* na tecnologia do processamento de azeite de última geração; a Andrea Giomo, por um leque de erudição sobre o processamento do azeite de oliva, degustação, sexo, estatísticas e *marketing*; e a Roberto D'Auria, do Istituto di Servizi per il Mercato Agricolo Alimentare (ISTAT), por uma valiosa visão geral da economia do azeite de oliva. A consultora e educadora *freelancer* Alexandra Kicenik Devarenne me instruiu sobre a fabricação do azeite na Califórnia e além, e me assistiu de inúmeras maneiras. Entre os jornalistas e escritores que promoveram meu trabalho, estão Bernardo Iovene, da RAI 3, Toni Mira, de *Avvenire*, Roberto De Petro, da TeleNorba, Giuseppe De Tomaso, de *La Gazzetta del Mezzogiorno*, o crítico de culinária e vinhos Isao Miyajima e Luigi Caricato, do Teatro Naturale, que compartilharam observações perspicazes e contatos valiosos tirados de uma vida inteira pensando sobre azeite de oliva, tanto bom quanto ruim. Claudio Peri, fundador e presidente da Associação 3E, que me desafiou a pensar mais claramente sobre a tecnologia da qualidade dos alimentos e sobre a filosofia da excelência em azeite de oliva. Don Celso Bidin, monge e moleiro de azeitonas na abadia do monte Oliveto Maggiore, na Toscana, e Don Luigi Ciotti, fundador e presidente da Libera, Associazioni, Nomi e Numeri Contro Le Mafie ("Associações, Nomes e Números contra as Máfias") me ensinaram os papéis espirituais e litúrgicos do azeite de oliva, no passado e no presente, enquanto Alessandro Leo, chefe da cooperativa agrícola Terre di Puglia, demonstrou-me a coragem necessária para fazer azeite em terras que outrora pertenceram ao crime organizado – e que ainda estão sob a sombra deste. Ainda no assunto de coragem, cumprimento Antonio Barile, presidente, na Apúlia, do sindicato de agricultores italianos CIA, especialista, força engenhosa e incansável em defesa tanto de agricultores como de consumidores.

Vários farmacêuticos de lipídeos e especialistas em qualidade dos alimentos pacientemente me ensinaram de dentro para fora sobre o azeite de oliva. Os mais notáveis entre eles são Lanfranco Conte, da Universidade de Udine, e Alissa Mattei, antigamente da Carapelli e agora da Casa Montecucco, duas pessoas cuja hospitalidade e presença de espírito são tão ajustadas como sua ciência. Agradeço também a Giovanni Lercker, da Universidade de Bolonha, a Ed Frankel, da Universidade da Califórnia, Davis, a Gary Beauchamp, do Monell Chemical Senses Center, e a Giorgio Cardone, do Chemiservice. Os agrônomos Paul Vossen, da Cooperative Extension da Universidade da Califórnia, Zeev Wiesman, da Universidade Ben-Gurion de Neguev, Gianluigi Cesari, do Istituto Agronomico Mediterraneo di Bari, e David Lee, do National Institute of Agricultural Botany no Reino Unido, me ajudaram a fixar o entendimento dos enigmas botânicos e genéticos da própria oliveira, assim como o cientista sensorial Erminio Monteleone, da Universidade de Florença, me introduziu nos mistérios da adstringência, do *umami* e do retrogosto. Para as pesquisas recentes sobre as propriedades nutricionais saudáveis do azeite de oliva, consultei Francesco Visioli, no Instituto de Estudos Avançados de Madri, Antonino De Lorenzo, da Università degli Studi di Roma Tor Vergata, e Atul Gawande, do Brigham and Women's Hospital e do *New Yorker*. Greg Drescher and Bill Briwa, do Instituto de Culinária da América, me ajudaram a pensar mais claramente sobre o papel do azeite de oliva na culinária e na comida e, juntamente com o carismático *chef/restaurateur* Paul Bartolotta, me mostraram como grandes *chefs* podem ser formadores de opinião (e admiradores) do azeite de primeira qualidade. Membros do Slow Food forneceram informações valiosas e contatos por toda a Itália, graças especialmente a Diego Soracco, Pasquale Porcelli, Elisa Virgillito e Paola Nano. Mark Wickens generosamente me deu acesso à sua magnifica coleção particular de rótulos históricos do azeite de oliva e passou muitas horas no *scanner* por minha causa (mawickens.pages.infinit.net/wickens).

Para nomear todos os olivicultores e fabricantes de azeite que, ao longo dos anos, deixaram seu importante trabalho de lado para responder às minhas perguntas ignorantes, seriam necessárias dúzias de páginas densamente impressas e uma memória bem melhor que a minha. O que se segue é uma lista bem incompleta, organizada por país, daqueles que aumentaram meu conhecimento sobre como as azeitonas são cultivadas e como o azeite é retirado delas.

Na Itália, onde vivo e onde encontrei óleo de oliva finíssimo pela primeira vez, quero agradecer à família De Carlo, a Andreas März, a Angelo Guarini, a Paolo Pasquali, a Gemma Pasquali, a Marzia Massari, a Gregorio Minervini, a Marco e Lorenza Pallanti, a Giuseppe Mazzacolin, a Tony Sasa e Gino Celletti, pelas conversas estimulantes e muitas refeições magníficas. Obrigado a Leonardo Colavita e Marco De Ceglie por comentários e opiniões sobre o negócio do azeite no nível industrial e também no familiar, e a Sabino Angeloro, Francesco Caricato, Leonardo Marseglia, Laura Marvaldi, Domenico Ribatti, Nicola Ruggiero e Silvestro da Ottava Piccola, por suas opiniões frequentemente contraditórias, mas sempre atraentes, sobre o negócio do azeite.

Na Espanha, Rosa e Francisco Vaño, da Castillo de Canena, foram os embaixadores ideais do azeite de oliva premium, na Andaluzia e além. Obrigado também a Brigida Jiménez Herrera, da IFAPA, a Carlos Falcó de Pagos, da Familia Marqués de Griñón, e a Luis Rallo Romero, da Universidade de Córdoba. Na Grécia, a ajuda de Rhea Spyridou e Vassilis Zampounis da Axion Agro foi essencial para o meu trabalho. Agradeço também a Nikos Zachariádes e ao povo da aldeia de Kritsa, bem como a Aris Kefalogiannis, de Gaea: todos eles me receberam em suas casas e me ensinaram muitas lições de vida. Nikos Psilakis forneceu informações sobre azeitonas e azeite na Creta clássica e minoica, e generosamente me permitiu o uso de suas fotografias; Zoe Nowak, do Cretan Quality Agreement, contribuiu com grande ajuda logística.

Em Israel e na Cisjordânia, sinceros agradecimentos a Ehud e Dove Netzer, por sua hospitalidade em Jerusalém e por sua companhia e conselhos em outros locais do Oriente Médio – o trágico falecimento de Ehud, em outubro de 2010, impediu-o de ler este livro. Agradeço ao resoluto Padre Firas Aridah, pároco de Aboud, e ao mais quieto, mas não menos impressionante, Padre Ra'ed Abu Sahlieh, pároco de Taybeh, por compartilharem suas histórias sobre olivicultura e fabricação de azeite em duas aldeias da Cisjordânia. Obrigado também a Elia Sides, do Lily Film, por sua sabedoria, companheirismo e senso comum, e a Yaakov Kalman e seu filho, M-16 à mão, para maior segurança.

Na Austrália, sou grato a Paul Miller, da Australian Olive Association, por compartilhar sua imensa experiência no mercado de azeite de oliva do país, e ao especialista em azeite *freelancer* Richard Gawel, por sua mistura única de dados, análise ferina e humor sarcástico. Carmel Ross e Gordon Smyth, do mosteiro beneditino de Nova Norcia, forneceram uma admirável introdução aos 150 anos de vida e fabricação de azeite na comunidade monástica da área mais oriental da Austrália.

Na África do Sul, agradeço particularmente a Guido e Carlo Costa, da F. Costa and Son, "The Olive People", em Paarl, por suas opiniões autorizadas sobre o mercado de azeite sul-africano, bem como pelas informações sobre a química do azeite, os perigos do óleo de bagaço e os estratagemas dos fraudadores sul-africanos. Andries Rabie, de Willow Creek, compartilhou suas experiências com o cultivo de azeitonas no ponto meridional extremo do continente africano e da ressonância espiritual de fabricar azeite de oliva, que Rabie, cristão fervoroso, começou imaginando fazer em um sonho.

Nos Estados Unidos, a energia e o arquivo de Ed Stolman, da Olive Press, tornou possível grande parte da minha pesquisa na Califórnia, e Deborah Rogers fabricou tempo para responder inúmeras perguntas sobre azeite de oliva – e também sobre avós poloneses. Durante uma noite memorável em Lodi, Dino Cortopassi e Brady Whitlow, de Corto Olive, me mostraram como o senso comum agrícola, os melhores vinhos de Napa e a intuição Texas Hold'em podem se combinar para fazer excelente azeite no Vale Central da Califórnia. Gregg Kelley me permitiu olhar por trás do secreto e superesficiente cenário do California Olive Ranch. Durante inúmeras reuniões e conversas, Mike Bradley, da Veronica Foods, compartilhou seu conhecimento do mundo do azeite – entre os mais enciclopédicos que encontrei em qualquer parte – e expressou sua convicção, que agora compartilho, de que o caminho mais curto para a qualidade do azeite passa pela educação do consumidor, muito mais do que mediante a luta contra a fraude (embora algumas prisões pudessem ajudar). Sou grato a Mike Madison por uma conversa estimulante (e um suspiro de serenidade muito necessário) sobre Putah Creek, a Mustafa Altuner pelo outro lado da história do azeite em Los Angeles e a John J. Profaci por *insights* sobre os primeiros anos – e sobre o futuro – do azeite de oliva extravirgem nos Estados Unidos. Muitos especialistas em palavras contribuíram para que eu realmente escrevesse este livro. Emily Eakin, do *New Yorker*, orientou minha escrita inicial sobre o azeite de oliva, e minha agente Sarah Chalfant, da Wylie Agency, fez o projeto levantar voo. Alane Mason, minha editora na W. W. Norton, ganhou minha sincera gratidão por seu trabalho hábil e paciente em todos os estágios do livro, da moldagem do primeiro rascunho, a partir de uma massa disforme de material, à adição progressiva de acabamentos e polimentos melhores em manuscritos sucessivos. Obrigado também a Denise Scarfi, por seu trabalho constantemente árduo, e a Allegra Huston, por uma edição de texto aguçada. Obrigado aos meus vizinhos, os Olivieri – Gino e Rosetta, Danilo e Silvia, Egidio e Daniela, Iose e Raffaella, Marilena e Piercarlo –, que me receberam tão bem em sua família. Muito obrigado a Lyn Mueller e a Chad Mueller pela incansável paciência, pelos conselhos e duras doses de *Monty Python*, *The Simpsons* e Stephen Colbert. Por último, mas não menos importante, agradeço de joelhos à minha esposa, Francesca, e às crianças, Nicholas, Jeremy e Rebecca, que sofreram com minha obsessão por azeite por muitos anos, e que acabaram sendo infectados por ele... Espero que para seu bem, e de forma duradoura.